AF618602

Milène Wegmann

# Der Einfluss des Neoliberalismus auf das Europäische Wettbewerbsrecht 1946 – 1965

## Von den Wirtschaftswissenschaften zur Politik

Nomos

Die Deutsche Bibliothek verzeichnet diese Publikation in
der Deutschen Nationalbibliografie; detaillierte bibliografische
Daten sind im Internet über http://dnb.ddb.de abrufbar.

ISBN 978-3-8329-3066-0

1. Auflage 2008

# Vorwort

Die vorliegende Studie baut auf dem Band *Früher Neoliberalismus und europäische Integration* (Verlag Nomos, Baden-Baden 2002) auf, in dem die theoretischen Grundlagen des neoliberalen Konzepts einer nationalen, supranationalen und internationalen Ordnung von Wirtschaft und Gesellschaft (1932 – 1965) untersucht werden. Die Schaffung einer nationalen und internationalen Wettbewerbsordnung war und ist das zentrale Thema der Neo- und Ordoliberalen. Deshalb soll der Einfluss des Neoliberalismus auf die Gestaltung, Ausfüllung und Fortentwicklung des Europäischen Wettbewerbsrechts (1946 – 1965) Gegenstand einer eigenen Untersuchung sein, die sich der Umsetzung wirtschaftswissenschaftlicher Theorien in der Politik zuwendet.

Zur Beurteilung der Möglichkeiten und Grenzen der Umsetzung der neoliberalen Integrationstheorie in der EWG sind drei prinzipielle Bemerkungen am Platz: Neoliberale Wirtschafts- und Rechtswissenschafter hatten zwar in Politik und Verwaltung verschiedener Staaten (Bundesrepublik Deutschland, Österreich, Frankreich, Italien, USA) hohe Positionen inne, stellten aber gesamthaft gesehen immer nur eine *Minderheit* unter den führenden Kräften ihres Staates dar. In der *Zone zwischen Wirtschaftswissenschaften und Politik* traten *Übertragungsverluste* auf und waren im einzelnen Kompromisse zu schliessen. War dies schon auf nationaler Ebene der Fall (vgl. Entstehungsgeschichte des Deutschen Gesetzes gegen Wettbewerbsbeschränkungen), so nicht minder in den zwischenstaatlichen Verhandlungen zum EWG-Vertrag. *Internationale* (Internationale Handelskonferenzen, OEEC, GATT) *und* zumeist *US-amerikanische Initiativen* haben auf die Gestaltung, Ausfüllung und Fortentwicklung des Vertrags zur Gründung der Europäischen Wirtschaftsgemeinschaft eingewirkt. Diese Einflüsse auf die nationale, supranationale und internationale Ordnung von Wirtschaft und Gesellschaft sind entsprechend zu gewichten.

Die Orthographie des vorliegenden Bandes richtet sich nach dem »Vademecum« der Neuen Zürcher Zeitung (2007). Dieser sprachliche Leitfaden orientiert sich in allen Fällen, in denen Duden die hergebrachten Formen zulässt, an der traditionsbezogenen Version und ist der in der bisherigen Orthographie hochgehaltenen Differenziertheit des deutschen Ausdrucks und der syntaktischen Klarheit in der Interpunktion verpflichtet.

Bern, 22. Juli 2007 *Milène Wegmann*

Inhaltsverzeichnis


Abkürzungen 11

1. Einleitung 13

2. Die Neo- und Ordoliberalen in der Debatte über privat- und öffentlich-rechtliche wettbewerbsbeschränkende Massnahmen 20

2.1. Konzentrations- und Kartellisierungswellen in Europa vom ausgehenden 19. Jahrhundert bis zur Mitte des 20. Jahrhunderts 20

2.2. Die USA – treibende Kraft hinter den internationalen Bemühungen um eine Wettbewerbsordnung für den zwischenstaatlichen Handel 22

2.3. Der Einfluss der Kartellbestimmungen der Havanna-Charta auf die internationalen Organisationen, die ECA-Abkommen und die nationalen Wettbewerbsgesetze in Europa 25

2.4. Linker und rechter Revisionismus als Gegenbewegungen gegen die Wirtschaftsstrukturen der nationalsozialistischen, faschistischen und der Vichy-Regierung 27

2.5. Neoliberaler Revisionismus: Private Monopole und Kartelle – die Gefahr für den Rechtsstaat; Wettbewerb als »Achse« einer neuen Marktwirtschaft 29

2.6. Der Neoliberalismus in der Gegnerschaft zu Schumpeters Innovationshypothese: Wettbewerb statt Konzentration als Grundlage von Innovation und Fortschritt 33

3. Das Deutsche Gesetz gegen Wettbewerbsbeschränkungen vom 27.7.1957. Durchsetzung einer weitgehend ordoliberal geprägten Wettbewerbsordnung mit US-amerikanischer Unterstützung 36

3.1. Der Beitrag der ordoliberalen Wirtschafts- und Rechtswissenschafter zu den Gesetzes- und Verordnungsentwürfen gegen die Konzentration der deutschen Wirtschaft (1946-1947) 36

3.2. Prohibition of Excessive Concentration of German Economic Power (1947) – der erste wirksame Erlass gegen Kartelle in der britischen und amerikanischen Zone 41

3.3. Das ordnungspolitische Konzept der Freiburger Gruppe in den Vorarbeiten der Josten-Kommission und im Regierungsentwurf zum Gesetz gegen Wettbewerbsbeschränkungen (1949-1952) 43

3.4. Durchbruch der ordoliberalen Konzeption der Wettbewerbsordnung unter US-amerikanischem Einfluss 47

3.5. Das Gesetz gegen Wettbewerbsbeschränkungen (27.7.1957) – das »Grundgesetz der Sozialen Marktwirtschaft« 49

4. Das erste supranationale Wettbewerbsrecht im Vertrag der Montanunion 51

4.1. Politische und wirtschaftliche Motive hinter dem Plan zur »Zusammenlegung der Grundstoffindustrien und der Errichtung einer neuen Hohen Behörde« (1950) 51

4.2. Dekonzentration der deutschen Kohle- und Stahlindustrie durch die Alliierten – Förderung der Konzentration des französischen Kohle-, Stahl- und Eisensektors durch den ersten französischen Modernisierungsplan 54

4.3. Bemühungen Adenauers um die Ernennung eines Ordoliberalen zum Mitglied der deutschen Delegation zu den Schumanplan-Gesprächen 55

4.4. Die Ergebnisse der ersten Runde der Schumanplan-Gespäche in Übereinstimmmung mit den Vorstellungen der Neoliberalen: Vertragsverhandlungen statt Gespräche; Teilung der Macht zwischen Hoher Behörde und Ministerrat 57

4.5. Monnet zwischen Antikartellismus und Protektionismus 57

4.6. Der deutsche Entwurf zu einem Kartellverbot mit Genehmigungsvorbehalt im Kohle- und Stahlsektor 59

4.7. Verschärfung des Kartellverbots infolge direkter Interventionen der US-Regierung 60

4.8. Erfolgreiche Instrumentalisierung der deutschen Zustimmung zum französisch-amerikanischen Kartellgesetzesentwort zur Lösung der besatzungsrechtlichen Bindungen der deutschen Industrie 61

4.9. Die Bedeutung des Montanunionsvertrags für das Europäische Wettbewerbsrecht: erstes umfassendes Diskriminierungsverbot im kontinentaleuropäischen Rechtskreis 64

4.10. Ergebnis der Wettbewerbspolitik der Hohen Behörde 1952-1965: ein System von Oligopolen und Kartellen statt eine Freisetzung des kompetitiven Potenzials an der Ruhr 66

4.11. Neoliberale Massnahmen zur Erzwingung eines »wettbewerbsanalogen Verhaltens« bei unvermeidbaren Monopolen: unabhängige Monopolaufsicht – Preisfixierungen – Verstaatlichung – Förderung von Substitutionskonkurrenz 70

5. Das Wettbewerbsrecht im Vertrag der Europäischen Wirtschaftsgemeinschaft 74

5.1. Verhandlungen zur Europäischen Politischen Gemeinschaft: Die vom Wissenschaftlichen Beirat beim Bundeswirtschaftsministerium und der deutschen Delegation angestrebte Ausschaltung von privaten und staatlichen Wettbewerbsverfälschungen scheitert am Widerstand Frankreichs 74

5.2. Paradigmawechsel in der Wahrnehmung internationaler Kartelle: Integration, Wohlstand und Friede durch Wettbewerbsordnung statt durch internationale Kartelle 76

5.3. Neoliberale Forderung nach einer Ordnungspolitik für den Gemeinsamen Markt – bindende Verhandlungsgrundlage der deutschen Delegation 78

5.4. Intégrer au préalable pour pouvoir libérer statt libérer pour intégrer (Direction des Affaires Economiques et Financières) 80

5.5. Grundlegende Mitarbeit führender Neoliberaler an der Ausgestaltung der Wettbewerbsregeln im EWG-Vertrag 81

5.6. Wiederaufnahme des neoliberalen Konzepts des unverfälschten Wettbewerbs aus den Verhandlungen zur Europäischen Politischen Gemeinschaft im Spaak-Bericht 82

5.7. Durchsetzung der von der deutschen Delegation angestrebten Wettbewerbsregeln in den Verhandlungen der Arbeitsgruppe Gemeinsamer Markt: Verbot internationaler Absprachen mit Genehmigungsvorbehalt und Verbot des Missbrauchs einer marktbeherrschenden Stellung auf dem Gemeinsamen Markt 84

5.8. Durchsetzung der deutschen, neoliberal geprägten Auslegung der Artikel 85 und 86 als verbindliche Rechtsvorschriften in der Kommission unter Hans von der Groeben als Generaldirektor für Wettbewerb (1958-1967) 90

5.9. Durchsetzung der restriktiven Auffassung des Kartellverbots unter dem Einfluss von der Groebens: Genehmigungsvorbehalt statt Legalausnahme – Schaffung einer gemeinschaftlichen und nicht nur koordinierten Wettbewerbspolitik – Begründung der ersten wirklich supranationalen Politik der EWG 93

5.10. Grenzen einer Anwendung des Wettbewerbsrechts im Sinne der Neoliberalen: konfligierende wirtschaftspolitische Ziele der Kommission, nationale politische Widerstände, mangelnde Erfahrung mit den neu geschaffenen nationalen Wettbewerbsrechten, administrative Überlastung der Kommission und des Europäischen Gerichtshofs 94

6. Zusammenfassung 99

Literaturverzeichnis 103

1. Quellen 103

2. Darstellungen 119

# Abkürzungen

| | |
|---|---|
| *ACDP* | Archiv für Christlich-Demokratische Politik der Konrad-Adenauer-Stiftung, Sankt Augustin (Bonn) |
| *BDI* | Bundesverband der Deutschen Industrie |
| *CDU* | Christlich-Demokratische Union |
| *CEE* | Communauté Economique Européenne |
| *CEEC* | Committee of European Economic Cooperation |
| *CSU* | Christlich-Soziale Union |
| *DVO* | Durchführungsverordnung |
| *EC* | European Community |
| *ECA* | Economic Cooperation Administration |
| *ECE* | (UN-)Economic Commission for Europe |
| *EEC* | European Economic Community |
| *EFTA* | European Free Trade Association |
| *EG* | Europäische Gemeinschaft |
| *EGKS* | Europäische Gemeinschaft für Kohle und Stahl |
| *EPG* | Europäische Politische Gemeinschaft |
| *ERP* | European Recovery Program |
| *EURATOM* | Europäische Atomgemeinschaft |
| *EVG* | Europäische Verteidigungsgemeinschaft |
| *EWG* | Europäische Wirtschaftsgemeinschaft |
| *EWGV* | Vertrag zur Gründung der Europäischen Wirtschaftsgemeinschaft |
| *FAZ* | Frankfurter Allgemeine Zeitung |
| *FDP* | Freie Demokratische Partei |
| *GATT* | General Agreement on Tariffs and Trade |
| *NATO* | North Atlantic Treaty Organization |
| *NZZ* | Neue Zürcher Zeitung |
| *OECD* | Organization for Economic Cooperation and Development |
| *OEEC* | Organization for European Economic Cooperation |
| *PAAA* | Politisches Archiv des Auswärtigen Amts |
| *SPD* | Sozialdemokratische Partei Deutschlands |
| *UN* | United Nations |
| *VfZG* | Vierteljahrshefte für Zeitgeschichte |
| *VO* | Verordnung |
| *WuW* | Wirtschaft und Wettbewerb |

# 1. Einleitung

Thema der vorliegenden Studie ist das Grundproblem einer Ordnungspolitik für Europa: die Schaffung einer europäischen Wettbewerbsordnung. Im Anschluss an die im Band *Früher Neoliberalismus und europäische Integration*[1] geleistete ideengeschichtliche Aufarbeitung der neoliberalen Theorie der Interdependenz der nationalen, supranationalen und internationalen Ordnung von Wirtschaft und Gesellschaft soll hier der Einfluss der Neo- und Ordoliberalen auf die Gestaltung, Ausfüllung und Fortentwicklung der europäischen Wettbewerbsordnung untersucht werden. Die innere Begründung der Fragestellung ergibt sich aus der fundamentalen Bedeutung des Wettbewerbsrechts im neo- und ordoliberalen Konzept der Wirtschaftspolitik. Das vorrangige Ziel der Wirtschaftspolitik sollte eine nationale und internationale Wettbewerbsordnung sein.

»Neoliberalismus« bezeichnet zum einen eine wirtschafts- und gesellschaftspolitische Konzeption und zum anderen ein System von Personen, die durch den Transfer von Ideen miteinander verbunden sind. Als »neoliberal« gelten alle diejenigen Wissenschafter, die sich zu den Zielsetzungen des Colloque Walter Lippmann bekannt und sich nach dem Zweiten Weltkrieg in der Mont Pèlerin Society als Verein formiert haben. Als »Ordoliberale« werden in der vorliegenden Arbeit ihrer Selbstbezeichnung entsprechend die Mitglieder des Freiburger Kreises um Eucken, Böhm und Grossmann-Doerth verstanden. Erhard sprach in seiner Rede auf dem 9. Bundestag des Evangelischen Arbeitskreises der CDU in Hamburg am 2. Juni 1961 von den »'Ordoliberalen', zu denen ich mich auch zähle«.[2] Der Bundeswirtschaftsminister verstand hier den Begriff »Ordoliberale« in einem weiteren Sinne, nicht auf die unmittelbaren Schüler Euckens bezogen. Das Bekenntnis Röpkes, Müller-Armacks und zahlreicher anderer deutscher Neoliberaler zu den

1 Wegmann, Milène: Früher Neoliberalismus und europäische Integration. Interdependenz der nationalen, supranationalen und internationalen Ordnung von Wirtschaft und Gesellschaft (1932-1965). Baden-Baden 2002.

2 Erhard, Ludwig: Freiheit und Verantwortung. Ansprache auf dem 9. Bundestag des Evangelischen Arbeitskreises der CDU am 2. Juni 1961 in Hamburg. Abgedruckt in: Erhard, Ludwig: Deutsche Wirtschaftspolitik. Der Weg der Sozialen Marktwirtschaft. Düsseldorf – Wien 1962. p. 592. Erhard hat im Frühjahr 1950 die Mitgliedschaft bei der Mont Pèlerin Society angenommen. Hayek, Friedrich A. von: Brief an Walter Eucken. Chicago, 8. 3.1950. Nachlass Friedrich A. von Hayek: Box 18. Hoover Institution Archives. Stanford University, CA, USA. Schüller, Alfred: ORDO-Liberalismus – eine Synthese. [= Grundbegriffe zur Ordnungstheorie und Politischen Ökonomik]. Schüller, Alfred/ Krüsselberg, Hans-Günter (Hgg.). 5. Auflage. Marburg 2002. p. 51.

grundlegenden Einsichten Euckens[3] und der Titel des Jahrbuches *Ordo* (1948ff.) haben dazu beigetragen, dass in der wissenschaftlichen Literatur bisweilen die deutschen Neoliberalen insgesamt und sogar von Hayek den »Ordoliberalen« zugeordnet werden.[4]

Der Begriff »Neoliberale« ist als Selbstbezeichnung erstmals im Colloque Walter Lippmann Ende August 1938 in Paris belegt. Alexander Rüstow hat ihn dort als Selbstbezeichnung vorgeschlagen, nachdem er selbst schon im Herbst 1932 im *Verein für Socialpolitik* vom »neue[n] Liberalismus« gesprochen hatte, den er »mit [s]einen Freunden« vertrete.[5] In der neulateinischen Form geht der *Theoriebegriff* »Neoliberalismus« jedoch nicht auf Rüstow zurück. Lavergne hatte den Theoriebegriff »néo-libéralisme« schon ein Vierteljahr vor dem Colloque Walter Lippmann in seiner Monographie *Essor et décadence du Capita-*

3 Röpke, Wilhelm: Brief an Erich Welter. Genf, 8.4.1957Röpke, Wilhelm: Briefe 1934-1966. Der innere Kompass. Röpke, Eva (Hg.). Erlenbach – Zürich 1976. pp. 153f. Röpke, Wilhelm – Eucken, Walter: Briefwechsel Mai 1940 – Januar 1943 und Juni 1946 – März 1948. In: Ordo 12(1960/1961). pp. 4-9. Barry, Norman P.: Political and Economic Thought of German Neo-Liberals. [= German Neo-Liberals and the Social Market Economy]. Peacock, Alan/Willgerodt, Hans (Hgg.). London 1989. p. 107. Gegen Lange-von Kulessa und Renner betont Willgerodt die Gemeinsamkeiten der Staats- und Gesellschaftskonzeption Müller-Armacks und der älteren Ordoliberalen: Willgerodt, Hans: Die Liberalen und ihr Staat – Gesellschaftspolitik zwischen Laissez-faire und Diktatur. In: Ordo 49(1998). pp. 68-74. Willgerodt, Hans: Alfred Müller-Armack – der Schöpfer des Begriffs »Soziale Marktwirtschaft«. In: Zeitschrift für Wirtschaftspolitik 50(2001). pp. 253-277.

4 Becker, Helmut Paul: Die soziale Frage im Neoliberalimus. Analyse und Kritik. [= Sammlung Politeia 20]. Heidelberg – Löwen 1965. pp. 39f. Hahn, Roland: Wilhelm Röpke [= Denker der Freiheit 2.]. Sankt Augustin 1997. p. 45. Lenel, Hans Otto: Evolution of the Social Market Economy. [= German Neo-Liberals and the Social Market Economy]. Peacock, Alan/Willgerodt, Hans (Hgg.). London 1989. p. 18. Barry, Norman P.: Political and Economic Thought of German Neo-Liberals... p. 107, p. 111. Barry weist darauf hin, dass (der frühe) von Hayek eng mit »Ordo« assoziiert war. Möschel, Wernhard: Competition Policy from an Ordo Point of View. [= German Neo-Liberals and the Social Market Economy]. Peacock, Alan/Willgerodt, Hans (Hgg.). London 1989. p. 142. Röpke, Rüstow, Müller-Armack und Erhard werden auch von Grossekettler und Willgerodt/Peacock den »Ordoliberalen« in einem weiteren Sinne zugerechnet: Grossekettler, Heinz: Der Beitrag der Freiburger Schule zur Theorie der Gestaltung von Wirtschaftssystemen. [= Westfälische Wilhelms-Universität Münster. Volkswirtschaftliche Diskussionsbeiträge 90]. Erweitertes deutsches Manuskript eines Vortrags, der am 20.6.1987 auf der HES-Tagung an der Harvard Business School gehalten wurde. Typoskript. Münster 1987. p. 24a. Willgerodt, Hans/Peacock, Alan: German Liberalism and Economic Revival. [= German Neo-Liberals and the Social Market Economy]. Peacock, Alan/Willgerodt, Hans (Hgg.). London 1989. pp. 1-14.

5 Rüstow, Alexander: Diskussionsbeitrag. Verhandlungen des Vereins für Socialpolitik, Dresden, 28.-29.9.1932. In: Schriften des Vereins für Socialpolitik 187(1932), p. 69. Zur Diskussion der Bezeichnung »Neoliberalismus« als Selbst- und Fremdzuschreibung in Vergangenheit und Gegenwart: Willgerodt, Hans: Der Neoliberalismus – Entstehung, Kampfbegriff und Meinungsstreit. In: Ordo 57(2006). pp. 47-89.

*lisme* eingeführt.[6] Der Neoliberalismus entstand aus dem Bewußtsein einer tiefen Krise nicht nur des wirtschaftlichen, sondern auch des gesellschaftlichen Lebens und der tradierten bürgerlichen Wertvorstellungen in der Zwischenkriegszeit.

Der Neoliberalismus, der sich 1938 in Paris als internationale Forschungsgemeinschaft mit eigenem Institut formierte, ist den liberalen wirtschaftspolitischen Erneuerungsbestrebungen zuzuordnen, die in der Folge der großen Depression von 1872-1883 in den west- und mitteleuropäischen Staaten sowie den USA zu beobachten waren. Anlaß zu den wirtschaftspolitischen Erneuerungsbestrebungen seit etwa 1880 war die Ernüchterung über die wirtschaftlichen und sozialpolitischen Konsequenzen des Wirtschaftsliberalismus. Auf der *inhaltlichen* Ebene jedoch stellte der Neoliberalismus der Zwischenkriegszeit und der zweiten Nachkriegszeit keine *unmittelbare* Fortsetzung einer der früheren liberalen Erneuerungsbewegungen dar.

Für die Zuordnung zu den Neoliberalen ist in der vorliegenden Arbeit die Selbstbezeichnung der liberalen Wirtschaftswissenschafter, Juristen, Politiker und Philosophen als »Neoliberale« und ihre gegenseitige Anerkennung der Zugehörigkeit zu diesem Kreis maßgebend. Rueff und Baudin (F), Einaudi (I), de Madariaga (E), Robbins (GB), Condliffe (GB), der Wahlbrite von Hayek, von Mises (A), von Haberler (A bzw. USA), Heilperin (USA), Rappard (CH) und die beiden Deutschen Röpke und Rüstow entsprechen diesen Kriterien. Die Anfänge des Neoliberalismus waren polyzentrisch: Seit den frühen 20er Jahren hatten Liberale in verschiedenen Staaten – Großbritannien, Österreich, Italien, Frankreich, Deutschland, USA, Schweiz – ähnliche, ja weitgehend übereinstimmende Ansätze zur Reformierung des Liberalismus entwickelt. Seit 1935 ist ein enges Beziehungsgeflecht der später sogenannten Neoliberalen über die Staatsgrenzen und Kontinente hinweg nachzuweisen. Auf Initiative des Pariser Philosophen Rougier traten die europäischen und US-amerikanischen Neoliberalen in Paris im Sommer 1938 zu ihrem ersten internationalen Kolloquium zusammen und gründeten im Frühjahr 1939 ein eigenes Forschungsinstitut *Centre international pour la Rénovation du Libéralisme* (Paris), dessen Tätigkeiten aber infolge der nationalsozia-

6 In der Neoliberalismus-Literatur wird im Allgemeinen das Colloque Lippmann als »Geburtsstunde« des *neulateinischen* Theoriebegriffs »Neoliberalismus« angenommen. Eisermann, Gottfried: Alexander Rüstow. Persönlichkeit und Werk. [= Wirtschaftsordnung und Menschenbild. Geburtstagsgabe für Alexander Rüstow. Schriftenreihe der Aktionsgemeinschaft Soziale Marktwirtschaft 4]. Köln 1960. p. 149. Lavergne, Bernard: Essor et décadence du Capitalisme. Paris 1938. Das Vorwort des Bandes ist auf 20. April 1938 datiert. Nach der Eintragung der Druckerei Dardaillon et Dagniaux (St. Denis) ist das Buch im April 1938 gedruckt worden. p. 172. Anm. 1. Das Vorwort des Bandes ist auf 20. April 1938, also vor dem Colloque Lippmann, datiert. Nach der Eintragung der Druckerei Dardaillon et Dagniaux (St. Denis) ist das Buch im April 1938 gedruckt worden. Lavergnes Monographie war den Kolloquiums-Teilnehmern bekannt. Sie ist im Vorwort der im Juni 1939 gedruckten Akten zitiert, allerdings unter ungenauer Wiedergabe des Titels. Rougier, Louis: Avant-propos. [= Compte-rendu des séances du Colloque Walter Lippmann. Travaux du Centre International d'études pour la rénovation du libéralisme 1]. Paris 1939. p. 7, Anm. 1.

listischen Besetzung von Paris eingestellt werden mußten. Schon 1944 bereitete von Hayek die Neugründung einer internationalen Vereinigung der Neoliberalen vor. Im April 1947 entstand unter seinem Präsidium die *Mont Pèlerin Society* als geschlossene Gesellschaft neoliberaler Wirtschaftswissenschafter, Juristen und Philosophen. Alle oben erwähnten Wirtschaftswissenschafter und Philosophen traten dieser Gesellschaft bei. Die Neoliberalen bekannten sich zu einem *positiven* Konzept für eine freiheitliche und sozial bewußte Wettbewerbswirtschaft als Antwort auf die Krise des *laissez faire*-Liberalismus. Sie konzentrierten sich darauf, die Prinzipien und Voraussetzungen einer liberalen Gesellschaftsordnung herauszuarbeiten, entwarfen aber *kein politisches Programm* im eigentlichen Sinne, denn die Gesellschaft entzieht sich nach liberaler Auffassung jedweder Planung. Die Teilnehmer des Colloque Walter Lippmann und die Hauptexponenten der *Mont Pèlerin Society* waren von der Überlegenheit einer freien Gesellschaft selbstbestimmter Individuen überzeugt und sahen ihre Aufgabe darin, die freie Gesellschaft gegen Angriffe philosophisch zu verteidigen. In der freien Marktwirtschaft erkannten sie das gegenüber dem Kollektivismus oder einer gemischten Wirtschaft überlegene System. Regierungsinterventionen in den Markt-Preis-Mechanismus wie staatlich festgesetzte Mindestlöhne oder die Subventionierung der Landwirtschaft betrachteten sie als schädlich. Eine stabile monetäre Ordnung, beruhend auf liberalen Prinzipien, wäre die erste Voraussetzung des liberalen internationalen Handels. Unumstritten war die Forderung nach einer liberalen Außenhandelspolitik. Die Neoliberalen – darunter auch die frühen Chicago-Neoliberalen Knight, Simons und Friedman – wußten um die Möglichkeit eines Marktversagens und anerkannten die Notwendigkeit staatlichen Handelns bei öffentlichen Gütern und externen Effekten. Der Gesellschaftsvertrag sollte nach den Vorstellungen des frühen Neoliberalismus (1932-1965) auf folgenden Grundlagen beruhen: Stärkung der Macht des Staates zur Durchsetzung und Aufrechterhaltung der liberalen Wirtschaftsordnung; Aufbau einer internationalen Rechtsordnung für den internationalen Handel; Stärkung intermediärer Strukturen (Familie, Vereine, Gemeinde) auf sozialem und administrativem Gebiet; Stärkung der individuellen Selbstverantwortung und Konzentration des Staates auf die Fürsorge im eigentlichen Sinne; staatliche Rahmenpolitik und liberaler, d.h. marktkonformer Interventionismus; monetäre Stabilität, restriktive Geldpolitik; offene Märkte; starker Staat in der Rolle des Schiedsrichters über den wirtschaftlichen Interessengruppen; staatliches Handeln bei Marktversagen; Dekonzentration der Wirtschaft, Dekartellierung; Förderung kleiner und mittlerer Unternehmen mittels Wettbewerbsrecht. Die von den Neoliberalen konzipierte Wirtschafts*ordnung* zielte nicht auf die Schaffung einer staatsfreien Wirtschaft ab, sondern setzte im Gegenteil den Staat als Schiedsrichter ein, der die rechtliche Rahmenordnung für das Wirtschaften festlegte und die Einhaltung der »Spielregeln« in der Wirtschaft überwachte. Da sich die Aufgaben des neoliberalen »starken Staates« nicht in der Schaffung von Rahmenbedingungen der äußeren Sicherheit erschöpften, sondern sich auf die Gestaltung und Durchsetzung der Wirtschaftsordnung sowie auf marktkonfrome Interventionen[7] erstreckten, reichten sie über die Aufgaben des »Nachtwächterstaates« der Freihändler des 19. Jahrhunderts hinaus. Diese Feststellung gilt für den US-amerikanischen Neoliberalismus und insbesondere die frühe Chicago-Gruppe (d.h. bis 1965) gleichermaßen wie für den europäischen Neoliberalismus.[8]

Der Vertrag zur Gründung der Europäischen Wirtschaftsgemeinschaft von 1957 erteilt sechs Aufträge zu einer gemeinsamen Politik, die von den vier Zielen »negativer«,[9] d.h. auf die Abschaffung von Diskriminierungen gerichteter Integration analytisch nicht wirklich zu trennen sind: Aussenhandel, Landwirtschaft, Verkehr, Wettbewerb, Wirtschafts- und Währungspolitik sowie Sozialpolitik. Von den vorgesehenen Bereichen gemeinsamer Politik wurden zunächst nur die Wettbewerbspolitik, die Aussenhandels- und die Agrarpolitik umgesetzt, während es in der makroökonomischen Stabilisierungspolitik bei Ansätzen blieb, an denen der Neoliberale Alfred Müller-Armack leitend beteiligt war. Wenn die Frage der Umsetzung neo- und ordoliberaler Konzeptionen in den Verhandlungen zum EWG-Vertrag erörtert werden soll, ist zu beachten, dass Übertragungsverluste in der Zone zwischen Wirtschaftswissenschaften und Politik auftraten und im einzelnen Kompromisse zu schliessen waren. In der Analyse der Entscheidungen, die sich auf die supranationale Gemeinschaft bezogen haben, sind sowohl die Konvergenz bzw. Divergenz der entsprechenden Entscheidungen auf nationaler Ebene als auch der Einfluss internationaler (Internationale Handelskonferenzen, Vereinte Nationen, OEEC, Europarat) und zumeist US-amerikanischer Initiativen zu gewichten. In diesem Zusammenhang ist zu prüfen, welche Rolle das erfolgreiche Modernisierungsmodell »Bundesrepublik« unter US-amerikanischem

7 vgl. die »Maximen rationeller Intervention«: Röpke, Wilhelm: Staatsinterventionismus. [= Handwörterbuch der Staatswissenschaften. Eränzungsband zur 4. Auflage]. Elster, Ludwig/Weber, Adolf (Hgg.). Jena 1929. pp. 861-882.

8 Einzig von Mises vertrat in mancher Hinsicht Positionen, die an die alte Vorstellung des Nachtwächterstaats erinnerten. Von Mises stand jedoch im Colloque Walter Lippmann und der Mont Pèlerin Society mit seiner Haltung isoliert da und wurde deshalb von den Mitgliedern der Gesellschaft heftig angegriffen. Graham (US) hielt von Mises 1947 vor, einem »jungle«-Kapitalismus das Wort zu reden. Das Protokoll zur Tagung *Free Enterprise or Competitive Order* im Rahmen der Gründungskonferenz zeugt von der geschlossenen Gegnerschaft der anderen Mitglieder gegen von Mises' radikale Positionen. Graham, Frank D.: Wortbeitrag zur Tagung: Free Enterprise or Competitive Order (1.4.1947) im Rahmen des Mont Pèlerin Society Meeting Seelisberg, 1.-10. 4. 1947. Gesprächsprotokolle, aufgezeichnet von D. Hahn. Typoskript. Teil 1. p. 15. Teil 2. p. 5. Nachlass Friedrich A. von Hayek: Box 81. Hoover Institution Archives. Stanford University, CA, USA.

9 »Positive« und »negative Integration« werden hier im Sinne von John Pinder verwendet, d.h. positive Integration bezogen auf die Herausbildung von koordinierten und gemeinsamen Politiken mit ökonomischen und sozialen Zielen, die über die reine Aufhebung von Diskriminierungen (»negative Integration«) hinausgehen. Die Unterscheidung von »positiver« und »negativer Integration« stammt ursprünglich von Jan Tinbergen (International Economic Integration. 2. Auflage. Amsterdam – Brüssel 1954. p. 122), je nachdem, ob neue Politiken gebildet oder bestehende Instrumente der internationalen Wirtschaftspolitik abgeschafft werden. Pinder, John: Positive Integration and Negative Integration. Some Problems of Economic Union in the EEC. In: World Today 24(1968). p. 90.

Vorbild und Einfluss im Hinblick auf das Unterliegen alternativer Konzepte (konkret der französischen Industriepolitik) gespielt hat.

Im *zweiten Kapitel* wird der Beitrag der Neo- und Ordoliberalen in der Debatte über privat- und öffentlichrechtliche wettbewerbsbeschränkende Massnahmen von der Zwischenkriegszeit bis zur unmittelbaren Nachkriegszeit untersucht. Insbesondere interessiert die Frage, inwieweit das internationale System von Personen, die durch den Transfer neo- und ordoliberaler Ideen miteinander verbunden waren, auf nationaler und internationaler Ebene (Völkerbund) auf eine inhaltlich gleichgerichtete wirtschafts- und gesellschaftspolitische Konzeption hingearbeitet hat und welche politische Wirkungen sich daraus ergeben haben.

Das *dritte Kapitel* wendet sich den Grenzen und Möglichkeiten der Mitwirkung neo- und ordoliberaler Wirtschafts- und Rechtswissenschafter bei der Vorbereitung von Wettbewerbsregeln für die britisch-amerikanische und die französische Zone und für das »Deutsche Gesetz gegen Wettbewerbsbeschränkungen« zu.

Ein besonderer Stellenwert kommt dem *Kapitel 4* über das Wettbewerbsrecht im Vertrag der Montanunion zu, sollte dieses doch das erste supranationale Wettbewerbsrecht in Europa begründen. Das Eintreten des Bundeswirtschaftsministers Ludwig Erhard für hoheitliche Preisregelungen auf dem Kohle- und Stahlsektor ist in der historischen Forschung als Bruch mit den neoliberalen Prinzipien interpretiert worden.[10] In diesem Zusammenhang ist zu untersuchen, worin die Lösungsvorschläge der Neo- und Ordoliberalen auf dem Gebiet natürlicher Monopole wie dem Kohle- und Stahlsektor lagen und wie die Wettbewerbspolitik der Hohen Behörde aus Sicht des Neo- und Ordoliberalismus zu beurteilen ist.

Im *fünften Kapitel* werden die Grundlinien des Wettbewerbsrechts des Vertrags zur Gründung der Europäischen Wirtschaftsgemeinschaft im Lichte der schon in der Zwischenkriegszeit von Neo- und Ordoliberalen begründeten europäischen Wettbewerbswissenschaft behandelt.

Neben den im Band *Früher Neoliberalismus und europäische Integration*[11] aufgeführten Quellen dienen öffentliche Akten aus den folgenden Beständen als Grundlage der Arbeit: Einen differenzierten Einblick in die nationalen Entscheidungsprozesse und nationalen Perspektiven erlauben zum einen die Akten des *Ministère des affaires étrangères de France*[12] (Reproduktionen im Historischen Archiv der Europäischen Gemeinschaften, Europäisches Hochschulinstitut Florenz), des Bundeswirtschaftsministeriums der Bundesrepublik Deutschland, des Bundeskanzleramtes (beide im Bundearchiv Koblenz), des Politischen Archivs

10 Hentschel, Volker: Deutschland und die Gründung der Europäischen Gemeinschaft für Kohle und Stahl. Ein chronologischer Bericht: Mai 1950 bis April 1951. In: Scripta Mercaturae 22(1988). p. 106. Röndigs, Uwe: Globalisierung und europäische Integration. Der Strukturwandel des Energiesektors und die Politik der Montanunion, 1952-1962. [= Nomos Universitätsschriften Geschichte 11]. Baden-Baden 2000. p. 331.

11 Wegmann, Milène: Früher Neoliberalismus und europäische Integration... pp. 475ff.

12 Die Bestände umfassen: Direktion Wirtschaft und Finanzen: Referat für wirtschaftliche Zusammenarbeit (1945-1962), Europadirektion: internationale europäische Fragen (1956-1960), Handakten Olivier Wormsers (1951-1966).

des Auswärtigen Amtes (Berlin) und des Sekretariats für Fragen des Schuman-Plans (Originale im Politischen Archiv des Auswärtigen Amts, Reproduktionen im Historischen Archiv der Europäischen Gemeinschaften) und zum anderen die Bestände des Ministerrats[13] und der Kommission der Europäischen Gemeinschaften (Historisches Archiv der Europäischen Gemeinschaften) und der OEEC (Deposita im Historischen Archiv der Europäischen Gemeinschaften). Der Vergleich der öffentlichen Haltung neo- und ordoliberaler Amtsträger in Verwaltung und Politik mit ihren privaten Stellungnahmen im Austausch mit anderen Neoliberalen sowie in ihren wissenschaftlichen Publikationen ermöglicht es, den theoretischen und politischen Beitrag der Neo- und Ordoliberalen zur europäischen Integration zu bestimmen.

13 Die Akten des Ministerrates umfassen auch die Verhandlungen über die Verträge zur Gründung der EWG (1955-1957). In Florenz sind (1999) neben den Akten des Besonderen Ministerrates der EGKS (1952-1958) erst die EWG-Ministerrats-Akten der Jahre 1958-1959 deponiert; Trotz anderslautender Verträge befinden sich die übrigen Akten noch immer in Brüssel.

## 2. Die Neo- und Ordoliberalen in der Debatte über privat- und öffentlich-rechtliche wettbewerbsbeschränkende Massnahmen

Im Hinblick auf die Nachkriegsordnung fand in zahlreichen Staaten[14] und insbesondere in Westeuropa eine Debatte über privat- und öffentlich-rechtliche wettbewerbsbeschränkende Massnahmen statt, da die Kriegswirtschaft den Konzentrationsprozess der Industrie gewaltig gesteigert hatte und der Wettbewerb als Prinzip der Wirtschaftsordnung in Bedeutungslosigkeit versunken war. Die Diskussion über die Frage einer Wettbewerbspolitik wurde auf drei Ebenen geführt: zunächst auf der internationalen, danach auf der nationalen Ebene und schliesslich in der Konsequenz auch auf der Ebene der europäischen Wirtschaftsintegration. Das Problem wettbewerbsbeschränkender Massnahmen befasste die Wissenschafter, Unternehmer, politischen Parteien und Regierungen. Mit der Ausnahme der Schweiz, wo eine Volksabstimmung (6.7.1947) zum Verfassungsartikel 31$^{bis}$ (3d) (schädliche Auswirkungen von Kartellen und kartellähnlichen Organisationen) in der Tagespresse über Jahre hinweg eine allgemeine Auseinandersetzung mit Fragen der Wettbewerbsordnung auslöste, fand das Thema »Kartelle und marktbeherrschende Stellungen« in der Öffentlichkeit der westeuropäischen Staaten[15] kaum Beachtung. Da die Konzentrationsprozesse vor allem zu der Verflechtung von Grossbetrieben geführt hatten, war ihr Einfluss auf die Arbeits- und Lebensbedingungen der dort Beschäftigten gering.[16] Die Gleichgültigkeit der Öffentlichkeit diesen Entwicklungen gegenüber mag sich daraus sowie aus der Tatsache erklären, dass die Konzentration in unterschiedlichem Ausmass stattfand.

### *2.1. Konzentrations- und Kartellisierungswellen in Europa vom ausgehenden 19. Jahrhundert bis zur Mitte des 20. Jahrhunderts*

Gesetzgebung[17] und Wirtschaftspolitik, Weltwirtschaftskrise und Aussenhandelsprotektionismus hatten seit der Zwischenkriegszeit Verschmelzungen, Konzen-

14 vgl. »Länderberichte« in WuW 1(1951)ff.

15 Zu Italien z.B. Vito, Francesco: Wettbewerb, Monopole und ihre Regulierung unter besonderer Berücksichtigung der Wirtschaftsstruktur Italiens. In: WuW 2(1952). pp. 317f.

16 Schwarz, Hans-Peter: Geschichte der Bundesrepublik Deutschland. Bd. 2. Die Ära Adenauer. Stuttgart – Wiesbaden 1981. p. 397. Noelle-Neumann, Elisabeth: Das Thema Konzentration in der öffentlichen Meinung. [= Die Konzentration in der Wirtschaft 3. Schriften des Vereins für Socialpolitik NF 20/III] Arndt, Helmut (Hg.). Berlin 1960. pp. 1787-1795.

17 Zur Bedeutung des Reichsgerichtsurteils vom 4.2.1897, das Kartellverträge grundsätzlich für zulässig und mit der Gewerbefreiheit vereinbar erklärte: vgl. Böhm, Franz: Das Reichs-

trationen und Kartellisierungen in den meisten Industriestaaten, besonders aber in Deutschland, Österreich und Italien gefördert.[18] An den Konferenzen des Völkerbundes hatten sich in den 20er Jahren starke Tendenzen gezeigt, Initiativen zu einem internationalen Zollabbau mit einer gleichzeitigen internationalen Kartellisierung zu verbinden: Gebiets- und Preiskartelle sollten die hohen Zollschranken *ersetzen*.[19] Auf internationaler Ebene fehlen systematische Erhebungen über Kartell- und Monopolbildungen. Für Deutschland, Italien und Österreich vermögen die folgenden Zahlen einen Eindruck von den tendenziellen Entwicklungen zu vermitteln, wenn sie auch untereinander infolge der definitorischen Weite der Begriffe »Kartell« und »Grossbetrieb« nicht vergleichbar sind: In Deutschland zählte eine offizielle Untersuchung im Auftrag der Regierung um 1904 – dreissig Jahre nach der ersten grossen Kartellisierungswelle, da erstmals auch der Terminus »Kartell« im Deutschen belegt ist, und beschleunigt durch einen kartellfreundlichen Entscheid des deutschen Reichsgerichts vom Jahre 1897 – 385 mehr oder weniger festgefügte Kartelle. Im Jahre 1911 wurde die Zahl der deutschen Kartelle vom Herausgeber der Kartell-Rundschau auf 550-600 geschätzt, 1925 seitens der Regierung auf 2500. Die sog. »Kartellbereinigung« verhüllte euphemistisch den Zusammenschluss von ca. 2200/ 2500 (1941) Kartellen zu deren 500, einen gewaltigen Ausbau der Kartellstruktur also.[20] In der österreichisch-ungarischen Doppelmonarchie entstanden die ersten Kartelle um 1878. Bis in die Zeit vor dem Ersten Weltkrieg stieg die Zahl der Kartelle auf 120 an, wovon 93 auf das Gebiet der späteren Republik Österreich entfielen. Die Erhebungen des

gericht und die Kartelle. In: Ordo 1(1948). pp. 197-213. Günther, Eberhard: Das Gesetz gegen Wettbewerbsbeschränkungen im Rahmen der deutschen Wirtschaftspolitik. In: WuW 10(1960). p. 750. Zum italienischen Kartellgesetz von 1932, das der Regierung zur Bildung von Zwangskartellen ermächtigte, vgl. Vito, Francesco: Wettbewerb, Monopole und ihre Regulierung unter besonderer Berücksichtigung der Wirtschaftsstruktur Italiens...pp. 308f.

18 Die Ordoliberalen haben ebenso wie US-amerikanische Autoren diesem Aspekt grosse Bedeutung beigemessen. Dazu Böhm, Franz: Das Reichsgericht und die Kartelle. In: Ordo 1(1948). pp. 197-213. Eucken, Walter: Grundsätze der Wirtschaftspolitik. Bern – Tübingen 1952. pp. 306f. Robbins, Lionel: The Economic Basis of Class Conflict and Other Essays in Political Economy. London 1939. pp. 69f., p. 73 und p. 77.

19 Haberler, Gottfried von: Der internationale Handel. Berlin 1970. Nachdruck der Erstausgabe 1933.. pp. 244f. Duijm, Bernhard/Winter, Helen: Möglichkeiten und Grenzen einer internationalen Wettbewerbsordnung. [= Europäische und Internationale Wirtschaftsordnung aus der Sicht der Bundesrepbulik Deutschland. Integration Europas und Ordnung der Weltwirtschaft 1]. Graf Vitzthum, Wolfgang (Hg.). Baden-Baden 1994. p. 225.

20 Die Zahlenangaben sind dem Bericht des Department of State über die »Ausländische Gesetzgebung auf dem Gebiete der Monopol- und Kartellpraktiken« entnommen. Foreign Legislation Concerning Monopoly and Cartel Practices. Report of the Department of State to the Subcommittee on Monopoly of the Select Committee on Small Business. United States Senate. Washington, Jully 9, 1952. Subcommittee Print No. 5, gekürzt abgedruckt unter dem Titel: Amerikanisches Aussenministerium zum deutschen Kartell- und Konzernproblem. In: WuW 2(1952). pp. 738f. Vgl. auch Die »Kartelldämmerung« in Deutschland. In: NZZ 4.7.1943. Nr. 1044. Die Kampfansage Roosevelts an die deutschen Kartelle. Antworten aus Deutschland. In: NZZ 13.10.1944. Nr. 1744.

Ministeriums für Wirtschaft und Arbeit von 1939 förderten in Österreich 203 industrielle Kartelle und 37 Mindestpreisbeschlüsse des Handwerks zu Tage. In der Zeit unmittelbar nach dem Zweiten Weltkrieg wurden in Österreich keine derartigen Studien mehr durchgeführt.[21] Bis zum Ersten Weltkrieg sorgte in Italien eine grosse Anzahl mittlerer Unternehmen für eine relativ hohe Wettbewerbsintensität. Ab 1927 wurde eine starke Konzentrations- und Kartellisierungswelle registriert. Während von 1883-1927 gesamthaft 219 Fusionen verzeichnet wurden, fielen deren 452 allein auf das Jahr 1942.[22] Die Entwicklung privater und öffentlicher Monopole in Italien wurde seit 1936 durch eine markante Ausdehnung des Staatseigentums und der Staatskontrolle über die Industrie begleitet. Auch in Frankreich, Grossbritannien und anderen europäischen Industriestaaten lassen sich für diese Zeit Absprachen und Vereinbapungen zwischen unabhängigen Firmen feststellen, allerdings in weitaus geringerem Ausmass als im Deutschen Reich. In den USA verhinderte der Sherman Act von 1890 die formelle Kartellisierung. An *internationalen* Kartellen hatten sich bereits vor 1914 sowohl europäische als auch US-amerikanische Unternehmen beteiligt, doch blieb deren Zahl weit hinter den ausschliesslich nationalen Kartellen zurück. 1904 wurden lediglich 105 internationale Kartelle gezählt (gegenüber 385 nationalen Kartellen allein im Deutschen Reich). Fusionen bzw. durch Fusionen entstandene Grossunternehmen hatten sich schon vor 1914 in allen bedeutenden Industriestaaten entwickelt. Dasselbe gilt für die multinationalen Konzerne, die weder ein Spezifikum der USA noch eine Besonderheit der Zeit nach 1945 waren, da sie auf beiden Seiten des Atlantiks schon vor dem Ersten Weltkrieg in Erscheinung getreten waren.[23]

### 2.2. *Die USA – treibende Kraft hinter den internationalen Bemühungen um eine Wettbewerbsordnung für den zwischenstaatlichen Handel*

Bereits während des Zweiten Weltkrieges wurde die US-amerikanische Regierung zur treibenden Kraft hinter den internationalen Bemühungen um eine Wettbewerbsordnung für den zwischenstaatlichen Handel. Nachdem sich die An-

21 Pütz, Theodor: Wettbewerbsverhältnisse und Kartellgesetzgebung in Österreich. In: WuW 2(1952). pp. 594-596.

22 Vito, Francesco: Wettbewerb, Monopole und ihre Regulierung unter besonderer Berücksichtigung der Wirtschaftsstruktur Italiens. In: WuW 2(1952). pp. 307-320.

23 Mathis, Franz: Kartelle, Fusionen und multinationale Unternehmen in Grossbritannien, Frankreich, Deutschland, den USA und den wichtigsten Staaten der übrigen Welt bis 1914. [= Wettbewerbsbeschränkungen auf internationalen Märkten. Referate und Diskussionsbeiträge des 10. Wissenschaftlichen Symposiums der Gesellschaft für Unternehmensgeschichte am 25.-27.9.1985 in Lüneburg. Zeitschrift für Unternehmensgeschichte Bh. 46]. Pohl, Hans/Treue, Wilhelm (Hgg.). Stuttgart 1988. pp. 79f, p. 95. Pohl, Hans (Hg.): Competition and Cooperation of Enterprises on National and International Markets (19th-20th Century). [= Vierteljahrsschrift für Sozial- und Wirtschaftsgeschichte Bh. 136]. Stuttgart 1997.

titrustpolitik der USA seit 1938 zu einer energischeren und bewussteren Haltung durchgerungen hatte, begann Anfang der 40er Jahre der allgemeine Feldzug gegen die *europäischen* Kartelle. In der Absicht, dem Problem der Kartelle in den internationalen Verhandlungen um den Wiederaufbau von Industrie und Welthandel einen hohen Stellenwert zu verleihen, schuf die US-Regierung bereits im Frühjahr 1944 mit dem *Büro für wirtschaftliche Angelegenheiten* innerhalb des *State Department* eine eigene Abteilung zum Studium der Kartelle und kartellähnlicher internationaler industrieller Abkommen.[24] Zum einen war die Politik der Vereinigten Staaten in bezug auf internationale Kartelle elementarer Bestandteil ihrer allgemeinen Handels- und Aussenwirtschaftspolitik, die auf die Befreiung des internationalen Handels von Schranken aller Art abzielte. Zum andern schrieb die US-Regierung im Zusammenhang mit den Untersuchungen des Kilgore-Ausschusses des Senats über die *Schwächung der amerikanischen Kriegsproduktion durch Deutschland* internationalen Kartellen deutscher Herkunft einen wesentlichen Anteil an der Krise der 30er Jahre zu: Eine Politik der Produktionseinschränkung mit dem Zweck, die Preise hochzuhalten, sollte deshalb in Zukunft ausgeschaltet werden.[25] Das US-Bundesgericht nahm mit der Ankündigung härterer Strafen für internationale Trusts und Kartelle gegen Ende 1944[26] und der Senat mit der Einberufung eines Ausschusses zur Untersuchung internationaler Kartelle und Monopole[27] 1945 den Kampf gegen wettbewerbsbeschränkende Vereinbarungen auf. Die amerikanische Regierung ergriff in den vorbereitenden Verhandlungen zur Welthandelskonferenz[28] und im Wirtschafts- und Sozialrat der Vereinten Nationen die Initiative, um eine einheitliche Behandlung des Kartellproblems in der westlichen Welt zu erreichen. Handelsminister Wallace stellte im November 1945 die Errichtung einer internationalen Zentralstelle in Aussicht, die Klagen über handels- und wettbewerbsbeschränkende Auswirkungen internationaler Kartelle entgegenzunehmen, die Tatsachen zu untersuchen und die Mitgliedsregierungen zum Erlass der notwendigen Massnahmen zu ermahnen hätte.[29] Zwar scheiterte die ursprüngliche US-amerikanische Forderung nach einem Verbot aller internationalen Kartellabsprachen mit Genehmigungsvorbehalt, der bei einer internationalen Behörde liegen sollte, schon an der vorbereitenden Welthandelskonferenz der 17 Teilnehmerstaaten in London[30] 1946 am Widerstand der europäischen Delegierten und setzte sich nur das Prinzip durch, dass eine internationale Behörde aufgrund des Nachweises schädlicher

24 Mitteilung des Staatssekretärs Cordell Hull nach: Die internationalen Kartelle nach dem Krieg. In: NZZ 25.4.1944. Nr. 697.

25 Tendenzen der Nachkriegswirtschaft. In: NZZ 30.9.1945. Nr. 1468. Das Monopolproblem und Rohstoffwirtschaft. In: NZZ 1.9.1944. Nr. 1479.

26 Amerika und die deutschen Kapitalinteressen im Ausland. In: NZZ 17.11.1944. Nr. 1960.

27 Tendenzen der Nachkriegswirtschaft. In: NZZ 30.9.1945. Nr. 1468.

28 Erklärung des Handelsministers Henry Wallace: Die amerikanische Handelspolitik. In: NZZ 13.11.1945. Nr. 1708.

29 Die amerikanische Handelspolitik. NZZ 13.11. 1945. Nr. 1708.

30 Die Londoner Wirtschaftskonferenz. In: NZZ 28.10.1946. Nr. 1944.

Wirkungen gegen internationale Kartelle vorgehen dürfte.[31] Dennoch gelang es der Regierung der USA, den entscheidenden Meinungswandel in der internationalen Debatte bezüglich des Kartellproblems einzuleiten: Hatte am Beginn der Erörterung über die Zweckmässigkeit internationaler Kartelle an der Weltwirtschaftskonferenz von 1927 ein allgemein gehaltener und unüberwindlicher Konflikt zwischen der Auffassung der Vereinigten Staaten und den europäischen Delegierten gestanden und hatte der Völkerbundsbericht *Die wirtschaftlichen Seiten der internationalen Industriekontrolle* von 1932 noch die Vorteile der internationalen Erzeugerkartelle sowie der freien wirtschaftlichen Zusammenarbeit gefeiert, so fasste im Laufe der zahlreichen amerikanisch-europäischen Gespräche auf Verwaltungs- und Regierungsebene zur Vorbereitung der Havanna-Charta allmählich ein Verständnis für die Problematik internationaler Kartelle Fuss. Während der im Auftrag des Völkerbunds verfasste Bericht *Le passage de l'économie de guerre à l'économie de paix* vom April 1943[32] nationale und internationale Kartelle für die Nachkriegswirtschaft nicht als Problem wahrgenommen hatte, schrieb der Völkerbundsbericht *La stabilité économique dans le monde d'après guerre* vom Februar 1945 unter dem Einfluss der US-amerikanischen Antitrust-Haltung Kartellen, Trusts und Gewerkschaften mit monopolistischer oder halbmonopolistischer Kontrolle des Wirtschaftsystems eine potentiell nachteilige Wirkung auf die wirtschaftliche Stabilität zu[33] und kündigte an, nach Kriegsende seien Kartelle und andere Massnahmen, die den internationalen Handel beschränken, zugunsten eines freieren Handels zu bekämpfen.[34] An den Delegationssitzungen zur Vorbereitung beider Berichte hatte sich regelmässig der Neoliberale Gottfried von Haberler beteiligt, dessen Studie *Prospérité et Dépression, Etude théorique des cycles économiques,*[35] neben der Arbeit Jan Tinbergens, *Vérification statistique des théories des cycles économiques,*[36] beiden Delegationsberichten als Grundlage diente.

31 Art. 48f. des Kapitels 5 über »Einschränkende Handelspraktiken« der Havanna-Charta für eine Internationale Handelsorganisation vom 24. März 1948, abgedruckt unter dem Titel: Die Kartellbestimmungen der Havanna-Charta. In: WuW 3(1953). pp. 246ff.

32 Société des Nations: Le passage de l'économie de guerre à l'économie de paix. Rapport de la Délégation chargée de l'étude des dépressions économiques. Première partie. Genf 1943. Abgeschlossen am 12.4.1943. Die Delegation setzte sich zusammen aus: Frederick Philips, J.B. Brigden, Carter Goodrich, Henry F. Grandy, G.H.C. Hart, Zygmunt Karpinksi, O. Morgenstern und G.F. Towers.

33 Société des Nations: La stabilité économique dans le monde d'après guerre. Les conditions de la prospérité après le passage de la guerre à la paix. Rapport de la Délégation chargée de l'étude des dépressions économiques. Deuxième partie. Genf 1945. p. 32. Abgeschlossen am 12.2.1945. Die Delegation setzte sich zusammen aus: W.W. Riefler, R.H. Brand, W. Domaniewski, Carter Goodrich, Crena de Iongh, F.L. McDougall, R. Marjolin, Oskar Morgenstern, Louis Rasminsky und G.F. Towers.

34 Société des Nations: La stabilité économique dans le monde d'après guerre... pp. 115f.

35 Haberler, Gottfried: Prospérité et Dépression. Etude théorique des cycles économiques. 3. Auflage. Sér. P. SDN. Genf 1943 II A2.

36 Tinbergen, Jan: Vérification statistique des théories des cycles économiques. Société des Nations. Bd. 1. Genf 1938. Bd. 2. Genf 1939.

### 2.3. *Der Einfluss der Kartellbestimmungen der Havanna-Charta auf die internationalen Organisationen, die ECA-Abkommen und die nationalen Wettbewerbsgesetze in Europa*

Die in der Havanna-Charta[37] erarbeiteten Vorschläge zur wirtschaftspolitischen und wirtschaftsrechtlichen Behandlung des Wettbewerbs- und Kartellproblems und zur Errichtung einer internationalen Kartellaufsicht waren die Grundlage für die weitere Erörterung dieses Fragenkreises auf internationaler Ebene. Insbesondere haben die Kartellbestimmungen der Havanna-Charta den Konventionsentwurf[38] zur Kontrolle internationaler Kartelle des Europarates (2. März 1951), den Konventionsentwurf[39] der auf Anregung der USA einberufenen UN-Kartellkommission (Ende März 1953), die OEEC-Empfehlung[40] an die Mitgliedstaaten bezüglich Massnahmen gegen schädliche Kartelle (März 1952) sowie die Arbeiten[41] des Produktivitätsausschusses der OEEC zum Wettbewerbs- und Kartellproblem (November 1952) prägend beeinflusst. Die Europäische Liga für Wirtschaftliche

37 Kapitel 5 über »Einschränkende Handelspraktiken« der Havanna-Charta für eine Internationale Handelsorganisation vom 24. März 1948, abgedruckt unter dem Titel: Die Kartellbestimmungen der Havanna-Charta. In: WuW 3(1953). pp. 244-252.

38 Europarat-Entwurf einer Europäischen Konvention zur Kontrolle internationaler Kartelle. Memorandum on the proposal of the Consultative Assembly for the preparation of a European Convention for the Control of International Cartels. Committee of Ministers, 7th Session, Strassburg, 2. März 1951. In: WuW 2(1952). pp. 296-302.

39 vgl. Document E/2030, June 22, 1951/ UN-ECOSOC of the US-Government on Restricitve Business. Abgedruckt unter dem Titel: Dokumente des UN-Wirtschafts- und Sozialrates zum Wettbewerbs- und Kartellproblem. In: WuW 1(1951). pp. 75-77. vgl. Statement by Isador Lublin, United States Representative in the Economic and Social Council on Restricitive Bisiness Practices. UN-ECOSOC, 13th Session, abgedruckt unter dem Titel: Rede des US-Delegierten auf der 13. UN-ECOSOC-Tagung in Genf. In: WuW 2(1952). pp. 228-233. Vorschlag der UN-Kartellkommission für ein internationales Abkommen über einschränkende Geschäftspraktiken (Konventionsentwurf). März 1953. In: WuW 3(1953). pp. 494-508. Materiell hat die UN-Kartellkommission den Text des Kapitels 5 der Havanna-Charta fast vollständig übernommen. Ergänzend eingefügt wurde die Errichtung einer internationalen Kartellbehörde, der jedoch Eingriffsrechte in die nationale Verwaltungspraxis fehlen sollten. Vgl. Erläuterungen zum Konventionsentwurf der UN-Kartellkommission. März 1953. In: WuW 3(1953). pp. 479-493.

40 Zur Empfehlung der OEEC an die Mitgliedstaaten vom März 1952 vgl. Kamberg, Hans W.: Probleme internationaler Kartellkontrolle. In: WuW 6(1956). p. 538.

41 Produktivitätsausschuss der OEEC zum Wettbewerbs- und Kartellproblem. In: WuW 2(1952). pp. 911-912.

Zusammenarbeit,[42] die Internationale Handelskammer[43] und die Erste Internationale Industriellenkonferenz[44] vom Dezember 1951 in New York stellten sich ebenso wie der Internationale Genossenschaftskongress[45] vom September 1951 auf die Grundlage der Havanna-Charta.

Die europäischen Staaten mussten sich in den bilateralen ECA-Abkommen gegenüber den Vereinigten Staaten verpflichten, Massnahmen zur Liberalisierung des Handels zu unterstützen, indem sie restriktive Handelspraktiken privater und öffentlicher Unternehmen verhinderten, »wo immer diese Praktiken oder Abmachungen sich so auswirken, dass sie die Durchführung des gemeinsamen europäischen Wiederaufbauprogramms beeinträchtigen«.[46] Infolge dieser Verpflichtungen sind in fast allen europäischen Staaten neue Kartellgesetze entstanden, die sich wiederum überwiegend an die Bestimmungen der Havanna-Charta anlehnten, selbst nachdem nicht mehr mit deren Ratifikation[47] gerechnet wurde. Zwi-

42 Schreiben Fritz Bergs, des Präsidenten des Bundesverbands der Deutschen Industrie, an Bundeswirtschaftsminister Erhard vom 6.10.1952. Abgedruckt unter dem Titel: Präsident Berg antwortet Prof. Erhard. Die Auffassung der Industrie zur Kartellfrage. In: WuW 2(1952). p. 867.

43 Mit Ausnahme der Handelskammer der Vereinigten Staaten. Zur IHK: Müllensiefen, Heinz: Internationale Handelskammer erörtert Wettbewerbs- und Monopolproblem. Bericht über den 13. IHK-Kongress in Lissabon (10.-16. Juni 1951). In: WuW 1(1951). pp. 41-46. Zur Haltung der amerikanischen Delegierten am Lissaboner Kongress: Müllensiefen, Heinz: Internationale Handelskammer... pp. 43-44. Entschliessung der Internationalen Handelskammer zum Wettbewerbs- und Kartellproblem: In: WuW 2(1952). pp. 930-932.

44 Bericht der europäischen Delegation über »Comparative Policies«, erstattet von Pierre Ricard, Vizepräsident des Conseil National du Patronat Français, auf der Ersten Internationalen Industriellenkonferenz in New York vom 3. bis 5. Dezember 1951, abgedruckt unter dem Titel: Die europäischen Industriellen zum Problem »Wettbewerbspolitik«. In: WuW 2(1952). p. 202.

45 Internationale Allianz der Genossenschaften zum Wettbewerbs- und Monopolproblem. Entschliessung des Internationalen Genossenschaftskongresses vom 27. September 1951 in Kopenhagen. In: WuW 1(1951). pp. 106-107.

46 Abkommen über wirtschaftliche Zusammenarbeit zwischen der Bundesrepublik Deutschland und den Vereinigten Staaten von Amerika vom 15.12.1949. Economic Cooperation Agreement between The United States of America and The Federal Republic of Germany. In: BGBl. Jg. 1950, ausgegeben zu Bonn am 31.1.1950. Nr. 5. Artikel II (Allgemeine Verpflichtungen). Absatz 3 und Artikel II. Absatz 3c und 1d. Im weiteren Absatz 1c. p. 12. Vgl. Keesing's Archiv der Gegenwart 19(1949). 16. Dezember 1949. pp. 2168f. Der *MSA-Act § 516 Encouragement of Free Enterprise*, der den ECA-Act ablöste, enthielt weitergehende Vorschriften: »Als erklärter Grundsatz des Kongresses ist dieses Gesetz [Public Law 165, 10.10.1951, 82. Kongress, Kapitel 479, 1. Sitzungsperiode H.R. 5113] in einer Weise durchzuführen, dass [...] 2. im Rahmen des Möglichen und soweit es die Verwirklichung der Ziele dieses Gesetzes nicht hindert, kartellartige und monopolistische Geschäftspraktiken bekämpft werden, die in einigen nach diesem Gesetz mit Hilfeleistungen bedachten Ländern vorherrschen und zu Produktionsbeschränkungen und Preissteigerungen führen, und Wettbewerb und Produktivität, soweit angängig, gefördert werden, [...].« Zitiert nach: WuW 1953. pp. 114f.

47 So z.B. in Grossbritannien der »Monopolies and Restrictive Practices (Inquiry and Control) Act« vom 30.7.1948.

schen 1948 und 1960 wurden in Grossbritannien, Österreich, Schweden, Frankreich, Irland, Dänemark, den Niederlanden, Finnland, Deutschland und Belgien Gesetze gegen Wettbewerbsbeschränkungen[48] verabschiedet. Die genannten Staaten beeinflussten sich dabei auch gegenseitig in der Auseinandersetzung mit dem Problem restriktiver Handelspraktiken.

### *2.4. Linker und rechter Revisionismus als Gegenbewegungen gegen die Wirtschaftsstrukturen der nationalsozialistischen, faschistischen und der Vichy-Regierung*

In ihrer Gegnerschaft gegen die privaten Machtkörper standen sich in den grossen westeuropäischen Demokratien ein »Revisionismus« von links und ein »Revisionismus« von rechts gegenüber, die beide auf eine Änderung der Wirtschaftsordnung abzielten. Der »linke Revisionismus« griff unter dem massgeblichen Einfluss Sombarts auf die marxistische Lehre der »Konzentration des Kapitals« bzw. auf die These von der zwangsläufigen Entwicklung des Wettbewerbssystems zum

48 *Grossbritannien*: Monopolies and Restrictive Practices (Inquiry and Control) Act vom 30.7.1948. vgl. Haering, Henry G. C.: Einschränkende Geschäftspraktiken und Monopole in Grossbritannien. Ein Bericht über die Entwicklungen im Jahre 1951. In: WuW 2(1952). pp. 191-199. In: WuW 2(1952). pp. 190-199. *Österreich*: Bundesgesetz vom 4. Juli 1951 über die Regelung des Kartellwesens (Kartellgesetz). In: WuW 1(1951). pp. 143-154. Pütz, Theodor: Wettbewerbsverhältnisse und Kartellgesetzgebung in Österreich. In: WuW 2(1952). p. 596. *Schweden*: Gesetz zur Überwachung der Wettbewerbsbeschränkung in der Wirtschaft vom 29.6.1946. In: WuW 2(1952). p. 225. Schwedisches Ergänzungsgesetz (zu dem vom schwedischen König am 29.6.1946 erlassenen Gesetz zur Überwachung der Wettbewerbsbeschränkung in der Wirtschaft) zur Bekämpfung von gewissen Fällen der Wettbewerbsbeschränkung in der Wirtschaft von 1953. In: WuW 3 (1953). pp. 568-571. *Norwegen*: Rationalisierungsgesetz von 1953. vgl. Neumeyer, Fredrik: Neuere Kartellpolitik in Skandinavien (Schweden, Dänemark, Norwegen und Finnland). In: WuW 5(1955). pp. 464ff. *Dänemark*: Gesetz betreffend die Überwachung von Monopolen und Wettbewerbsbeschränkungen vom 31.3.1955 (Dänemark). In: WuW 5(1955). pp. 632-633 und pp. 660-664. Neumeyer, Fredrik: Neuere Kartellpolitik in Skandinavien (Schweden, Dänemark, Norwegen und Finnland). In: WuW 5(1955). pp. 464-470. *Frankreich*: Verordnung Nr. 53-704 vom 9.8.1953. In: WuW 3(1953). pp. 643-645. Vgl. Ferber, Gustav: Länderbericht Frankreich. Zur wettbewerbs- und kartellpolitischen Lage. In: WuW 6(1956). pp. 302-303. *Niederlande*: Gesetz über vorläufige Massnahmen auf dem Kartellgebiet vom 11.4.1951. In: WuW 2(1952). pp. 543-544. Niederländisches Gesetz zur Regelung des wirtschaftlichen Wettbewerbs vom 28.6.1956. In: WuW 11(1961). pp. 30-38. *Grossbritannien*: Restrictive Trade Practices Act vom 2.8.1956 (= Änderung der Gesetze von 1948 und 1953 über Monopole und Wettbewerbsbeschränkungen). In: WuW 6(1956). pp. 818-836. *Finnland*: Kartellgesetz im Januar 1957 vom Reichstag angenommen. Länderbericht Finnland. In: WuW 7(1957). p. 168. *Bundesrepublik Deutschland*: Gesetz gegen Wettbewerbsbeschränkungen vom 27. Juli 1957. In: Bundesgesetzblatt. Teil 1. Ausgegeben zu Bonn am 9. August 1957. Nr. 41. pp. 1081-1103. *Belgien*: Gesetz zum Schutz gegen den Missbrauch wirtschaftlicher Machtstellung vom 27.5.1960, abgedruckt unter dem Titel: Text des belgischen Kartellgesetzes vom 27. Mai 1960. In: WuW 10(1960). pp. 704-714.

»Monopolkapitalismus« zurück und erblickte darin mit Schumpeter eine unabwendbare Folge des technischen Fortschritts. Vor die theoretische Alternative »Monopolkapitalismus« oder »staatliche Wirtschaftslenkung« gestellt, neigte der linke Revisionismus der letzteren Lösung zu, zumal der kriegswirtschaftliche Konzentrationsprozess die Voraussetzungen für die Verwirklichung von Verstaaltlichungsprojekten günstig beeinflusst hatte. Der linke und der rechte Revisionismus verstanden sich als Gegenbewegungen gegen die Wirtschaftsstrukturen der nationalsozialistischen, der faschistischen und der Vichy-Regierung. Als Gegenbewegung gegen die faschistischen Wirtschaftsstrukturen stimmten 1946 die Wirtschaftsprogramme der italienischen Christdemokraten, der Sozialisten und Kommunisten in der Ablehnung der Monopole überein.[49] In ihrem Aktionsplan vom 16.3.1944 forderten die französischen Widerstandsbewegungen den »retour à la Nation« für die monopolisierten Produktionsmittel.[50] Das *Comité national d'études* sah für den Wiederaufbau Frankreichs zwar kein Kartellverbot vor, hingegen eine Vertretung des Staates oder der Gewerkschaften in den Verwaltungsorganen der Kartelle. Als Reaktion auf die korporativen Ordnungsversuche der Vichy-Regierung befürwortete das *Comité* den Abbau der Privatmonopole.[51] Die kontinentaleuropäische Monopoldiskussion fand in der angelsächsischen Diskussion über die Nachkriegsordnung ihre Entsprechung: In den Vereinigten Staaten setzte sich die Grundsatzdebatte zwischen John Bates Clark und Thomas Patten fort. Clark wie Patten richteten sich gegen den *laissez faire*-Kapitalismus. Während Clark für den freien Welthandel und gegen monopolistische Wettbewerbsbeschränkungen eintrat, betrachtete Patten die Monopole als normale Erscheinung, wünschte aber sozialistische Planung und Staatskontrolle anstelle der *laissez faire*-Politik. Thorstein Veblen, Adolf A. Berle, James Burnham und Henry Wallace waren von den Argumenten Pattens stark beeinflusst.[52] Die Demokraten, insbesondere F.D.Roosevelt und Truman, zeigten sich entschieden in ihrem Willen, die in den Vereinigten Staaten während des Kriegs ebenfalls geförderte Zusammenballung der Wirtschaft zu entflechten.[53] In Grossbritannien forderte nicht

49 Die Wirtschaftsprogramme der italienischen Parteien. In: NZZ 17.6.1946. Nr. 1072.

50 Das Wirtschafts- und Sozialprogramm der französischen Widerstandsbewegung. In: NZZ 10.9.1944. Nr. 1529.

51 Der Wiederaufbau Frankreichs. In: NZZ 28.9.1944. Nr. 1637.

52 Silberschmidt, Max: Referat »Staat und Wirtschaft in den Vereinigten Staaten«, Zürcher Volkswirtschaftliche Gesellschaft, gekürzte Wiedergabe: Staat und Wirtschaft in den Vereinigten Staaten. In: NZZ 28.2.1944. Nr. 346. Vgl. Rede von Vizepräsident Wallace: Die Politik der Vereinigten Staaten. Eine Rede des amerikanischen Vizepräsidenten. In: NZZ 14.9.1943. Nr. 1427.

53 Strukturwandlungen in der amerikanischen Industrie. In: NZZ 11.9.1945. Nr. 1372. Ergebnisse eines Berichts des Committees for Economic Development in: Die Bedeutung des Kleinhandels in den Vereinigten Staaten. In: NZZ 25.6.1947. Nr. 1235. Erklärung von Staatssekretär Cordell Hull zur Wirtschafts- und Aussenwirtschaftspolitik der Vereinigten Staaten vom 22.4.1944: Die internationalen Kartelle nach dem Krieg. In: NZZ 25.4.1944. Nr. 697. Hug, Walther: Referat »Die amerikanische Antitrustpolitik«, Gesellschaft Schweizerfreunde der U.S.A., Zürich, gerafft wiedergegeben in: Die amerikanische Anti-

nur die Labourpartei[54] die Bekämpfung der Monopole. Die Liberale Partei dehnte ihre Opposition gegen die Industriemonopole in ihrer Grundsatzerklärung[55] vom März 1947 auch auf die Monopolgewerkschaften aus und verlangte am Parteitag von 1948 in Blackpool[56] die Auflösung der wirtschaftlichen Monopole. Die Konservativen beauftragten ihrerseits einen eigenen Ausschuss[57] mit der Ausarbeitung eines Entwurfs für ein britisches Monopolgesetz. Der Entwurf für die Monopolgesetzgebung, der von der britischen Regierung am 1.4.1948 veröffentlicht wurde, griff die Forderungen der Kriegskoalitionsregierung aus dem *Weissbuch über die Vollbeschäftigung* auf.[58]

### 2.5. *Neoliberaler Revisionismus: Private Monopole und Kartelle – die Gefahr für den Rechtsstaat; Wettbewerb als »Achse« einer neuen Marktwirtschaft*

Im Gegensatz zum linken Revisionismus wandte sich der rechte, neoliberale Revisionismus gegen die Verstaatlichung der Schlüsselindustrien, da diese einer »Hyperkonzentration«[59] gleichkommen und eine Instrumentalisierung der Wirt-

trustpolitik. In: NZZ 2.3.1944. Nr. 362. Erklärung Henry Wallace' zur amerikanischen Handelspolitik vom 12.11.1945: Die amerikanische Handelspolitik. In: NZZ 13.11.1945. Nr. 1708. Trumans wirtschaftspolitisches Fünfpunkteprogramm vom 7.1.1947 beinhaltete im zweiten Punkt eine intensivierte Bekämpfung der Trusts und Kartelle durch Förderung kleinerer Geschäftsunternehmungen als Ergänzung der Antitrustgesetzgebung. vgl. Die Botschaft Trumans an den Kongress. Konservative Tendenzen – Vorbote innenpolitischer Schwierigkeiten. In: NZZ 7.1.1947. Nr. 37. Dazu auch: Das Programm Präsident Trumans. In: NZZ 8.1.1947. Nr. 39.

54 Britische Nachkriegsprobleme. In: NZZ 25.6.1943. Nr. 993. Zur Haltung von Innenminister Morrison: Das Problem der Wirtschaftskontrolle in England. In: NZZ 11.3.1944. Nr. 421.

55 Eine Prinzipienerklärung der englischen Liberalen. In: NZZ 27.3.1947. Nr. 587.

56 Neues Leben bei den englischen Liberalen. Kühne sozialpolitische Vorschläge am Parteitag in Blackpool. (22.4.1948). In: NZZ 23.4.1948. Nr. 858.

57 Die britische Monopolkontrolle. In: NZZ 6.4.1948. Nr. 721.

58 Die britische Monopolkontrolle. In: NZZ 6.4.1948. Nr. 721.

59 Röpke, Wilhelm: Die Krise des Kollektivismus. Erlenbach-Zürich 1947. p. 25 und p. 26. Siehe auch: Europäische Bilanz des Kollektivismus II. [ohne Sign.]. In: NZZ 11.2.1948. Nr. 294. Der Titel des NZZ-Beitrags greift eine Wendung aus Kapitel 2 bzw. 8 von Röpkes Schrift: Die Krise des Kollektivismus. Erlenbach-Zürich 1947. p. 7 bzw. p. 42 auf. Röpke beschrieb 1953 den Kollektivismus als ein »im Staate organisiertes Pan- und Supermonopol«. Röpke, Wilhelm: Einige grundsätzliche Bemerkungen zum Monopolproblem. Referat auf der internationalen Konferenz über das Monopolproblem. Zürich, 3. Juli 1953. Abteilung für Volkswirtschaftliche Studien. Schweizerisches Institut für Auslandforschung. Ms. p. 3. Zum »staatlichen Supermonopol« unter dem Kollektivismus vgl. auch: Röpke, Wilhelm: Grundlagen und Grenzen der Marktwirtschaft. Auszugsweise Wiedergabe (vermutlich von fremder Hand) eines Vortrags vom 7.2.1949 vor der Industrie- und Handelskammer Darmstadt. In: Nachrichten der Industrie- und Handelskammer Darmstadt. Bd. 5. Nr. 1. vom 1. Januar 1950. p. 3.

schaft zu Zwecken der Kriegsführung in der Hand eines zweiten Hitler erheblich erleichtern würde.[60] Die Neo- und Ordoliberalen erkannten es seit der Zwischenkriegszeit als ihre Aufgabe, dem Vorwurf des Versagens des alten Liberalismus vor dem Problem des Monopolismus mit einer Wirtschaftsverfassung und Wirtschaftsordnungspolitik zu begegnen. Der Londoner *Economist*[61] und die *Neue Zürcher Zeitung*[62] boten Robbins, Röpke, Hunold, von Hayek und Hahn insbesondere in der Zeit von 1943 bis 1948 ein Forum, um der Öffentlichkeit die Notwendigkeit von Massnahmen zum Schutz des Wettbewerbs gegen privatautonome Beschränkungen darzulegen. Eucken, Böhm und Miksch kamen während des Krieges in diesen liberalen Zeitungen in Rezensionen und in allgemeinen wirtschaftspolitischen Artikeln indirekt zu Wort. Die Wiederherstellung einer »freieren« Wirtschaft mit weltweitem Austausch musste mit einer Wettbewerbsordnung ergänzt werden, sollten die beabsichtigten Handelsliberalisierungen nicht durch privatrechtliche Schranken zunichte gemacht werden. Der Wettbewerb war die eigentliche Achse der neo- und ordoliberalen Vorstellung einer neuen Marktwirtschaft. Die grundsätzliche Freiheit der Preise und des Wettbewerbs zum einen und das Privateigentum zum andern waren die beiden wesentlichen Elemente des Konzepts der Marktwirtschaft, die Teil einer *bürgerlichen Gesamtordnung* sein sollte. Die totale Kriegführung hatte das Bewusstsein für das Monopolproblem im europäischen Liberalismus allgemein geschärft. Die im einzelnen recht heterogenen liberalen Parteien vermochten sich deshalb am Kongress der Liberalen Internationalen 1947 auf ein gemeinsames antimonopolistisches und antikartellistisches Credo zu einigen, das von neoliberalen Abgesandten bestimmt war:

> »Die Unterdrückung der wirtschaftlichen Freiheit bringt unvermeidlicherweise die politische Freiheit zum Absterben. Wir lehnen jede derartige Unterdrückung ab, geschehe sie in Form von Staatsbesitz oder staatlicher Kontrolle oder aber durch private Monopole, Kartelle und Trusts. Wir anerkennen Staatseigentum nur für jene Unternehmungen, deren Ausmass die Möglichkeiten privater Unternehmungen überschreitet oder bei denen der Wettbewerb keine Rolle spielt.«[63] (Artikel II.1 des Liberalen Manifests der Liberalen Internationalen vom April 1947).

60 Röpke, Wilhelm: Sozialismus in Deutschland? In: NZZ 16.4.1947. Nr. 692.

61 Englische Stimmen zum Problem der Wirtschaftsordnung. In: NZZ 7.9.1943. Nr. 1392.

62 Zwischen 1943 und 1948 hat die Neue Zürcher Zeitung weit über 30, häufig mehrteilige Artikel Wilhelm Röpkes abgedruckt. Hahn, Albert: Nationalökonomie der Illusionen. In: NZZ 19./20.9.1947. Nr. 1819/1821/1830. Hahn, Albert: Voraussetzungen und Folgen der Währungsstabilisierung. In: NZZ 21./22.8.1948. Nr. 1744/1750. Vollbeschäftigung. Ein Vortrag von Prof. F. A. Hayek, London. In: NZZ 14.10.1945. Nr. 1543. Eucken, Walter: Die Grundlagen der Nationalökonomie. [Rezension von Euckens Werk, 1941]. In: NZZ 22.2.1942. und 24.2.1942 Nr. 289/301. Eucken, Walter: Die deutsche Währungsreform als internationales Problem. In: NZZ 21.12.1947. Nr. 2575. Eucken, Walter: Wirtschaftspolitik am toten Punkt. In: NZZ 20.7.1948. Nr. 1533/1535. Hunold, Albert: Die »Genossenschaft« – ein wirtschaftliches Ordnungsprinzip? In: NZZ 16.7.1945. Nr. 1096. Hunold, Albert: Nochmals: Die »Genossenschaft« – ein Ordnungsprinzip der Wirtschaft? Eine Auseinandersetzung mit echten und Pseudo-Genossenschaften. In: NZZ 9.8.1945. Nr. 1211.

63 Abgedruckt in: Kongress der Liberalen Weltunion in Zürich 21.-25. Mai 1948. In: NZZ 21.5.1948. Nr. 1073.

Der Gruppe der Ordoliberalen kommt in der internationalen Debatte um das Problem der Monopole und Kartelle besondere Bedeutung zu, da Miksch[64], Böhm[65] und Eucken[66] schon seit der Zwischenkriegszeit in der Entstehung privater Monopole und Kartelle *die* Gefahr für den Rechtsstaat erblickt und auf die Errichtung einer Wettbewerbsordnung gedrängt hatten, welche die »vollständige Konkurrenz«[67] als Ideal anstreben sollte. Über praktische Erfahrungen auf diesem Gebiet verfügte Alexander Rüstow, der während seiner Tätigkeit als Referent im Reichswirtschaftsministerium (1919-1924) mit Kartellfragen betraut gewesen war und an der (von ihm selbst allerdings von Anfang an als zu wenig wirksam beurteilten) *Verordnung gegen den Missbrauch wirtschaftlicher Machtstellung* (1923) federführend mitgewirkt hatte.[68] Die Ansätze[69] einer neuen Wettbewerbstheorie, die noch vor dem grossen wirtschaftlichen Zusammenbruch entwickelt worden wa-

64 Miksch, Leonhard: Wettbewerb als Aufgabe. Die Grundsätze einer Wettbewerbsordnung. [= Ordnung der Wirtschaft 4]. Böhm, Franz/Eucken, Walter/Grossmann-Doerth, Hans (Hgg.). Stuttgart – Berlin 1937.

65 Böhm, Franz: Das Problem der privaten Macht. In: Die Justiz 3(1928). pp. 324ff. Nachdruck: Böhm, Franz: Reden und Schriften. [= FS für Franz Böhm zum 65. Geburtstag]. Mestmäcker, Ernst-Joachim (Hg.). Karlsruhe 1960. pp. 25-45. Böhm, Franz: Wettbewerb und Monopolkampf. Berlin 1933. Böhm, Franz: Kartelle und Koalitionsfreiheit. Berlin 1933. Böhm, Franz: Die Ordnung der Wirtschaft als geschichtliche Aufgabe und rechtsschöpferische Leistung. Stuttgart – Berlin 1937.

66 Eucken, Walter: Staatliche Strukturwandlungen und die Krisis des Kapitalismus. In: Weltwirtschaftliches Archiv 36(1932). [Juli-Ausgabe]. pp. 297-321. Eucken, Walter: Nationalökonomie wozu? (Zuerst Leipzig 1938). 3., überarbeitete Auflage. Godesberg 1947. Eucken, Walter: Die Grundlagen der Nationalökonomie. Jena 1940. Das Vorwort der ersten Auflage ist auf November 1939 datiert. Erschienen ist sie bereits Ende 1939.

67 Zu den Grenzen der Realisierbarkeit der »freien Konkurrenz« schon Röpke, Wilhelm: Die Lehre von der Wirtschaft. 1. Auflage Wien 1937. pp. 132f. Später: Röpke, Wilhelm: Die Lehre von der Wirtschaft. 13. Auflage. Stuttgart 1994. pp. 210-214 und p. 217. Röpke schlug hier anstelle des unerfüllbaren, einem Modell entsprechenden »reinen« oder »vollkommenen Wettbewerbs« den Begriff eines »aktiven« oder »wirksamen« Wettbewerbs vor. (p. 217). Eucken beschrieb die »vollständige Konkurrenz« genauso wie das »Monopol« als Idealtypen, zwischen denen die gesamte Wirklichkeit liegt. Beide Fälle seien »irreal«. Eucken, Walter: Die Grundlagen der Nationalökonomie. Jena 1940. Anm. 34 zu p. 131. Röpke unterstrich, es komme darauf an, die Konkurrenz ausserhalb des Selbstversorgungssektors »zum *tonangebenden* [Hervorhebung M.W.] Prinzip zu machen, nicht aber zum ausschliesslichen.« Röpke, Wilhelm: Grundfragen wirtschaftlicher Neuorientierung. 25.7.1940. Nr. 1064. Nach Eucken »überwiegt die Marktform vollständiger Konkurrenz« in der Wettbewerbsordnung, aber sie ist nicht etwa die allein vorhandene Marktform. Eucken, Walter: Grundsätze der Wirtschaftspolitik... 1952. p. 244. In Entsprechung zu Eucken betonte Röpke 1953, die »absolut vorherrschende Marktform« müsse in der neuen Marktwirtschaft die des freien Wettbewerbs sein, und räumte dabei ein, dass zwischen dem Ideal und seiner Verwirklichung immer ein mehr oder weniger langer Weg mit »Leitungsverlusten« liege. Röpke, Wilhelm: Einige grundsätzliche Bemerkungen zum Monopolproblem... p. 1 und p. 6.

68 Eisermann, Gottfried: Alexander Rüstow... p. 148.

69 Briefs, Götz: Kartellkritik des Liberalismus. In: Magazin der Wirtschaft 5. Januar 1928. pp. 7-10. Böhm, Franz: Das Problem der privaten Macht. In: Die Justiz 3(1928). pp. 324ff.

ren, erfuhren in den Jahren von 1940 bis 1945 in den Arbeiten Mikschs,[70], Euckens,[71] Böhms,[72] Röpkes,[73] Rüstows,[74] Gestrichs,[75] von Mises,[76] Machlups[77] und von Hayeks[78] ihre volle Entfaltung.

Die Überzeugung, dass nur die »Veranstaltung von Wettbewerb« (Miksch, Eucken und Böhm)[79] in einem *möglichst umfassenden* Bereich der Wirtschaft das Problem der Wirtschafts- und Gesellschaftsordnung zu lösen vermag, hat die späteren Herausgeber und Mitarbeiter des Jahrbuchs *Ordo* in der Ablehnung von Planwirtschaft und *laissez faire*, von staatlicher Omnipotenz wie privater Wirt-

Nachdruck: Böhm, Franz: Reden und Schriften. [= FS für Franz Böhm zum 65. Geburtstag]. Mestmäcker, Ernst-Joachim (Hg.). Karlsruhe 1960. pp. 25-45, insbesondere pp. 43ff. Rüstow, Alexander (anonym erschienen): Monopolkontrolle oder Monopolverhütung? In: Magazin der Wirtschaft 4(1928). pp. 913-915. Röpke, Wilhelm: Staatsinterventionismus... 1927. pp. 80-85.

70 Miksch, Leonhard: Möglichkeiten und Grenzen der gebundenen Konkurrenz. [= Der Wettbewerb als Mittel volkswirtschaftlicher Leistungssteigerung und Leistungsauslese. Schriften der Akademie für Deutsches Recht 6]. Schmölders, Günter (Hg.). Berlin 1942. pp. 99-106.

71 Eucken, Walter: Die Grundlagen der Nationalökonomie. Jena 1940. Eucken, Walter: Wettbewerb als Grundprinzip der Wirtschaftsverfassung. [= Der Wettbewerb als Mittel volkswirtschaftlicher Leistungssteigerung und Leistungsauslese. Schriften der Akademie für Deutsches Recht 6]. Schmölders, Günter. (Hg.). Berlin 1942. pp. 29-49.

72 Böhm, Franz: Der Wettbewerb als Instrument staatlicher Wirtschaftslenkung. [= Der Wettbewerb als Mittel volkswirtschaftlicher Leistungssteigerung und Leistungsauslese. Schriften der Akademie für Deutsches Recht. Gruppe Wirtschaftswissenschaften. Heft 6]. Schmölders, Günter (Hg.). Berlin 1942. pp. 51-98.

73 Röpke, Wilhelm: Grundfragen wirtschaftlicher Neuorientierung. In: NZZ 24.7.1940. Nr. 1060 und NZZ 25.7.1940. Nr. 1064. Röpke, Wilhelm: Gesellschaftskrisis der Gegenwart. Erlenbach – Zürich 1942. pp. 252ff. Röpke, Wilhelm: Von alten zu neuen Wirtschaftsformen. Kapitalismus – Kollektivismus – Wirtschaftshumanismus. In: Neue Schweizer Rundschau NF 11(1943). pp. 73-99.

74 Rüstow, Alexander: Das Versagen des Wirtschaftsliberalismus als religionsgeschichtliches Problem. Istanbul 1945. pp. 68-71.

75 Gestrich, Hans: Kredit und Sparen. Jena 1944.

76 Mises, Ludwig von: Omnipotent Government. The Rise of the Total State and Total War. New Haven – London 1944. 5., unveränderter Nachdruck 1948. Insbes. pp. 69-72.

77 Machlup, Fritz: Competition, Pliopoly and Profit. In: Economica NF 9(1942). Teil 1. pp. 1-23. Teil 2. pp. 153-173. Machlup, Fritz: The Nature of the International Cartel Problem. [= A Cartel Policy for the United Nations]. Edwards, Corwin D. (Hg.). New York 1945. pp. 1-24.

78 Hayek, Friedrich A. von: The Road to Serfdom. London – Henley 1944. Nachdruck 1976. pp. 32-41. Dazu Röpke, Wilhelm: Wirtschaftsoligarchie. In: NZZ 27.5.1945. Nr. 840.

79 Miksch, Leonhard: Wettbewerb als Aufgabe. Die Grundsätze einer Wettbewerbsordnung. [= Ordnung der Wirtschaft 4]. Böhm, Franz/Eucken, Walter/Grossmann-Doerth, Hans (Hgg.). Stuttgart – Berlin 1937. Teil 1. Kapitel A. 2. Wettbewerb und Staat/Der Wettbewerb – eine staatliche Veranstaltung. pp. 8f. Eucken, Walter: Wettbewerb als Grundprinzip der Wirtschaftsverfassung. [= Der Wettbewerb als Mittel volkswirtschaftlicher Leistungssteigerung und Leistungsauslese. Schriften der Akademie für Deutsches Recht 6]. Schmölders, Günter. (Hg.). Berlin 1942. p. 44. Eucken, Walter/Böhm, Franz: Die Aufgabe des Jahrbuches. Vorwort zu: Ordo 1(1948). p. IX.

schaftsmacht zusammengeführt. Die Konkurrenz sollte als »unentbehrliche[r] Motor und Regulator der modernen Wirtschaftsordnung« wirken, doch erkannten die Neo- und Ordoliberalen es als eine »wirtschaftliche, soziale und kulturelle Notwendigkeit«,[80] die Auswüchse der Konkurrenz zu bekämpfen. Röpke warnte davor, die Konkurrenz zu verherrlichen und alles »Nervenfressend[e], Demoralisierend[e] und kulturell Verheerend[e]«,[81] das mit ihr einhergehe, zu übersehen. Auf Gebieten wie der Landwirtschaft und der Public Utilities sollte daher aus *ausserökonomischen Motiven* Raum zu staatlicher Intervention bleiben. Für einen solchen mit dem wirtschaflichen Liberalismus vereinbaren Interventionismus hatte Rüstow 1932 den Begriff »liberaler Interventionismus«[82] geprägt.

### *2.6. Der Neoliberalismus in der Gegnerschaft zu Schumpeters Innovationshypothese: Wettbewerb statt Konzentration als Grundlage von Innovation und Fortschritt*

Das Konzept der Ordoliberalen wandte sich hinsichtlich des Monopolproblems nicht nur gegen kommunistische, sozialistische und sozialdemokratische Pläne zur Verstaatlichung[83] von privaten Monopolen, sondern mit Nachdruck auch gegen Schumpeters[84] Innovationshypothese, wonach Grossunternehmen mit Monopolposition in einer kapitalistischen Wirtschaft der Motor dynamischer Erfindungen und technischen Fortschritts seien. Röpke weist Schumpeters Argument, die wirtschaftliche Macht und Kapitalkraft des Konzerns bzw. Monopols begünstige den technischen Fortschritt,[85] unter Hinweis auf die volkswirtschaftliche Schädlichkeit der Monopole als »nur unter bestimmten und keineswegs die Regel bildenden Umständen«[86] zu erwartenden Fall zurück. Röpke wie Rüstow bestritten

80 Röpke, Wilhelm: Staatsinterventionismus... 1929. pp. 868 .

81 Röpke, Wilhelm: Staatsinterventionismus... 1929. pp. 868.

82 Rüstow, Alexander: [Diskussionsbeitrag zu den Verhandlungen des Vereins für Socialpolitik in Dresden, 28. – 29.9.1932]. In: Schriften des Vereins für Socialpolitik 187(1932). pp. 62-69.

83 vgl. Die Widmung von Hayeks »The Road to Serfdom« 1944: »To the socialists of all parties«. Hayek, Friedrich A. von: The Road to Serfdom. London 1944. p. IV.

84 Schumpeter, Joseph Alois: Capitalism, Socialism, and Democracy. London 1944. Unveränderter Nachdruck der Erstauflage New York 1942. pp. 104-106.

85 Schumpeter, Joseph Alois: Capitalism, Socialism, and Democracy. London 1944. Unveränderter Nachdruck der Erstauflage New York 1942. p. 89.

86 Röpke, Wilhelm: Die Lehre von der Wirtschaft. 8., veränderte Auflage. Erlenbach – Zürich – Stuttgart 1958. p. 208. In der Auflage 7 von 1954 und in den vorangehenden Auflagen fehlen diese Erörterungen noch. Ähnlich findet sich Röpkes Gedankengang schon in: Röpke, Wilhelm: Das Kartellproblem im Detail. In: Die Presse 3.4.1955. Nr. 1959. p. 12. Zwanzig Jahre früher hat Röpke – in Auseinandersetzung mit populären Meinungen – bereits Überlegungen in derselben Richtung niedergelegt: »Obwohl dieses Argument [das Argument der technologischen Unausweichlichkeit, mit der die Bildung von Monopolen

das Monopolbedürfnis der kapitalintensiven Industrie[87] und hielten der These Schumpeters, »vollkommene Konkurrenz« sei unter modernen industriellen Bedingungen[88] unmöglich, Überlegungen zur betriebswirtschaftlich optimalen Grösse entgegen.[89] Dem marxistischen Argument der technologischen Unausweichlichkeit von Monopolbildungen stellten Röpke (1936) und Robbins (Januar 1939) die Hypothese einer »natürlichen Gravitation« oder »Bewegung« zum Wettbewerb gegenüber, würde nicht der Staat mit seiner Gesetzgebung, Rechtsprechung und allgemeinen Wirtschaftspolitik die Entstehung von Monopolen fördern.[90] Eucken sah in der modernen technischen Entwicklung, in deren Zuge sich das Transportwesen ausdehnte und Substitutionsprodukte aufkamen, eine erhebliche Erleichterung für die Verwirklichung der Wettbewerbsordnung.[91] Trotz

und damit die Selbstauflösung des Konkurrenzsystems in den Volkswirtschaften erfolgen würden] nicht in erster Linie auf die Weltwirtschaft gemünzt ist, ist es nicht schwer zu erkennen, dass eine Selbstauflösung des Konkurrenzsystems im Innern der Volkswirtschaften in der Tat der liberalen Weltwirtschaft ein Ende bereiten und zugleich die ganze klassische Theorie des Aussenhandels und des automatischen Zahlungsbilanzausgleichs im Kern erschüttern müsste. Dass es sich um ein ernst zu nehmendens Argument handelt, steht ausser allem Zweifel. Obgleich es schon jetzt feststeht, dass es unter keinen Umständen ohne erhebliche Modifikationen und Einschränkungen akzeptiert werden kann – die nach meiner Meinung sogar so weit gehen, es als ein wirkliches Unausweichlichkeitsargument zu eliminieren, – ist noch sehr wenig getan, um eine wirkliche und allseitige Klärung dieses Problems herbeizuführen, was um so verwunderlicher ist, als es sich hier noch durchaus um eine im Bereich des gewohnten Forschens liegende Aufgabe handelt.« Röpke, Wilhelm: Die entscheidenden Probleme des weltwirtschaftlichen Verfalls. Vortrag gehalten am 16. Dezember 1938 vor dem Wirtschaftswissenschaftlichen Verband an der Universität Zürich. In: Zeitschrift für schweizerische Statistik und Volkswirtschaft 74(1938). p. 500.

87 Röpke, Wilhelm: Der Kult des Kolossalen. In: NZZ 20.7.1941. Nr. 1122 und NZZ 22.7.1941. Nr. 1132 sowie Nr. 1135. Röpke, Wilhelm: Die Gesellschaftskrisis der Gegenwart. Erlenbach-Zürich 1942. pp. 103-115. Rüstow, Alexander: Das Versagen des Wirtschaftsliberalismus als religionsgeschichtliches Problem. Istanbul 1945. p. 71. Röpke, Wilhelm: Die Alternative Marktwirtschaft – Planwirtschaft. In: NZZ 11.6.1946. Nr. 1031.

88 Schumpeter, Joseph Alois: Capitalism, Socialism, and Democracy. London 1944. Unveränderter Nachdruck der Erstauflage New York 1942. p. 106.

89 Zur Beurteilung des Gross- bzw. Mittel- und Kleinbetriebes unter dem Gesichtspunkt des Betriebsoptimums: Röpke, Wilhelm: Die Funktion des Klein- und Mittelbetriebes in der Volkswirtschaft. [= Handwerk und Kleinhandel in der modernen Volkswirtschaft. Entwicklungsmöglichkeiten und Rechtsgrundlagen. Schriftenreihe des Schweizerischen Instituts für gewerbliche Wirtschaft an der Handels-Hochschule St. Gallen 1]. St. Gallen 1947. pp. 24ff. und Röpke, Wilhelm: Civitas Humana. Grundfragen der Gesellschafts- und Wirtschaftsreform. Erlenbach-Zürich 1944. pp. 310-311. Ähnlich schon im Hinblick auf marxistische und populäre Auffassungen: Röpke, Wilhelm: Crises and Cycles. London – Edinburg – Glasgow 1936. p. 7.

90 Röpke, Wilhelm: Crises and Cycles. London – Edinburg – Glasgow 1936. p. 8. Robbins, Lionel: The Economic Basis of Class Conflict and Other Essays in Political Economy. London 1939. p. 77. Ebenso später: Röpke, Wilhelm: Kartelle – nur auf Rezept. In: FAZ 28.5.1955. Nr. 123. p. 5.

91 Eucken, Walter: Wirtschaftspolitik am toten Punkt II. In: NZZ 20.7.1948. Nr. 1535.

der fundamentalen Differenzen zwischen der Freiburger Gruppe und den Keynesianern traf sich der engere und weitere Kreis um Eucken mit einem *Teil* der Anhänger der Vollbeschäftigungslehre, indem beide den negativen Einfluss der monopolistischen Beschränkungen der modernen Wirtschaft auf die Investitionsfreiheit feststellten und die monopolistische Lohnbildung als fundamentale Gefährdung der Voll- bzw. Höchstbeschäftigung erkannten.[92] Jedoch brachten die Keynesianer kein Vertrauen in eine spontane Wiederbelebung der Wirtschaft durch den »freien« Wettbewerb auf.[93]

92 vgl. Röpke, Wilhelm: Grundlagen und Folgen der »Vollbeschäftigung«. In: NZZ 27.1.1946. Nr. 147.

93 vgl. Pribram, Karl: Geschichte des ökonomischen Denkens. Bd. 1. Frankfurt a. M. 1991. Englisch 1983. p. 847. Hahn, A.: Ist Sparen eine Tugend oder ein Laster? In: NZZ 1946. Nr. 1381.

## 3. Das Deutsche Gesetz gegen Wettbewerbsbeschränkungen vom 27.7.1957. Durchsetzung einer weitgehend ordoliberal geprägten Wettbewerbsordnung mit US-amerikanischer Unterstützung

### *3.1. Der Beitrag der ordoliberalen Wirtschafts- und Rechtswissenschafter zu den Gesetzes- und Verordnungsentwürfen gegen die Konzentration der deutschen Wirtschaft (1946-1947)*

Als in Westeuropa und in den Vereinigten Staaten nach dem Zweiten Weltkrieg eine Flut von Arbeiten über das Wettbewerbsrecht und die Wettbewerbspolitik einsetzte und sich zahlreiche rechtsvergleichende Studien mit dem US-amerikanischen Antitrustrecht befassten, vermochten die Freiburger und andere neoliberale Gruppen auf fast zwei Jahrzehnte Forschung auf diesem Gebiet zurückzublicken: die Ordoliberalen hatten eine eigentliche deutsche Kartellrechtswissenschaft begründet und in der Zusammenarbeit von Volkswirtschaftern und Rechtswissenschaftern die Grundlagen geschaffen, um ihre wirtschaftswissenschaftlichen Erkenntnisse ins Recht zu fassen. Dabei waren die Beziehungen der engeren und weiteren Kreise um Eucken zur *London School of Economics* (von Hayek, 1931-1950), zu Grossbritannien als dem Land mit der ältesten Tradition einer Auseinandersetzung mit dem Problem der Monopole und Kartelle,[94] und zu ihren in den Vereinigten Staaten exilierten Kollegen, Machlup,[95] von Haberler und von

94 1599 erklärte ein englisches Gericht Monopole als Hindernis für den gemeinen Mann in seinem Gewerbe, als preiserhöhend, warenverknappend und qualitätsmindernd. Das Monopolgesetz von 1623/24 verwarf Monopole, da sie »ganz und gar gegen die Gesetze dieses Königreiches« verstiessen. Nach der Bill of Rights von 1689 durfte die Krone das Monopolgesetz nicht mehr durchbrechen. Gleiss, Alfred: Kartelle und Monopole. England als Beispiel. Heidelberg 1952. pp 11f.

95 Machlup verfasste zwischen 1933 und 1957 folgende Schriften zum Thema »Wettbewerb«: Machlup, Fritz: Monopoly and Competition: A Classification of Market Positions. In: American Economic Review 27(1937). pp. 445-451. Machlup, Fritz: Evaluation of the Practical Significance of the Theory of Monopolistic Competition. In: American Economic Review 29(1939). pp. 227-236. Machlup, Fritz: Competition, Pliopoly and Profit. In: Economica NF 9(1942). Teil 1. pp. 1-23. Teil 2. pp. 153-173. Machlup, Fritz: The Nature of the International Cartel Problem. [= A Cartel Policy for the United Nations]. Edwards, Corwin D. (Hg.). New York 1945. Machlup, Fritz: Monopolistic Wage Determination as a Part of the General Problem of Monopoly. [= Wage Determination and the Economics of Liberalism]. Economic Institute (Hg.). Washington, Chamber of Commerce of the United States 1947. pp. 49-82. Machlup, Fritz: What's Best for the Competitive Enterprise System? [= Delivered Pricing and the Future of American Business]. Economic Institute (Hg.). Washington, Chamber of Commerce of the United States 1948. pp. 193-199. Statement of Fritz Machlup, Professor of Political Economy of the John Hopkins University: Study of

Mises von Bedeutung. Der Briefwechsel Euckens mit Machlup und von Hayek, der nach dem Krieg wieder einsetzte, zeugt davon, dass sich Eucken die englischsprachige neoliberale Literatur zur Wettbewerbspolitik dank diesen persönlichen Kontakten zu den Vereinigten Staaten und Grossbritannien zu beschaffen vermochte.[96] Von Hayek verwandte sich persönlich für Eucken beim Neoliberalen Jacques Rueff, der als wirtschaftlicher Berater der französischen Besatzungsbehörden tätig war. Rueff hatte die Absicht, Eucken mit den massgebenden Kreisen

Monopoly Power. Hearings before the Subcommittee on Study of Monopoly Power of the Committee on the Judiciary. House of Representatives. 81st Congress. First Session. Serial No. 14. Part 2-A. Washington 1950. pp. 500-522. Machlup, Fritz: The American Antitrust Laws – Success or Failure? In: Schweizer Zeitschrift für Volkswirtschaft und Statistik. 87(1951). pp. 513-520. Machlup, Fritz: The Political Economy of Monopoly. Baltimore 1952. Machlup, Fritz: The Economics of Sellers' Competition. Model Anaysis of Sellers' Conduct. Baltimore 1952. Machlup, Fritz: Oligopolistic Indeterminacy. In: Weltwirtschaftliches Archiv 68(1952). pp. 1-19. Machlup, Fritz: The Characteristics and Classifications of Oligopoly. In: Kyklos 5(1952). pp. 145-163. Machlup, Fritz: Volkswirtschaftliche Scheinverluste beim Zustrom neuer Wettbewerber. In: Ordo 5(1952). pp. 115-133. Machlup, Fritz: Monopoly and the Problem of Economic Stability. [= Monopoly and Competition and their Regulation. International Economic Association]. Chamberlin, Edward H. (Hg.) London 1954. pp. 385-397. Machlup, Fritz: Characteristics and Types of Price Discrimination. [= Business Concentration and Price Policies]. Stigler, George (Hg.). Princeton 1955. pp. 397-440.

96 Vgl. Brief Walter Euckens an Fritz Machlup, Freiburg i. Br., 30.4.1947 (Nachlass Fritz Machlup: Box 36. Hoover Institution Archives. Stanford University, CA, USA), dem Eucken ein Exemplar eines Gutachtens beilegte, für das sich Machlup interessiert hatte. Es handelte sich dabei mit grösster Wahrscheinlichkeit um Euckens Gutachten betr. Konzernentflechtung und Kartellauflösung. Freiburg i. Br., 1. Fassung von Anfang Januar 1947 und 2., revidierte Fassung des Gutachtens von Ende Januar 1947. Aus diesem Brief geht hervor, dass Eucken Machlups Arbeit über die Monopollöhne von 1947 kannte und dessen Aussagen als für Deutschland wichtig erachtete. Nach einem Brief Machlups an Eucken (ohne Ort) vom 5.6.1947 (Nachlass Fritz Machlup: Hoover Institution Archives. Stanford University, CA, USA. Box 36) sandte Machlup diesem den Band *A Cartel Policy for the United Nations* sowie Nachdrucke von 10 verschiedenen Artikeln der letzten Jahre und versprach ihm ein Exemplar seines in Entstehung begriffenen Buches »*Competition and Monopolies*« (das 1952 unter dem Titel »The Political Economy of Monopoly« erschien). Weitere Belege: Brief Euckens an Machlup, Freiburg i. Br., 7.10.1947, Brief Euckens an Machlup, Freiburg i. Br., 11.8.1947, Brief Euckens an Machlup, Freiburg i. Br., 11.2.1948, Brief Machlups an Eucken, ohne Ort, 30.6.1948. Nachlass Fritz Machlup: Box 36. Hoover Institution Archives. Stanford University, CA, USA. Brief Euckens an Hayek, Freiburg i. Br., 18.2.1946. Ausführliche Auseinandersetzung Euckens mit von Hayeks *Der Weg zur Knechtschaft*, insbesondere der darin umrissenen Wettbewerbsordnung, in seinem Brief an diesen, Freiburg i. Br., 12.3.1946. Eucken fragte Hayek im Zusammenhang mit seiner Arbeit an *Wettbewerbsordnung und ihre Verwirklichung* nach dessen Beiträgen zum Thema »Wettbewerb«. Brief Euckens an Hayek, Freiburg i. Br., 5.4.1948. Nachlass Friedrich A. von Hayek: Hoover Institution Archives. Stanford University, CA, USA. Box 18.

in Verbindung zu bringen.[97] Im Urteil neo- und ordoliberaler Autoren erhielt die grundsätzliche Ausrichtung der US-amerikanischen Antitrustgesetze Anerkennung, unterwarfen deren Ergebnisse jedoch einer differenzierenden Analyse. Das ordoliberale Konzept zeichnete sich dadurch aus, dass es die *Interdependenz* der Wirtschaftsordnungspolitik hervorhob: das Erfordernis, die Wettbewerbsordnung *konsequent* in allen Bereichen der Gesetzgebung – von der Handelspolitik, über die Kreditpolitik, Steuerpolitik und das Gesellschaftsrecht bis zum Konkursrecht –, in der Rechtsprechung und in der Verwaltung aufzubauen.[98] In diesem Zusammenhang bot sich das Beispiel der US-Antitrustgesetzgebung an, um die Interdependenz wirtschaftspolitischer Prinzipien und deren Wirkungen nachzuweisen; Von Hayek bewertete die Antitrustgesetze, die Methode einer strengen staatlichen Überwachung privater Monopole als positiven Ansatz, sofern diese Grundsätze konsequent angewandt würden.[99] Röpke führte die Grenzen der Wirksamkeit des Antitrustrechts in den Vereinigten Staaten auf die Hochschutzzollpolitik und andere wirtschaftspolitische Bedingungen zurück, welche die Konzentration fördern, und machte auf die Schwierigkeiten der amerikanischen staatlichen Kontrollorgane aufmerksam, sich gegenüber den Monopolinteressen durchzusetzen.[100] Dennoch beurteilte er aber den Sherman Act als bei ernsthafter Durchführung erfolgversprechende Waffe im Kampf gegen den Monopolismus. Eucken zeigte am Beispiel der Vereinigten Staaten auf, dass die Handels- und Patentpolitik, das Gesellschaftsrecht und weitere Bereiche keine Voraussetzungen für die Ausschaltung des Wettbewerbs schaffen dürften, sondern dass die gesamte Wirtschaftsverfassung nach dem Wettbewerb als Grundprinzip ausgestaltet werden müsste.[101] Nicht dem US-amerikanischen Kartellverbot und einer daraus

97 Brief Friedrich A. von Hayeks an Walter Eucken, ohne Ort, 19.10.1945. Nachlass Friedrich A. von Hayek. Hoover Institution Archives. Stanford University, CA, USA. Box 18. Brief Friedrich A. von Hayeks an Walter Eucken, ohne Ort, 22.11.1945. Nachlass Friedrich A. von Hayek. Hoover Institution Archives. Stanford University, CA, USA. Box 18.

98 Eucken, Walter: Grundsätze der Wirtschaftspolitik... pp. 304-308. vgl. auch Eucken, Walter: Wettbewerb als Grundprinzip der Wirtschaftsverfassung. [= Der Wettbewerb als Mittel volkswirtschaftlicher Leistungssteigerung und Leistungsauslese. Schriften der Akademie für Deutsches Recht 6]. Schmölders, Günter. (Hg.). Berlin 1942. p. 43f.

99 Hayek, Friedrich A. von: The Road... p. 147.

100 Röpke, Wilhelm: Gesellschaftskrisis... 1942. p. 366. Röpke, Wilhelm: Die Alternative Marktwirtschaft – Planwirtschaft. In: NZZ 11.6.1946. Nr. 1031. Rüstow schliesst sich Röpke an: Rüstow, Alexander: Das Versagen des Wirtschaftsliberalismus als religionsgeschichtliches Problem. Istanbul 1945. pp. 69f. In den Grundzügen so schon: Röpke, Wilhelm: Staatsinterventionismus... 1929. pp. 875. Zur »Interdependenz« von Protektionismus und Monopolismus am Beispiel der deutschen Schwerindustrie und den Vereinigten Staaten: Röpke, Wilhelm: German Commercial Policy. [= Publication of the Graduate Institute of International Studies, Geneva, 12] London – New York 1934. p. 26.

101 Eucken, Walter: Wirtschaftspolitik am toten Punkt II. In: NZZ 20.7.1948. Nr. 1535. Eucken, Walter: Die Wettbewerbsordnung und ihre Verwirklichung. In: Ordo 2(1949). pp. 84-88. Eucken, Walter: Grundsätze der Wirtschaftspolitik... pp. 305f. vgl. auch Robbins, Lionel: The Economic Bases of Class Conflict and Other Essays in Political Economy. London 1939. pp. 72f.

folgenden Flucht in Fusionen und Monopole, sondern den strukturellen Gegebenheiten eines grossen Binnenmarktes schrieb Böhm die Tatsache zu, dass sich die Vereinigten Staaten zum Land der grossen Konzerne entwickelt hatten.[102] Im Rahmen der von den Alliierten beabsichtigten Politik gegen die Konzentration der deutschen Wirtschaft wurden Ordoliberale in der amerikanischen, britischen und französischen Zone mit der Ausarbeitung von Entwürfen zu Verordnungen bzw. Gesetzen betraut. In der konsequenten Umsetzung der Lehre von der Interdependenz aller rechts- und wirtschaftspolitischen Massnahmen trieb die von den Ordoliberalen begründete Wettbewerbsordnung selbst über das in den Vereinigten Staaten geltende Antitrustrecht hinaus.

In Süddeutschland war auf Veranlassung des Länderrates in Stuttgart ein Kreis von Sachverständigen zusammengetreten, um einen Entwurf für ein umfassendes deutsches Kartell- und Monopolgesetz auszuarbeiten.[103] Im Sachverständigenausschuss unter der Leitung von Paul Josten waren mit Franz Böhm und Bernhard Pfister zwei Ordoliberale vertreten.[104] Den Ordoliberalen nahestehend war auch das Kommissionsmitglied Walter Bauer, der Eucken »durch seine Zugehörigkeit zum Gördelerkreis«, d.h. dem Freiburger Bonhoeffer-Kreis,[105] bekannt war. Bauer verfocht den Gedanken der Wettbewerbsordnung mit grosser Energie und wurde von Eucken später der Mont-Pèlerin-Society als Mitglied empfohlen.[106] Die Josten-Gruppe betrachtete es als ihre Aufgabe, die Erkenntnisse der Freiburger Gruppe zur Grundlage ihres Gesetzesentwurfes zu machen. Demzufolge galt die Freiheit des Wettbewerbs dem Kreis um Josten als ein staatlich zu sicherndes Recht, dessen zwingender Charakter nicht nach Belieben abgeändert oder ausser Kraft gesetzt werden dürfe. Der Josten-Entwurf zum *Gesetz zur Sicherung des Leistungswettbewerbs* und zum *Gesetz über das Monopolamt* lehnte das uneingeschränkte *laissez faire* des Liberalismus ab und suchte eine Wettbewerbsordnung zu schaffen im Sinne einer vom Staat bewusst eingeführten und geschützten »Veranstaltung«, deren Zweck es sein sollte, eine optimale Güterversorgung zu erlangen. Keinem Wirtschaftsteilnehmer würde es erlaubt sein, sich ohne besondere Genehmigung dem Wettbewerb zu entziehen. Daher mussten nach Ansicht des

102 Franz Böhm zum Erhard-Berg-Briefwechsel (Referat vom 1.11.1952 vor dem Freiwirtschaftsbund in Heidelberg), abgedruckt unter dem Titel: Der vollständige Wettbewerb und die Antimonopolgesetzgebung. In: WuW 3(1953). p. 187.

103 Günther, Eberhard: Entwurf eines deutschen Gesetzes gegen Wettbewerbsbeschränkungen. In: WuW 1(1951). p. 23.

104 Ferner gehörten dem Ausschuss an: Wilhelm Kromphardt, Walter Bauer, Curt Eduard Fischer sowie Wilhelm Köppel. Günther, Eberhard: Gesetz gegen Wettbewerbsbeschränkungen. Entstehung und Auswirkungen. [= Ludwig Erhard. Beiträge zu seiner politischen Biographie. FS zum 75. Geburtstag]. Schröder, Gerhard/Müller-Armack, Alfred/Hohmann, Karl et al. (Hgg.). Frankfurt a. M. – Berlin 1972. p. 113.

105 Vgl. Graphische Darstellung von Wilfried Schulz (1996), abgedruckt in: Wegmann, Milène: Früher Neoliberalismus und europäische Integration… p. 56

106 Brief Walter Euckens an Friedrich A. von Hayek, Freiburg i. Br., 26.8.1947. Nachlass Friedrich A. von Hayek. Hoover Institution Archives. Stanford University, CA, USA. Box 18.

Josten-Gremiums auf allen Gebieten, die eine unbeschränkte Wettbewerbsfreiheit nicht zuliessen (Monopole, kollektive Lohnbildung und Kreditmarkt) staatliche Steuerung und Lenkung mit dem Ziel Platz greifen, einen Zustand herzustellen, *als ob* die vollständige Konkurrenz auch in diesen Bereichen funktionsfähig wäre.[107] Die von 1946 bis 1949 erarbeiteten Gesetzesentwürfe der Josten-Gruppe sahen ein absolutes Kartellverbot mit Ausnahmemöglichkeit (Monopolamt) aus zeitlichen und volkswirtschaftlichen Zwängen vor sowie Entschachtelung und Aufgliederung von Einzelunternehmen und Zusammenschlüssen, Auflagen für Inhaber wirtschaftlicher Macht, wettbewerbsfördernde Massnahmen, die Bildung eines unabhängigen Monopolamtes und strenge Strafandrohungen bei Gesetzesverletzungen.

Parallel zu den Beratungen des Josten-Ausschusses entstand beim Zentralamt für Wirtschaft in Minden der Entwurf einer *Verordnung über Markt- und Bewirtschaftungsverbände sowie über marktbeeinflussende Unternehmen*, an dem Miksch mitwirkte. Ziel dieses Entwurfes war es, angesichts des Chaos nach dem Krieg eine Lenkung für den Markt, nicht gegen ihn zu begründen, indem das Zentralverwaltungssystem mit marktwirtschaftlichen Elementen durchsetzt und Versorgungs- und Bewirtschaftungsaufgaben auf private Zusammenschlüsse übertragen werden sollten. Die Begründung der Verordnung zuhanden der britischen Militärregierung in Minden (25.11.1946) stützte sich auf die Erlangung einer stärkeren Aufsicht über monopolistische Bestrebungen.[108]

Anfang Januar 1947 erhielten der Süddeutsche Länderrat, das Verwaltungsamt (ehemals »Zentralamt«) für Wirtschaft in Minden und das Zentralamt für Wirtschaft und Arbeit in der französischen Zone die Gelegenheit, zu der Vorlage der beabsichtigten Verordnungen oder Gesetze über das britisch-amerikanische *Verbot der übermässigen Konzentration deutscher Wirtschaftskraft* Stellung zu nehmen. Das *Comité d'Etudes Economiques*, das sich aus dem engeren Kern[109] der drei ehemaligen Freiburger Widerstandskreise zusammensetzte, nämlich

107 Günther, Eberhard: Entwurf eines deutschen Gesetzes gegen Wettbewerbsbeschränkungen. In: WuW 1(1951). pp. 23f. Zur sog. Wirtschaftspolitik des Als-Ob: Miksch, Leonhard: Wettbewerb als Aufgabe. Die Grundsätze einer Wettbewerbsordnung. [= Ordnung der Wirtschaft 4]. Böhm, Franz/Eucken, Walter/Grossmann-Doerth, Hans (Hgg.). Stuttgart – Berlin 1937. p. 136. Miksch, Leonhard: Möglichkeiten und Grenzen der gebundenen Konkurrenz. [= Der Wettbewerb als Mittel volkswirtschaftlicher Leistungssteigerung und Leistungsauslese. Schriften der Akademie für Deutsches Recht 6]. Schmölders, Günter (Hg.). Berlin 1942. p. 104, und Eucken, Walter: Wettbewerb als Grundprinzip der Wirtschaftsverfassung. [= Der Wettbewerb als Mittel volkswirtschaftlicher Leistungssteigerung und Leistungsauslese. Schriften der Akademie für Deutsches Recht 6]. Schmölders, Günter. (Hg.). Berlin 1942. pp. 44f.

108 Günther, Eberhard: Entwurf eines deutschen Gesetzes gegen Wettbewerbsbeschränkungen. In: WuW 1(1951). p. 25.

109 Schulz, Wilfried: Adolf Lampe und seine Bedeutung für die »Freiburger Kreise« im Widerstand gegen den Nationalsozialismus. [= Wirtschaftsordnung und Wirtschaftspolitik in Deutschland 1933 – 1993. Beiträge zur Wirtschafts- und Sozialgeschichte 63]. Schneider, Jürgen/ Harbrecht, Wolfgang (Hgg.). Stuttgart 1996. p. 262.

*Constantin von Dietze, Adolf Lampe* und *Walter Eucken*,[110] reichte unter der Federführung von Eucken Ende Januar 1947 den Vorschlag ein, sämtliche kapitalmässigen Konzernverflechtungen nach Januar 1934 rückgängig zu machen, »vermeidbare wirtschaftliche Machtgebilde [...] zu verhindern, zu zerstören oder zu schwächen«, d.h. Kartelle, Syndikate und ähnliche Praktiken zu verbieten und Konzerne, Trusts und monopolistische Einzelunternehmen zu »entflechten oder aufzulösen«.[111] Die Förderung von Klein- und Mittelbetrieben sollte der Konzentration entgegenwirken. Das Gutachten schloss sich mit seinen Vorschlägen für ein Gesetz zur Monopolauflösung und Monopolkontrolle an das vom Josten-Ausschuss erarbeitete Gesetz über das Monopolamt an.

Weder der Entwurf, an dem Miksch beteiligt war, noch die Beiträge Euckens konnten allerdings unmittelbare Wirkung erlangen: Da der Verordnungsentwurf des Zentralamts für Wirtschaft in Minden den wirtschaftspolitischen Grundsätzen nach Teil 2 Artikel 12 des Potsdamer Abkommens nicht entsprach – so die offizielle Begründung – erteilte die britische Militärregierung im November 1946 eine ablehnende Antwort.[112] Die Gesetzesvorschläge Euckens konnten »aus technischen Gründen« von der US-Militärregierung nicht mehr berücksichtigt werden. Am 12. Februar 1947 traten in der britischen und amerikanischen Zone das Gesetz Nr. 56 und die Verordnung Nr. 78 *(Prohibition of Excessive Concentration of German Economic Power)* in Kraft. Am 9. Juni 1947 folgte die Verordnung Nr. 96 des französischen Oberkommandierenden für Deutschland.

### *3.2. Prohibition of Excessive Concentration of German Economic Power (1947) – der erste wirksame Erlass gegen Kartelle in der britischen und amerikanischen Zone*

Das Gesetz Nr. 56 bzw. die Verordnung Nr. 78 der US-amerikanischen und britischen Militärregierung war der erste *wirksame* Erlass gegen die Konzentration in

110 Brief Walter Euckens an Friedrich A. von Hayek, Freiburg i. Br., 24.1.1946. Nachlass Friedrich A. von Hayek. Hoover Institution Archives. Stanford University, CA, USA. Box 18.

111 Unter »wirtschaftlichen Machtgebilden« versteht Eucken »sowohl Kartelle, Syndikate, Verbände oder gemeinsame Verabredungen oder sämtliche Arten von Absprachen oder gemeinsamen Verabredungen zur Ausschaltung der Konkurrenz als auch Konzerne, Trusts und ähnliche Verflechtungen, die eine Beschränkung oder Ausschaltung der Konkurrenz bezwecken«. Auch Einzelunternehmen mit marktbeherrschender Stellung sind in diesem Begriff eingeschlossen. Eucken, Walter/Comité d'Etudes Economiques: Gutachten. Betr.: Konzernentflechtung und Kartellauflösung. Freiburg i. Br. Ende Januar 1947. 2., revidierte Fassung des Gutachtens von Anfang Januar 1947. Auszugsweise Wiedergabe in Anlage 1 zu: Günther, Eberhard: Entwurf eines deutschen Gesetzes gegen Wettbewerbsbeschränkungen. In: WuW 1(1951). p. 35.

112 Günther, Eberhard: Entwurf eines deutschen Gesetzes gegen Wettbewerbsbeschränkungen. In: WuW 1(1951). pp. 25f. Dazu auch: Andreae, Wilhelm: Wettbewerb und Wirtschaftsordnung. In: WuW 3(1953). p. 406.

der deutschen Wirtschaft, da er auf dem Verbotsprinzip beruhte, d.h. den Abschluss von Kartellverträgen untersagte und bestehende Kartellverträge für rechtsunwirksam erklärte. Zwischen den amerikanisch-britischen Vorschriften einerseits und der französischen Verordnung andererseits tat sich eine Kluft auf, da in der französischen Zone kein Kartellverbot, sondern nur ein Prüfungsrecht galt und die Verordnung Nr. 96 Art. 1 zwar übermässige Machtanhäufung auf wirtschaftlichem Gebiet für ungesetzlich erklärte, aber keine unmittelbaren Folgen daran knüpfte. Inhalt und Gesetzestechnik der textlich fast identischen Bestimmungen von Gesetz Nr. 56 bzw. Verordnung Nr. 78 waren dem US-Antitrustrecht entnommen. Hatte sich Deutschland seit dem letzten Viertel des 19. Jahrhunderts geradezu zum »klassischen Land der Kartelle« (Böhm)[113] entwickelt, so fasste nun unter dem amerikanischen Antitrustrecht – damals der im internationalen Rechtsvergleich strengsten Wettbewerbsordnung – in Deutschland die Idee des freien Wettbewerbs Fuss, wie sie sich in den Vereinigten Staaten von ihrer Gründung an entwickelt hatte. Infolge der Massnahmen, die im Zuge des Potsdamer Abkommens[114] Teil 2 Artikel 12 und des Gesetzes Nr. 56 bzw. der Verordnung Nr. 78 getroffen wurden, verloren die über Jahrzehnte gewachsenen Kartelle und andere wettbewerbsbeschränkende Vereinbarungen allmählich ihre Selbstverständlichkeit.

In der Wahrnehmung des Bundesverbands der Deutschen Industrie und in weiten Kreisen der Bevölkerung wie auch bei Vertretern der SPD blieb das Misstrauen gegenüber den amerikanisch-britischen Absichten zur »Hebung des Lebensstandards« vorherrschend, nachdem die alliierte Kriegspropaganda den deutschen Unternehmer als Steigbügelhalter des Nationalsozialismus diffamiert, der Verfolgung von Weltbeherrschungsplänen bezichtigt und den Begriff »Kartell« geradezu zum Pendant des Begriffs »Nazi« herabgewürdigt hatte.[115] Der Zeitpunkt für das US-amerikanische Dekartellisierungs- und Dekonzentrationsprogramm war insofern ungünstig, als der Zusammenhang zwischen der Monopolisierung und der Kartellisierung einerseits und dem Nationalsozialismus andererseits gegenwärtig geblieben war und den Konzernentflechtungen ebenso Demontage- wie Antitrustcharakter anhaftete. Im Vorfeld des Erlasses der Militärgesetze, zwischen Dezember 1946 und Februar 1947, hatten Walter Eucken, Franz Böhm, Ludwig Erhard, Leonhard Miksch, Paul Josten, Walter Bauer, Curt Eduard Fischer, Werner Hilpert, und Rudolf Mueller die alliierten Stellen davor gewarnt, dass die alliierten Dekartellisierungsgesetze und deren Ausführung

113 Böhm, Franz: Reichsgericht und Kartelle. In: Ordo 1(1948). p. 198. Vgl. auch Hayek, Friedrich A. von: The Road... pp. 34f. Röpke, Wilhelm: Gesellschaftskrisis... 1942. p. 365. Blaich, Fritz: Kartell- und Monopolpolitik im kaiserlichen Deutschland. [= Beiträge zur Geschichte des Parlamentarismus und der politischen Parteien 50]. Düsseldorf 1973.

114 Im Punkt 3 des Sicherheitsprogramms der Vereinigten Staaten vom September 1944 war bereits festgehalten: »Wir müssen die deutschen Zusammenschlüsse auflösen.« Zitiert nach: Andreae, Wilhelm: Wettbewerb und Wirtschaftsordnung. In: WuW 3(1953). p. 406.

115 Vgl. Schreiben Fritz Bergs, Präsident des BDI, an den Bundeswirtschaftsminister vom 6.10.1952, abgedruckt unter dem Titel: Präsident Berg antwortet Prof. Erhard. Die Auffassung der Industrie zur Kartellfrage. In: WuW 2(1952). p. 858.

durch deutsche Verwaltungsstellen das eigene deutsche, nicht unter dem Besatzungsregime aus den Vereinigten Staaten importierte Anliegen einer freien Wettbewerbs- und Wirtschaftsordnung auf der Grundlage eines Kartellverbots in den Augen der deutschen Unternehmerschaft diskriminieren würden.[116] Öffentlich jedoch verteidigten Erhard und Böhm gegenüber dem Bundesverband der Deutschen Industrie in der Folge die US-amerikanische Politik als eine Notwendigkeit.[117]

### *3.3. Das ordnungspolitische Konzept der Freiburger Gruppe in den Vorarbeiten der Josten-Kommission und im Regierungsentwurf zum Gesetz gegen Wettbewerbsbeschränkungen (1949-1952)*

Etwas mehr als zwei Jahre nach dem Inkrafttreten des Gesetzes Nr. 56 bzw. der Verordnung Nr. 78, am 29. März 1949, forderte das Zweimächtekontrollamt die Verwaltung des Vereinigten Wirtschaftsgebietes auf, ein Gesetz gegen Handelsmissbräuche vorzubereiten, und schrieb in seinem Memorandum vor, dass der Gesetzesentwurf »ein Verbot gegen einengende Geschäftspraktiken, die den internationalen und Inlandshandel berühren, wie Einschränkung des Wettbewerbs, Begrenzung des Zutritts zu Märkten oder die Ermutigung zur Schaffung von Monopolen« vorsehen und »insbesondere Kartelle und kartellähnliche Tätigkeiten und Zusammenschlüsse mit dem Zwecke der Handelsbeschränkung für unrechtmässig erklär[en] und ausschliess[en]« sollte.[118] Gleichzeitig nannte das Memorandum das Kapitel 5 der Havanna-Charta als Grundlage für das Gesetz.

Die Entwürfe der Josten-Kommission, am 5.7.1949 eingereicht, gingen materiell sowohl über die Havanna-Charta als auch über das Memorandum des *Bipartite Control Office* hinaus. Die niedrige Interventionsschwelle und die Gefahr, dass der starke Staat in einem Monopolamt mit derart weitreichenden Eingriffsbefugnissen einen zentralistisch-bürokratischen Machtappart hervorbringen würde,[119] liess die Annahme der Josten-Vorschläge beim Bundeswirtschaftsminister scheitern. Dennoch bauten die weiteren Arbeiten auf den Entwürfen der Josten-Kommission auf. Die Verwaltung für Wirtschaft setzte die Arbeit an einem neuen Gesetzesentwurf mit dem Ziel fort, die Erkenntnisse und Forderungen der

116 Fischer, Curt Eduard: Die Auseinandersetzungen um das Preisbildungssystem in der Wirtschaft Westdeutschlands. Ein Beitrag zum Kartellgesetz-Problem. In: Jahrbücher für Nationalökonomie und Statistik. 166(1954). p. 208.

117 Franz Böhm zum Erhard/Berg-Briefwechsel... p. 185.

118 Bipartite Control Office. Vereinigtes Sekretariat: Mitteilung der Militärregierung Nr. 1093. Memorandum an den Präsidenten des Wirtschaftsrates, Vorsitzenden des Länderrates betreffend Deutsche Teilnahme an der Entkartellisierung. Frankfurt, 29. März 1949. BICO/ Memo (49)30. Wirtschaftsrat des Vereinigten Wirtschaftsgebietes: Drucksachen 1949. Nr. 1093, ausgegeben am 9. April 1949. Politisches Archiv des Auswärtigen Amtes (Bonn).

119 Günther, Eberhard: Entwurf eines deutschen Gesetzes gegen Wettbewerbsbeschränkungen. In: WuW 1(1951). p. 24.

Ordoliberalen einer »realpolitischen« Lösung[120] zuzuführen. Die Grundsätze dazu bestimmte wiederum Böhm, unter dessen Vorsitz der Wissenschaftliche Beirat bei der Verwaltung für Wirtschaft ein Gutachten (24.7.1949) erstellte. Die empfohlenen Richtlinien zur Kartell- und Monopolbekämpfung beruhten auf den gleichen Grundlagen wie die Vorschläge des von Eucken geleiteten *Comité d'Etudes Economiques* von Ende Januar 1947: Ein Verbot von wettbewerbsbeschränkenden Abreden und Massnahmen, die Auflösung konkurrenzausschliessender wirtschaftlicher Machtgebilde und die Schaffung eines Monopolamtes waren vorgesehen.[121] Der Regierungsentwurf zum Deutschen Gesetz gegen Wettbewerbsbeschränkungen war dem ordnungspolitischen Konzept der Freiburger Gruppe verpflichtet, indem er eine »Marktwirtschaft [...] nicht im Sinne einer sich selbst überlassenen liberalen Wirtschaft, sondern einer durch bewusste Ordnung des Wettbewerbs und durch marktkonforme staatliche Mittel (Steuern, Geld und Kredit) gesteuerten Wirtschaft«[122] anstrebte. Staatliche Ordnungsmassnahmen sollten den Wettbewerb und die durch ihn bedingte Leistungssteigerung und Fortschrittsförderung im weitesten Umfang erhalten.[123] In Verkennung des idealtypischen Charakters des Begriffs »vollständiger« oder »vollkommener Wettbewerb« nach Eucken[124] nahm die Begründung zum Regierungsentwurf das »Vorhandensein der Marktform des vollkommenen Wettbewerbs als wirtschaftliche Gegebenheit« an, dachte den vollkommenen Wettbewerb also als tatsächlich realisierbar.[125] Das Konzept des »starken Staates« bestand in den vorgesehenen Massnahmen für Marktbereiche fort, in denen aus historischen, technischen oder strukturellen Gründen nur ein »unvollständiger Wettbewerb« herrschte; Dem Ge-

120 Vgl. Begründung zu dem Entwurf der Bundesregierung für ein Gesetz gegen Wettbewerbsbeschränkungen. In: WuW 2(1952). p. 461. Eine erste Serie von 10 Gegenentwürfen durch die Referenten des Bundeswirtschaftsministeriums entstand zwischen August 1949 und Mai 1950 unter der Leitung von Risse und Günther.

121 Böhm, Franz: Gutachten des Wissenschaftlichen Beirats bei der Verwaltung für Wirtschaft. Königstein (Taunus), 24.7.1949. Abgedruckt in Anlage 3 zu: Günther, Eberhard: Entwurf eines deutschen Gesetzes gegen Wettbewerbsbeschränkungen. In: WuW 1(1951). pp. 37-39.

122 Begründung zu dem Entwurf der Bundesregierung für ein Gesetz gegen Wettbewerbsbeschränkungen. In: WuW 2(1952). p. 460.

123 Begründung zu dem Entwurf der Bundesregierung für ein Gesetz gegen Wettbewerbsbeschränkungen. In: WuW 2(1952). p. 461.

124 Vgl. Eucken, Walter: Grundsätze der Wirtschaftspolitik... p. 244.

125 »Es darf als sichere wissenschaftliche Erkenntnis angesehen werden, dass die Marktverfassung des freien Wettbewerbs das Vorhandensein der Marktform des vollkommenen Wettbewerbs als wirtschaftliche Gegebenheit zur Voraussetzung hat, d.h. die Zahl der Marktteilnehmer auf beiden Marktseiten muss so gross sein, dass der Marktpreis für den Unternehmer eine von seinem Verhalten im wesentlichen unabhängige Grösse ist.« Begründung zu dem Entwurf der Bundesregierung für ein Gesetz gegen Wettbewerbsbeschränkungen. In: WuW 2(1952). p. 462. Kritik an dem Begriff der »vollständigen Konkurrenz« ist in den Reihen der Ordo-/Neoliberalen selbst erwachsen: von Hayek und Lutz vertraten eine dynamische Sicht des Marktes, welcher die statische Auffassung der »Theorie über das Wesen der Konkurrenz« nicht genüge. Lutz, Friedrich A.: Bemerkungen zum Monopolproblem. In: Ordo 8(1956). p. 32. Hayek, Friedrich A.: Der Sinn des Wettbewerbs.

setzgeber sollte es obliegen, die gesetzliche Festlegung für zulässige Marktbindungen und für das Verhalten der Beteiligten auf dem Markt zu treffen. Durch Auflagen und Bedingungen zur Kostensenkung und Leistungssteigerung würde die staatliche Aufsicht in Richtung des vollständigen Wettbewerbs wirken.[126] Böhm suchte dementsprechend klarzustellen, das praktische Ziel des Kartellgesetzes sei es, »so viel Wettbewerb wie möglich, ein Höchstmass von Kompetitivität«[127] zu sichern. In der Verteidigung des Regierungsentwurfes gegenüber dem Bundesverband der Deutschen Industrie[128] legte Böhm das Antikartellgesetz als eine Massnahme im Gefüge aller rechts- und wirtschaftspolitischen Massnahmen aus, die untereinander in einem Verhältnis der Interdependenz stehen und auf die Anregung des Wettbewerbs ausgerichtet sein müssten. Die Ordoliberalen hielten mit Kritik an den monopol- und kartellfreundlichen Unternehmern, an den Mitgliedern des Bundesverbandes der Deutschen Industrie, nicht zurück, indem sie diese mit dem Vorwurf konfrontierten, sie würden als »Interessengruppe« in rücksichtslosem Individualismus die »elementar gerechte und daher 'soziale' Wirtschaftsordnung der Marktwirtschaft« gefährden.[129] Der auf dem Josten-Plan aufbauende Regierungsentwurf zum Gesetz gegen Wettbewerbsbeschränkungen vom 13.6.1952 sah ein nahezu ausnahmsloses Kartellverbot vor, daneben eine Missbrauchskontrolle marktbeherrschender Unternehmen sowie eine Erlaubnispflicht für Unternehmenszusammenschlüsse, die zur Marktbeherrschung führen. Dem Kartellverbot verhalf Böhm endgültig zur Durchsetzung, indem er als Bundestagsabgeordneter im März 1955 einen eigenen, lediglich taktisch begründeten, auf dem strengen Verbotsprinzip beruhenden Entwurf einbrachte und damit den

[= Individualismus und wirtschaftliche Ordnung]. Hayek, Friedrich A. von (Hg.). 2., erweiterte Auflage. Salzburg 1976. pp. 122-140. Hier insbes. Kapitel 4. pp. 134ff. Die Ausführungen beruhen auf dem Inhalt von Hayeks »Stafford Little Lecture«, Universität Princeton, 20. Mai 1946. Zuerst englisch unter dem Titel: The Meaning of Competition. [= Individualism and Economic Order]. Hayek, Friedrich A: von (Hg.). Chicago 1948. pp. 74ff. Dazu auch Hayek in einem Referat am Institut für Wirtschaftspolitik an der Universität zu Köln, 20. Juli 1953. Bericht unter dem Titel: Professor Hayek über Marktwirtschaft und Wirtschaftspolitik. In: WuW 3(1953). p. 625.

126 Begründung zu dem Entwurf der Bundesregierung für ein Gesetz gegen Wettbewerbsbeschränkungen. In: WuW 2(1952). p. 462.

127 Franz Böhm zum Erhard/Berg-Briefwechsel... p. 178. »Auf jedem Markt soviel Wettbewerb oder Rivalität herzustellen, wie sich eben praktisch herstellen lässt«, nennt Böhm die »Politik des Erreichbaren«. Böhm, Franz: Die Aufgaben der freien Marktwirtschaft. [= Schriften der Hochschule für politische Wissenschaften. Heft 14]. München 1951. p. 38.

128 Franz Böhm zum Erhard/Berg-Briefwechsel... p. 178.

129 Röpke bezeichnete diejenigen Unternehmer, die sich »unter das schützende Dach des Monopols, des Privilegs und natürlich vor allem auch der staatlichen Plawirtschaft flüchten möchte«, als »Parasiten« (p. 4), welche er nicht verteidigen könne und wolle. Röpke, Wilhelm: Einige grundsätzliche Bemerkungen zum Monopolproblem...pp. 1-6. Zu Rüstows Kritik auf derselben Konferenz: Röpke, Wilhelm: Einige grundsätzliche Bemerkungen... p. 1, p. 4

kartellfreundlichen Isay-Höcherl-Gegenvorschlag zum Regierungsentwurf umstiess.[130]

Innerhalb des von der amerikanischen Besatzung gesteckten Rahmens zwischen dem Prinzip der Missbrauchskontrolle für Kartelle gemäss Kapitel 5 der Havanna-Charta und einem Kartellverbot setzte sich das von den Neo- und Ordoliberalen verfochtene Verbotsprinzip in den *§§1ff. Kartellverträge und Kartellbeschlüsse* durch. Das Versagen der Missbrauchskontrolle für Kartelle hatten Eucken,[131] Böhm[132] und andere Ordoliberale anhand der unwirksamen Kartellmissbrauchsverordnung von 1923 klargemacht. Nicht zum Tragen kamen jedoch die von den Freiburgern und ihren Anhängern angeregten Entwürfe für ein strenges Antimonopolgesetz. Die *§§22ff.* des Gesetzes gegen Wettbewerbsbeschränkungen blieben auf dem Boden der Missbrauchskontrolle für marktbeherrschende Unternehmen. Anders als Eucken, Röpke und Miksch, die die Macht an sich bekämpfen wollten,[133] verurteilt das Gesetz gegen Wettbewerbsbeschränkungen wirtschaftliche Macht als solche nicht.

130 Ausführlich zu den Beratungen von Bundestag und Bundesrat und den Stellungnahmen der Parteien, der Industrie und des Handels: Hüttenberger, Peter: Wirtschaftsordnung und Interessenpolitik in der Kartellgesetzgebung der Bundesrepublik 1949-1957. In: Vierteljahrshefte für Zeitgeschichte 24(1976). pp. 299-307. Rüdiger, Robert: Konzentrationspolitik in der Bundesrepublik – Das Beispiel der Entstehung des Gesetzes gegen Wettbewerbsbeschränkungen. [= Volkswirtschaftliche Schriften 250]. Berlin 1976. pp. 244-343. Blumenberg-Lampe, Christine: Franz Böhm. [= Die Gründung der Union. Traditionen, Entstehung und Repräsentanten. Geschichte und Staat 254/255]. Buchstab, Günter/Gotto, Klaus (Hgg.). München – Wien 1981. p. 245. Isay, Rudolf: Gegenvorschlag zum Regierungsentwurf zum Gesetz gegen Wettbewerbsbeschränkungen. In: WuW 4(1954). pp. 100-117. Isay, Rudolf: Soziale Marktwirtschaft und Kartellgesetzgebung. In: WuW 4(1954). pp. 557-580. Der Böhm-Entwurf ist abgedruckt in: WuW 5(1955). pp. 319-327. Isay, Rudolf: Wirtschaftliche und rechtliche Konsequenzen des Böhm-Entwurfs. In: WuW 5(1955). pp. 339-352. Mestmäcker, Ernst-Joachim: Der Böhm-Entwurf eines Gesetzes gegen Wettbewerbsbeschränkungen. In: WuW 5(1955). pp. 285-295.

131 Eucken, Walter: Grundsätze der Wirtschaftspolitik... 1952. p. 172.

132 Franz Böhm zum Erhard–Berg-Briefwechsel (Referat vom 1.11.1952 vor dem Freiwirtschaftsbund in Heidelberg), abgedruckt unter dem Titel: Der vollständige Wettbewerb und die Antimonopolgesetzgebung. In: WuW 3(1953). p. 179.

133 Eucken: »Es sind also nicht nur die sogenannten Missbräuche wirtschaftlicher Macht zu bekämpfen, sondern wirtschaftliche Macht selbst«. Artikel 1 des Gutachtens »Konzernentflechtung und Kartellauflösung« von Ende Januar 1947, abgedruckt im Anhang zu: Günther, Eberhard: Entwurf eines deutschen Gesetzes gegen Wettbewerbsbeschränkungen. In: WuW 1(1951). p. 35. Miksch: »Macht bleibt Macht, von wem auch immer sie ausgeübt wird.« Zitiert nach Günther, Eberhard: Das Gesetz gegen Wettbewerbsbeschränkungen im Rahmen der deutschen Wirtschaftspolitik. In: WuW 10(1960). p. 751. Röpke: »Jedes Monopol, jede Markteinschränkung bedeutet ein Stück Macht, d.h. Möglichkeit der Willkür. Das ist eines der stärksten Argumente gegen alle wirtschaftlichen Machtstellungen, mögen sie Kartelle oder sonstwie heissen.« Röpke, Wilhelm: Einige grundsätzliche Bemerkungen zum Monopolproblem... p. 4.

### 3.4. *Durchbruch der ordoliberalen Konzeption der Wettbewerbsordnung unter US-amerikanischem Einfluss*

Die Ordoliberalen hatten den entscheidenden Durchbruch ihrer wirtschaftspolitischen Konzeption unter amerikanischem Einfluss erlangt: Das Vorbild des US-Antitrustrechts, das der Verordnung beziehungsweise dem Gesetz gegen die »übermässige Konzentration deutscher Wirtschaftskraft« zugrunde lag, und die seit den späten 20er Jahren systematisch aufgebaute Wettbewerbstheorie der Ordoliberalen hatten dem Grundsatz des Kartellverbots im deutschen Wettbewerbsrecht zur Durchsetzung verholfen. Zu einem wachsenden Verständnis für den Wert einer Politik der freien Wirtschaft haben in Deutschland die Arbeiten der deutschen Studienkommission[134] beigetragen, die aus führenden Fachleuten und Vertretern der Industrieverbände sowie der Gewerkschaften zusammengesetzt war und sich in den Vereinigten Staaten während dreier Monate im Jahr 1950 gemeinsam mit amerikanischen Vertretern der Regierung, Geschäftswelt, Arbeiterschaft, Landwirtschaft und Konsumenten mit den Problemen der Antitrustpolitik und der Wettbewerbsordnung befasste. Die ordoliberale Konzeption der Wettbewerbsordnung, die seit der Zwischenkriegszeit unabhängig von äusserem Druck begründet worden war, gelangte mit US-amerikanischer Unterstützung zur Verwirklichung, indem die Erfahrungen des Antitrustrechts der Vereinigten Staaten berücksichtigt wurden, aber dennoch ein den Strukturen der eigenen Volkswirtschaft angemessenes System der Trust- und Konzentrationsbekämpfung entwickelt wurde. In den Verhandlungen mit der Alliierten Hohen Kommission über den Entwurf eines Gesetzes gegen Wettbewerbsbeschränkungen, der am 7. November 1951 verabschiedet wurde, vermochte die deutsche Delegation laut dem veröffentlichten Bericht von Eberhard Günther eine grosse Zahl der alliierten Vorschläge zu Angleichungen an das Antitrustrecht der Vereinigten Staaten aufgrund der politischen Belastung des Gesetzes auf die Fassung des deutschen Entwurfes zurückzuführen.[135] Über die Leistung der Freiburger, die auf einem Vierteljahrhundert wissenschaftlicher Vorarbeiten beruhte, sahen ihre zeitgenössi-

134 Office of the US-High Commissioner for Germany: Report on Germany. Deutschlandbericht des amerikanischen Hohen Kommissars für die Zeit vom 21. September 1949 bis 31. Juli 1952. Gekürzt abgedruckt unter dem Titel: Alliierte Dekartellierungspolitik in Deutschland in den Jahren 1949/52. In: WuW 3(1953). pp. 108f.

135 Die wichtigsten Änderungen der deutschen Vorlage betrafen eine klarere Fassung des Begriffs des Rationalisierungskartells, die Einschränkung der Preisfestsetzungsmöglichkeit durch ein genehmigtes Rationalisierungskartell, die Einbeziehung nicht am Vertrag Beteiligter in die Beurteilung der Wirksamkeit von Ausschliesslichkeitsklauseln und das Verbot von Preisempfehlungen. Weitere Abweichungen von der Regierungsvorlage waren die Beschwerdemöglichkeiten gegen Entscheidungen der Kartellbehörden sowie die Fassung der für die Landwirtschaft vorgesehenen Ausnahmen. Die Ausnahmen sind ferner auf gewisse technische Verträge auf dem Gebiet der Energie- und Wasserversorgung ergänzt worden. Neu in den Gesetzesentwurf ist die Genehmigungspflicht für finanzielle Verflechtungen von Unternehmen eingegangen, falls die Verflechtung eine marktbeherrschende Stellung des dadurch entstehenden Unternehmens herbeiführen würde. Die Aufnahme der von

schen Gegner[136] hinweg, wenn sie die gesamte Gruppe und im Besonderen Erhard und Böhm des Vollzugs und der Fortsetzung der alliierten Demontagepolitik bezichtigten. Die Ordoliberalen, unter ihnen vor allem Franz Böhm und Bernhard Pfister, hatten in der Josten-Kommission eine grundlegende und seit den späten 20er Jahren systematisch vorbereitete Entscheidung zur deutschen Wirtschaftsverfassung in die Wege geleitet.

den Alliierten angeregten Vorschriften über die Gewerbefreiheit in das Gesetz gegen Wettbewerbsbeschränkungen wurde in den Verhandlungen im Dezember 1951 abgewendet. Günther, Eberhard: Gesetz gegen Wettbewerbsbeschränkungen. Stand der Verhandlungen mit der Alliierten Hohen Kommission über den deutschen Entwurf. In: WuW 2(1952). p. 281f.

136 Stimmen, die den Vorwurf erhoben, das Bundeswirtschaftsministerium handle beim Kartellgesetz als Vollzugsorgan alliierter Politik: Votum des Abgeordneten Rischke, KPD, in der Kartelldebatte. Erste Lesung des Kartellgesetzentwurfs im Deutschen Bundestag. 220. Sitzung des Bundestags vom 26. Juni 1952. In: WuW 2(1952). p. 662. Schreiben Fritz Bergs, Präsident des BDI, an den Bundeswirtschaftsminister vom 6.10.1952, abgedruckt unter dem Titel: Präsident Berg antwortet Prof. Erhard. Die Auffassung der Industrie zur Kartellfrage. In: WuW 2(1952). p. 858. Votum des Abgeordneten Schöne, SPD, in der Debatte der 242. Sitzung des Bundestags. Bundestagsprotokoll vom 5. Dezember 1952. Abgedruckt unter dem Titel: Stellungnahmen zum Kartellgesetz und zur Gewerbeordnung in den Bundestags-Beratungen zum Generalvertrag. In: WuW 2(1953). p. 316. Andreae, Wilhelm: Wettbewerb und Wirtschaftsordnung. In: WuW 3(1953). p. 407. *Stellungnahmen Erhards*: Bundeswirtschaftsminister Ludwig Erhard zur Vorlage des Gesetzes gegen Wettbewerbsbeschränkungen in der 85. Sitzung des Deutschen Bundesrates vom 23. Mai 1952. In: Deutscher Bundesrat. Sitzungsbericht Nr. 85. 85. Sitzung des Deutschen Bundesrates in Bonn am 23. Mai 1952. Ausgegeben in Bonn am 31. Mai 1952. p. 218. Gegen den Vorwurf, der Regierungsentwurf beruhe auf amerikanischen Vorstellungen bzw. sei von alliierten Dienststellen beeinflust, berief sich Erhard auf die 25 Jahre zuvor begründeten Ideen der Freiburger Gruppe in Deutschland und auf die Grundgedanken des Ahlener Programms und der Düsseldorfer Leitsätze der CDU. Erste Lesung des Kartellgesetzentwurfs im Deutschen Bundestag. 220. Sitzung des Bundestags vom 26. Juni 1952. In: WuW 2(1952). p. 661. Franz Böhm und Berhard Pfister, der ordoliberale Vorstellungen mit solchen der christlichen Soziallehre verband, gehörten zu den Verfassern der »Düsseldorfer Leitsätze«. Kloten, Norbert: »Was zu bedenken ist« – Bemerkungen zum Referat von Rainer Klump. [= Studien zur Entwicklung der ökonomischen Theorie 16. Die Umsetzung wirtschaftspolitischer Grundkonzeptionen in die kontinenataleuropäische Praxis des 19. und 20. Jahrhunderts. Teil 1. Schriften des Vereins für Socialpolitik NF 115/16]. Berlin 1997. p. 165. Die Grundsätze der CDU/CSU Deutschlands, mitgeteilt vom Generalsekretariat am 2. Januar 1950, stellten die Wettbewerbspolitik als ersten von 16 Punkten zur Wirtschaftspolitik voran und forderten die gesetzliche Sicherstellung des Leistungswettbewerbs und eine Monopolkontrolle. [= Deutsche Parteiprogramme. Eine Auswahl vom Vormärz bis zur Gegenwart]. Mommsen, Wilhelm (Hg.). München 1952. p. 150. Erhards Stellungnahme in der 242. Sitzung des Bundestags. Bundestagsprotokoll vom 5. Dezember 1952. Abgedruckt unter dem Titel: Stellungnahmen zum Kartellgesetz und zur Gewerbeordnung in den Bundestags-Beratungen zum Generalvertrag. In: WuW 2(1953). p. 317.

### *3.5. Das Gesetz gegen Wettbewerbsbeschränkungen (27.7.1957) – das »Grundgesetz der Sozialen Marktwirtschaft«*

Bis auf die Zusammenschlusskontrolle – der Bundestag sprach sich gegen eine eingreifende Fusionskontrolle aus – wurde der ansonsten vom Bundestag nur in sekundären Punkten abgeänderte Regierungsentwurf als Gesetz gegen Wettbewerbsbeschränkungen vom 27.7.1957[137] erlassen und trat am 1.1.1958 in Kraft. Dieses auch als »Grundgesetz der Sozialen Marktwirtschaft« bezeichnete Gesetz wurde durch sieben Novellen[138] ergänzt und erweitert, blieb aber in seinen Grundzügen unverändert. Da es sich weiterhin am Leitbild der Wettbewerbsfreiheit orientiert, kann es *insgesamt* als »erfolgreicher Baustein zur Umsetzung des Konzepts der Sozialen Marktwirtschaft«[139] verstanden werden. Allerdings wurde und wird die Wettbewerbsordnung durchbrochen von einer Fülle von Einzelvorschriften, wettbewerbspolitischen Ausnahmebereichen, Ausnahmeregeln wie der Ministererlaubnis, der 1973 eingeführte Unterscheidung von Leistungs- und Nichtleistungswettbewerb sowie Kooperationserleichterungan für kleine und mittlere Unternehmen.[140] Das Bundeskartellamt wacht seit Anfang Januar 1958 über die Einhaltung der Bestimmungen des Kartellgesetzes. Wie das Bundeskartellamt so zog auch die 1973 eingeführte Fusionskontrolle der zahlreichen Umgehungs- und Ausnahmemöglichkeiten wegen die Kritik neo- und ordoliberaler Wirtschaftswissenschafter und Juristen auf sich.[141] Das Problem, dass Missbrauch einer marktbeherrschenden Stellung und Marktbeherrschung überhaupt schwer nachweisbar sind, hat sich in den folgenden Jahrzehnten – wie von den Neo- und Ordo-

137 Gesetz gegen Wettbewerbsbeschränkungen vom 27. Juli 1957. In: Bundesgesetzblatt. Teil 1. Ausgegeben zu Bonn am 9. August 1957. Nr. 41. pp. 1081-1103.

138 Vorrangiges Ziel der 2005 in Kraft getretenen 7. Novelle ist die Angleichung des nationalen Kartellrechts an dasjenige der Europäischen Gemeinschaft vor allem im Hinblick auf die Ausgestaltung des Verbots wettbewerbsbeschränkender Vereinbarungen (und der Ausnahmen hiervon). Wie im europäischen Recht entfällt das Anmelde- und Genehmingungssystem für solche Vereinbarungen. Die Befugnisse der Kartellbehörden werden denen der EG-Kommission angepasst.

139 Thuy, Peter: 50 Jahre Soziale Marktwirtschaft: Anspruch und Wirklichkeit einer ordnungspolitischen Konzeption. In: Ordo 49(1998). p. 288.

140 Gröner, Helmut/Knorr, Andreas: Soziale Marktwirtschaft zwischen wettbewerbspolitischem Imperativ und interventionistischer Pragmatik. [= Fünfzig Jahre Soziale Marktwirtschaft. Schriften zu Ordnungsfragen der Wirtschaft 57]. Cassel, Dieter (Hg.). Stuttgart 1998. pp. 212-217. Lenel, Hans Otto: Evolution of the Social Market Economy… p. 18.

141 Mestmäcker, Ernst-Joachim: Der verwaltete Wettbewerb. Eine vergleichende Untersuchung über den Schutz von Freiheit und Lauterkeit im Wettbewerbsrecht. [= Wirtschaftswissenschaftliche und wirtschaftsrechtliche Untersuchungen 19]. Tübingen 1984. Kloten, Norbert: Role of the Public Sector in the Social Market Economy. [= German Neo-Liberals and the Social Market Economy]. Peacock, Alan/Willgerodt, Hans (Hgg.). London 1989. p. 85. Tumlir, Jan: Franz Böhm and the Development of Economic-constitutional Analysis. [= German Neo-Liberals and the Social Market Economy]. Peacock, Alan/Willgerodt, Hans (Hgg.). London 1989. p. 139. Möschel, Wernhard: Competition Policy from an Ordo Point of View… p. 151.

liberalen seit den 1930er Jahren vorausgesagt – bestätigt: Das Gesetz gegen Wettbewerbsbeschränkungen vermochte die Konzentration der deutschen Wirtschaft, die in den 1960er Jahren stark zugenommen hat,[142] nicht zu verhindern. Die westdeutsche Wirtschaft wurde vom säkularen Strukturwandel, der schon vor dem Ersten Weltkrieg eingesetzt und sich seit der Zwischenkriegszeit in mehreren Schüben beschleunigt hatte, nicht weniger erfasst als die Wirtschaft anderer Industriestaaten.

Die ordoliberale Konzeption des vollständigen Wettbewerbs wurde im Deutschen Gesetz gegen Wettbewerbsbeschränkungen 1957 zwar nicht so rein verwirklicht wie von Eucken und Böhm *idealtypisch* entworfen. Ludwig Erhard und Franz Böhm waren sich dessen im klaren, dass die Neo- und Ordoliberalen in Parlament, Wirtschaft und Verwaltung keine Mehrheit hinter sich hatten und deshalb in der Politik demokratische Kompromisse einzugehen wären. Insofern als das deutsche Wettbewerbsgesetz das Ergebnis eines demokratischen Kompromisses war, darf der Einfluss der Neo- und Ordoliberalen auf wichtige Einzelregelungen des Gesetzes von 1957, seine Materialien und vor allem die Begründung zum Regierungsentwurf als prägend beurteilt werden.

142 Jaeger, Hans: Geschichte der Wirtschaftsordnung in Deutschland. [= Neue Historische Bibliothek es 1529 NF Bd. 529]. Frankfurt a. M. 1988. pp. 230f.

# 4. Das erste supranationale Wettbewerbsrecht im Vertrag der Montanunion

## 4.1. *Politische und wirtschaftliche Motive hinter dem Plan zur »Zusammenlegung der Grundstoffindustrien und der Errichtung einer neuen Hohen Behörde« (1950)*

Das Projekt der Montanunion, ursprünglich entworfen vom Präsidenten des französischen Planungskommissariats Jean Monnet, wurde vom französischen Aussenminister Robert Schuman als politische Initiative aufgegriffen und nach einer zustimmenden Stellungnahme Konrad Adenauers und einem entsprechenden Beschluss des französischen Kabinetts am 9. Mai 1950 in einer Deklaration öffentlich bekanntgemacht. Hinter dem Plan zur *»Zusammenlegung der Grundstoffindustrien und der Errichtung einer neuen Hohen Behörde, deren Entscheidungen für Frankreich, Deutschland und die anderen teilnehmenden Staaten bindend sein werden,«*[143] standen politische und wirtschaftliche Motive, die eng miteinander verbunden waren:[144] Die Unterstellung der französisch-deutschen Kohlen- und Stahlproduktion unter eine gemeinsame Hohe Behörde sollte das französische Bedürfnis nach Sicherheit[145] und die deutsche Hoffnung auf Gleichberechtigung

143 [Schuman, Robert:] Erklärung vom 9. Mai 1950. Typoskript. Französische Fassung. p. 1. Hervorhebung im Original. Reproduktion. Politisches Archiv des Auswärtigen Amts: Abt. 2. Sekretariat für Fragen des Schuman-Plans. Historisches Archiv der Europäischen Gemeinschaften, Florenz: AA – PA – B53 – Cass 1. Vgl. auch: Monnet, Jean: Mémoires. Paris 1976. p. 353.

144 Milward beurteilt die »politische Motivation« für die Gründung der EGKS während der gesamten Verhandlungsdauer als von »überragender« Bedeutung. Milward, Alan S.: The Reconstruction of Western Europe 1945-51. Cambridge 1992. Nachdruck der Erstausgabe von 1984. p. 407. Poidevin interpretiert die Erklärung Schumans vom 9. Mai als »eminent politische« Initiative, ohne jedoch deren wirtschaftliche Hintergründe und Ziele zu vernachlässigen. Poidevin, Raymond: Robert Schuman – homme d'Etat, 1886-1963. Paris 1986. Insbesondere pp. 244-296. Hier: p. 245. Zur Analyse der wirtschaftlichen Motive: Goschler, Constantin/Buchheim, Christoph/Bührer, Werner: Der Schumanplan als Instrument französischer Stahlpolitik. Zur historischen Wirkung eines falschen Kalküls. In: Vierteljahrshefte für Zeitgeschichte 37(1989). pp. 171-206. Zum Schumanplan im Lichte der deutsch-französischen Beziehungen: Lappenküpper, Ulrich: Der Schuman-Plan. Mühsamer Durchbruch zur deutsch-französischen Verständigung. In: Vierteljahrshefte für Zeitgeschichte 42(1994). pp. 403-445.

145 Gillingham, John: Coal, Steel, and the Rebirth of Europe, 1945-1955. The Germans and French from Ruhr conflict to economic community. Cambridge – New York 1991. pp. 45-65. Zu Schumans Europakonzeption, die nicht von einer Vision eines föderierten Europa, sondern von seiner »Obsession« einer möglichen Renaissance des deutschen Nationalismus ausging: Gerbet, Pierre: Les origines du Plan Schuman: Le choix de la méthode communautaire par le gouvernement français. [= Histoire des débuts de la construction euro-

miteinander in Einklang bringen[146] und zugleich *»les premières assises concrètes d'une fédération européenne indispensable à la préservation de la paix«*[147] legen. Die deutsche Regierung begrüsste die Montanunion als ersten Schritt zu einem vereinigten Europa, in das die Bundesrepublik als gleichberechtigter Partner aufgenommen werden sollte. Die zu errichtende Institution hatte neben diesen Zielen auch den US-amerikanischen Vorstellungen einer Wirtschaftsordnung zu entsprechen. Die Forderung der US-Regierung, die westdeutsche Wirtschaft in den Dienst des Wiederaufbaus und der Verteidigung Westeuropas zu stellen, liess sowohl eine Aufhebung der Begrenzung der westdeutschen Rohstahlproduktion auf 11.1 Mio. Tonnen pro Jahr als auch eine Abschwächung des Besatzungsstatuts erwarten. Ende April wurden diese Traktanden der für den 11. bis 13. Mai 1950 geplanten Londoner Aussenministerkonferenz der drei Westalliierten bekannt. Da der deutsche Stahl kostengünstiger produziert und zu tieferen Preisen angeboten wurde als der französische, befürchtete die französische Regierung eine Stahlabsatzkrise.[148] Ausserdem erwartete sie, dass die deutschen Kohleexportpflichten aus dem Ruhrstatut in absehbarer Zeit entfallen würden. Eine relative Verminderung der deutschen Kohlezufuhr nach Frankreich und eine Verschlechterung der Absatzchancen für den französischen Stahl im In- und Ausland würden den weitgehend öffentlich finanzierten Ausbau und die Modernisierung der französischen

péenne, mars 1948 – mai 1950. Actes du Colloque de Strasbourg 28-30 novembre 1984. Groupe de liaison des historiens auprès des Communatés]. Poidevin, Raymond (Hg.). Brüssel – Mailand – Paris 1986. p. 214. Poidevin, Raymond: Die europapolitischen Initiativen Frankreichs des Jahres 1950 – aus einer Zwangslage geboren? [= Vom Marshallplan zur EWG. Die Eingliederung der Bundesrepublik Deutschland in die westliche Welt. Quellen und Darstellungen zur Zeitgeschichte 30]. Herbst, Ludolf/Bührer, Werner et al. (Hgg.). München 1990. pp. 257-262. Fischer, Peter: Die Bundesrepublik und das Projekt einer Europäischen Politischen Gemeinschaft. [= Vom Marshallplan zur EWG. Die Eingliederung der Bundesrepublik Deutschland in die westliche Welt. Quellen und Darstellungen zur Zeitgeschichte 30]. Herbst, Ludolf/Bührer, Werner et al. (Hgg.). München 1990. p. 298.

146 Berghahn, Volker R.: Montanunion und Wettbewerb. [= Wirtschaftliche und politische Integration in Europa im 19. und 20. Jahrhundert. Geschichte und Gesellschaft. Sonderheft 10]. Berding, Helmut (Hg.). Göttingen 1984. p. 258. Hentschel, Volker: Deutschland und die Gründung der Europäischen Gemeinschaft für Kohle und Stahl... p. 78.

147 Monnet, Jean: Mémoires... p. 353. Hervorhebung im Original.

148 Kipping, Matthias: Zwischen Kartellen und Konkurrenz. Der Schuman-Plan und die Ursprünge der europäischen Einigung 1944-1952. [= Schriften zur Wirtschafts- und Sozialgeschichte 46]. Berlin 1996. pp. 163f. Lynch, Frances: The Role of Jean Monnet in Setting Up the European Coal and Steel Community. [= Die Anfänge des Schuman-Plans 1950/51. Beiträge des Kolloquiums in Aachen, 28.-30. Mai 1986. Veröffentlichungen der Historiker-Verbindungsgruppe bei der Kommission der Europäischen Gemeinschaften 2]. Schwabe, Klaus (Hg.). Baden-Baden – Brüssel 1988. pp. 119f, pp. 124ff. Schinzinger, Francesca: Die wirtschaftlichen Rahmenbedingungen des Schuman-Planes. [= Die Anfänge des Schuman-Plans 1950/51. Beiträge des Kolloquiums in Aachen, 28.-30. Mai 1986. Veröffentlichungen der Historiker-Verbindungsgruppe bei der Kommission der Europäischen Gemeinschaften 2]. Schwabe, Klaus (Hg.). Baden-Baden – Brüssel 1988. p. 148.

Stahlindustrie zusätzlich in Frage stellen, nachdem der französische Modernisierungsplan innenpolitisch ohnehin schon unter Beschuss geraten war. Eine supranationale Behörde sollte eine dauernde Kontrolle und Mitsprache in der für die Rüstung bedeutsamen Montanindustrie sicherstellen. Mit unmittelbaren Kontroll- und Eingriffsbefugnissen ausgestattet, wäre sie aus französischer Sicht ein wirksamer Ersatz, wenn die Bundesrepublik infolge des sich verschärfenden Ost-West-Konflikts in absehbarer Zeit die volle Souveränität erhalten und die Beschränkungen durch die alliierte Dekartellisierungs- und Entflechtungsgesetzgebung, die Produktionsbegrenzung für deutschen Rohstahl und die Kohleexportpflichten aus dem Ruhrstatut entfallen sollten. Das Projekt der Montanunion versprach eine Verbesserung der deutsch-französischen Beziehungen, die sich der Saarfrage wegen beim ersten Besuch des französischen Aussenministers in Bonn im Januar 1950 als äusserst angespannt erwiesen hatten.

Die Erklärung Schumans vom 9. Mai 1950 nannte die »Schaffung gemeinsamer Grundlagen für die wirtschaftliche Entwicklung« als ersten Schritt zu einer europäischen Föderation. Die Aufgabe der Hohen Behörde läge in der Modernisierung der Produktion und der Verbesserung der Qualität; in der Lieferung von Stahl und Kohle auf dem französischen und deutschen Markt sowie auf den Märkten der anderen beteiligten Staaten zu gleichen Bedingungen; in der Entwicklung der gemeinsamen Ausfuhr in die anderen Staaten; und im Ausgleich des Fortschritts in den Lebensbedingungen der Montanindustriearbeiterschaft.[149] Mit der Anwendung eines Produktions- und Investitionsplanes, der Einrichtung von Preisausgleichsmechanismen und der Bildung eines Konvertierbarkeitsfonds zur Erleichterung der Rationalisierung der Produktion, mit der Abschaffung der Binnenzölle der Gemeinschaft für Kohle und Stahl und der Beseitigung unterschiedlicher Frachttarife waren die Methoden zur Erreichung dieser Ziele benannt. Ein wesentliches Prinzip des Vertrags sollte laut der Erklärung Schumans der Antikartellismus sein: »*Im Gegensatz zu einem internationalen Kartell*, das nach einer Aufteilung und Ausbeutung der nationalen Märkte durch einschränkende Praktiken und die Aufrechterhaltung hoher Profite strebt, wird die geplante Organisation die Verschmelzung der Märkte und die Ausdehnung der Produktion gewährleisten.«[150] An einem Treffen mit französischen Stahlproduzenten Ende Juni 1950 machte Monnet unmissverständlich klar, dass »die Hauptidee des Plans die Verurteilung aller Kartelle« war.[151] Die mit hohem Anlagekapital betriebenen Industrien der industriellen Massengüter, an erster Stelle die Schwerindustrien (Kohle, Eisen, Stahl, Zement), waren derjenige wirtschaftliche Bereich, in dem sich straffe und wirksame Kartelle bilden konnten. Im Gegensatz zu den Verarbeitungsindustrien mit ihrer Produktevielfalt, ihrer grossen Anzahl von Betrieben und ihrem geringeren Anlagekapital war die Schwerindustrie das eigentliche Feld, auf dem sich die Kartellisierung in ihrer ganzen Problematik darstellte.

149 [Schuman, Robert:] Erklärung vom 9. Mai 1950. Typoskript. pp. 1f.

150 [Schuman, Robert:] Erklärung vom 9. Mai 1950. Typoskript. p. 2. Hervorhebung im Original.

151 Zitiert nach Kipping, Matthias: Zwischen Kartellen und Konkurrenz... p. 209.

## 4.2. *Dekonzentration der deutschen Kohle- und Stahlindustrie durch die Alliierten – Förderung der Konzentration des französischen Kohle-, Stahl- und Eisensektors durch den ersten französischen Modernisierungsplan*

Die deutsche Kohle- und Stahlindustrie war vor dem Zweiten Weltkrieg hochkonzentriert und hochkartellisiert gewesen.[152] Mit den Entflechtungsmassnahmen der Alliierten, in deren Zuge die britische Militärregierung um 1947/48 25 Eisen- und Stahlwerke aus acht Konzernen herausgelöst und zu wirtschaftlich selbständigen »Betriebsführungsgesellschaften« erklärt hatte,[153] gewannen Kartelle zusätzlich an Bedeutung. Während die Vereinigten Stahlwerke 1937 40% des deutschen Rohstahls erzeugt hatten, erreichte das grösste Nachfolgeunternehmen der früheren Vereinigten Stahlwerke-Komplexes, August Thyssen Hütte, aufgrund der Dekonzentrationsmassnahmen der Alliierten einen Anteil von nur noch rund 10% an der bundesdeutschen Rohstahlproduktion.[154] In der Geschichte des Unternehmens Krupp spiegelte sich die politische Dimension der Konzentration und Kartellisierung auf dem Stahlsektor. Krupp war als zweitgrösstes deutsches Stahlunternehmen vor 1939 und als Waffenfabrik das Symbol für die Verbindung zwischen der Ruhrindustrie und dem Reich. Das Unternehmen, das vor dem Zweiten Weltkrieg etwa 10% des deutschen Stahls produziert hatte, wurde von den Alliierten in mehrere Teile aufgegliedert. Nach dem Krieg hatten die Alliierten das Vermögen der hochkonzentrierten Kohle- und Stahlindustrie beschlagnahmt und den Betrieb der Werke deutschen Trauhändern übertragen. Nun bekräftigten sie die Absicht zur Entflechtung der Montanindustrie im Dekonzentrationsgesetz der Alliierten Hohen Kommission vom Mai 1950. Deutsche Gremien – die »Kohlebergbauleitung« und die »Stahltreuhändervereinigung« – wurden beauftragt, Vorschläge für die dauerhafte Neuordnung der Kohle- und Stahlindustrie zu erarbeiten. Dabei wären möglichst zahlreiche rechtlich selbständige und wirtschaftlich lebensfähige Gesellschaften zu bilden. Weder Kohleförderung und Stahlerzeugung noch Stahlerzeugung und Weiterverarbeitung dürften künftig in einer Gesellschaft vereint

152 Zum Konzentrations- und Rationalisierungsprozess der Eisen- und Stahlindustrie, der in der Zwischenkriegszeit auch Frankreich, Belgien und Luxemburg erfasst hat, jedoch aufgrund der Eigentumsstrukturen schwerer fassbar ist: Landes, David S.: Der entfesselte Prometheus. Technologischer Wandel und industrielle Entwicklung in Westeuropa von 1750 bis zur Gegenwart. (Zuerst englisch 1969). Köln 1973. pp. 428-431. Wehler, Hans-Ulrich: Deutsche Gesellschaftsgeschichte. Bd. 3. Von der »Deutschen Doppelrevolution« bis zum Beginn des Ersten Weltkrieges 1849-1914. München 1995. pp. 622-637.

153 Kilger, Wolfgang: Industrie und Konzentration. [= Die Konzentration in der Wirtschaft 1. Schriften des Vereins für Socialpolitik NF 20/ I] Arndt, Helmut (Hg.). Berlin 1960. p. 293. Hentschel, Volker: Deutschland und die Gründung der Europäischen Gemeinschaft für Kohle und Stahl... p. 104. Gillingham, John: Coal, Steel, and the Rebirth of Europe... pp. 209ff.

154 McLachlan, D. L./Swann, D.: Competition Policy in the European Community. The Rules in Theory and Practice. London – New York 1967. p. 197. Diebold, William jr.: The Schuman Plan. A Study in Economic Cooperation, 1950-1959. New York 1959. p. 361.

sein. Ausserdem müssten die neuen Unternehmen ihre Erzeugnisse selbst absetzen.[155] Die Ruhrzechen hatten seit 1893 den Gemeinschaftsverkauf der Kohle über das Rheinisch-Westfälische Kohlensyndikat und unter der alliierten Besatzung über das Syndikat Deutscher Kohlen-Verkauf, ab 1952 über die Gemeinschaftsorganisation RuhrKohle gepflegt.[156]

Der erste Modernisierungsplan des französischen Planungskommissariats von 1947 bis 1950 bzw. verlängert bis 1952 (sog. Monnet-Plan) hatte eine starke Konzentrationsbewegung in der französischen Eisen- und Stahlindustrie gefördert.[157] Die französische Kohlenproduktion war zur Zeit der Gründung der Montanunion verstaatlicht. Diese Konzentrationsprozesse auf dem französischen Kohle-, Stahl- und Eisensektor wurden als *fait accompli* von den Schumanplan-Verhandlungen und der daraus folgenden Fusionskontrolle nicht berührt. Verstaatlichungen fielen ohnehin nicht unter die Fusionskontrolle des Montanvetrags.

### *4.3. Bemühungen Adenauers um die Ernennung eines Ordoliberalen zum Mitglied der deutschen Delegation zu den Schumanplan-Gesprächen*

Da die Neo- und Ordoliberalen die Kartellrechtswissenschaft in Deutschland überhaupt begründet hatten und seit 1946 an der Ausarbeitung des (Vor-)Entwurfs zum Deutschen Gesetz gegen Wettbewerbsbeschränkungen mitwirkten, lag es nahe, Neoliberale in der deutschen Delegation zu den Schumanplan-Gesprächen zu entsenden. Röpke hatte in seinem ersten Buch, das im Exil erschienen war (1934), scharfe Kritik an der Internationalen Rohstahl-Export-Gemeinschaft (IREG) der Eisen- und Stahlindustrien von Deutschland, Frankreich, Belgien und Luxemburg geübt und davor gewarnt, in den internationalen Kartellen für Halbfertigprodukte und im komplizierten monopolistischen System für die Europäische Stahlindustrie den Umriss eines »Paneuropa« für die Eisen- und Stahlindustrie zu sehen.[158] Gemäss mehreren schriftlichen Zeugnissen Röpkes, unter anderem auch nach seinen Äusserungen Hallstein gegenüber, beriet sich Adenauer in einem Telefongespräch mit Röpke über die Besetzung des Präsidiums der deutschen Delegation zu den Schumanplan-Gesprächen. Röpke selbst lehnte es nach eigener Aussage ab, die deutsche Delegation zu leiten, und verwies den Bundeskanzler auf den Frankfurter Professor für internationales Wirtschaftsrecht, Walter Hallstein, der Adenauer auch von mehreren anderen Seiten für diese Aufgabe

155 Hentschel, Volker: Deutschland und die Gründung der Europäischen Gemeinschaft für Kohle und Stahl... pp. 104f.

156 Diebold, William jr.: The Schuman Plan... p. 380. McLachlan, D. L./Swann, D.: Competition Policy in the European Community... p. 364.

157 Freitag, Gudrun: Konzentationspolitik in Frankreich. [= Schriften zur Konzentrationsforschung 5]. Tübingen 1972. p. 11.

158 Röpke, Wilhelm: German Commercial Policy...1934. p. 30.

empfohlen worden war.[159] Das Sekretariat für Fragen des Schuman-Plans wandte sich während der ersten Runde der Schumanplan-Gespräche Röpkes Integrationstheorie zu und liess Anfang Juni eine zu diesem Zeitpunkt noch unveröffentlichte Studie Röpkes mit dem Titel *Economic Integration of Europe* ins Deutsche übersetzen.[160] Einer Einladung vom Sommer 1950, an den Beratungen der deutschen Sachverständigenausschüsse für den Schumanplan teilzunehmen, konnte Röpke nicht folgen, da der Vorsteher des Genfer Erziehungsdepartements Picot ihm in einem offiziellen Schreiben eine Absage nahegelegt hatte.[161] Nichtsdestoweniger bot Röpke dem Bundeskanzler weiterhin seinen privaten Rat an, den er Adenauer mit dem gleichzeitig, nämlich im Juli 1950 fertiggestellten Gutachten über die deutsche Wirtschaftspolitik, auch zuteil werden liess.[162] Der Ordoliberale Walter Bauer wurde neben Hans Constantin Boden, Hans vom Hoff und Adenauers persönlichem Berater Herbert Blankenhorn zum Mitglied der deutschen Delegation ernannt und wirkte als einziger in fast allen Arbeitsgruppen mit, die sich mit der Wettbewerbspolitik im engeren und weiteren Sinne befassten.[163]

159 Röpke, Wilhelm: Europa muss sich entscheiden. In: Wirtschaftsrevue 1965. Nr. 68. p. 13. Willgerodt, Hans: Wirtschaftspolitische Grundbedingungen der Europäischen Gemeinschaft. Sonderdruck. Bitburger Gespräche Jahrbuch 1991/1. p. 51.

160 Röpke, Wilhelm: Die wirtschaftliche Integration. Übersetzung des Sprachdiensts. Stempel des Sprachdiensts: »Eing[ang]: 6.6.1950. Ausg[ang]: 7.6.1950.« Typoskript. Anlage: Englische Fassung: Röpke, Wilhelm: Economic »Integration« of Europe. Ohne Datum. Reproduktion. Politisches Archiv des Auswärtigen Amts: Abt. 2. Sekretariat für Fragen des Schuman-Plans. Bd. 333. Historisches Archiv der Europäischen Gemeinschaften, Florenz: AA – PA – B15 – Cass 9 – Fiche 10. Der englische Text erschien im Herbst 1950 in der US-amerikanischen Zeitschrift »Measure«: Röpke, Wilhelm: The Economic Integration of Europe. In: Measure 1(1950). pp. 386-398.

161 Röpke, Wilhelm: Brief an [Hans] Globke, Vizepräsident des Bundeskanzleramts. Genf, 6.7.1950. Typoskript. Bundesarchiv Koblenz: Bundeskanzleramt B 136/2473. Röpke gibt in diesem Brief die folgende Mitteilung Picots wieder: »Je tiens à vous informer que le Département de l'Instruction Publique ne saurait formuler une objection catégorique à votre entrée dans une commission d'experts spécialistes. Par contre, il souhaiterait plutôt que vous refusiez cette charge, de façon qu'aucun conflit ne pût naître entre votre position de professeur dans un Etat neutre et une situation qui comporterait un certain caractère politique. Il vaudrait mieux éviter à cet égard des complications imprévisibles.« Globke, Hans: Brief an Wilhelm Röpke (Entwurf). Bonn, 10.8.1950. Typoskript. Stempel: »Abgesandt 11. Aug. 1950«. Bundesarchiv Koblenz: B 136/2473.

162 Röpke, Wilhelm: Ist die deutsche Wirtschaftspolitik richtig? Analyse und Kritik. Stuttgart – Köln 1950. Röpkes Gutachten ist im Juli 1950 abgeschlossen und im August 1950 der deutschen Bundesregierung übergeben worden. Die Veröffentlichung des Gutachtens ist von Konrad Adenauer mit einem Vorwort eingeleitet worden. Vgl. Brief Wilhelm Röpkes an Henri de Lovinfosse (Genf, 27.9.1950). Röpke, Wilhelm: Briefe 1934 – 1966... p. 111 und Brief Wilhelm Röpkes an Rolf Siebert (Genf, 17.1.1954). Röpke, Wilhelm: Briefe 1934 – 1966... pp. 135f.

### 4.4. *Die Ergebnisse der ersten Runde der Schumanplan-Gespäche in Übereinstimmmung mit den Vorstellungen der Neoliberalen: Vertragsverhandlungen statt Gespräche; Teilung der Macht zwischen Hoher Behörde und Ministerrat*

In der ersten Runde der Schumanplan-Gespäche (20. Juni 1950 – 10. August 1950) setzten die belgische und die niederländische Delegation die Forderung durch, Monnets Entwurf in wirtschaftlich-technischen Verhandlungen zu einem Vertrag auszuarbeiten, statt in der vorliegenden Form als *politisches* Konzept zu revidieren und zu verabschieden. Die belgisch-niederländische Forderung, die Funktionsweisen und Verfahren der Gemeinschaft festzulegen und den Handlungsspielraum der Hohen Behörde zu begrenzen, entsprach den Überlegungen neo- und ordoliberaler Ökonomen, insbesondere des deutschen Bundeswirtschaftsministeriums, allerdings ohne dass dies auf intergouvernementale bzw. transnationale Kontakte von neoliberalen Entscheidungsträgern zurückzuführen wäre. Die Ergänzung der supranationalen Hohen Behörde mit dem (intergouvernementalen) Ministerrat, die bereits in der ersten Verhandlungsrunde beschlossen wurde, kam neoliberalen Vorstellungen und Wünschen entgegen, die darauf abzielten, die Macht aufzuteilen, statt sie allein in der supranationalen Hohen Behörde zu konzentrieren. Hatte die deutsche Delegation in der ersten Runde die mit den Schumanplan-Gesprächen verbundene Aufwertung der Bundesrepublik als gleichberechtigten Verhandlungspartner nicht gefährden wollen, so trat mit dem Beginn des Koreakriegs Ende Juni 1950 eine Veränderung der Situation ein. Da ein Beitrag Westdeutschlands zur Verteidigung des Westens, seine Wiederbewaffnung und Aufnahme in die NATO diskutiert wurden und als Möglichkeit näherrückten, verlor der Schumanplan an *relativer* Bedeutung für die politischen Ziele der deutschen Regierung.

### 4.5. *Monnet zwischen Antikartellismus und Protektionismus*

Die Wettbewerbspolitik im engeren und weiteren Sinne sollte in der zweiten Verhandlungsrunde im Herbst 1950 im Vordergrund stehen. Im Hinblick darauf entsandte das Bundeswirtschaftsminiserium eine Kommission in die Vereinigten Staaten, um die Antitrustgesetzgebung und -rechtsprechung vom deutschen

163 Conversations sur le Plan Schuman. Liste des délégations et répartition au sein des groupes. pp. 2f. Reproduktion Politisches Archiv des Auswärtigen Amts: Sekretariat für Fragen des Schumanplans. Bd. 83. Historisches Archiv der Europäischen Gemeinschaften, Florenz: AA – PA – B15 – Cass 2 – Fiche 13. Zur Kritik an Bauers »Konzessionsbereitschaft« in der Kartellfrage aus der Sicht des Auswärtigen Amtes: Gillingham, John: Coal, Steel, and the Rebirth of Europe... p. 277.

Standpunkt aus zu studieren.[164] Zur Vorbereitung der zweiten Verhandlungsrunde vom Herbst überreichte Monnet den übrigen Delegationen das *Memorandum über die Tätigkeit der Hohen Behörde während der Anlaufsjahre* am 10.8.1950, unmittelbar vor der Sommerpause. Im Gegensatz zum bisherigen französischen Standpunkt wurden im französischen Dokument vom 10. August 1950 Einheitspreise für den *marché unique* vorgeschlagen, die über nationale Ausgleichskassen unter Aufsicht der Hohen Behörde und der jeweiligen Regierungen zu gewährleisten wären. Die Ausarbeitung der französischen Delegation, deren Autorschaft nicht bekannt ist, enthielt ausserdem Bestimmungen über die Rolle der Industrieverbände, die eher der Struktur eines internationalen Kartells unter staatlicher Aufsicht als der bisherigen kartellfeindlichen Haltung Monnets entsprachen. Die Hohe Behörde würde »die Fortführung der bisherigen Ausgleichsmechanismen in den einzelnen Ländern erlauben« können. Die bestehenden Produzentenverbände sollten das Vorschlagsrecht für die in der gesamten Montanunion gültigen Einheitspreise erhalten, welche von der Hohen Behörde dann endgültig festgelegt würden.[165] Bührer, Buchheim und Goschler erkennen im französischen Memorandum vom 10. August die Absicht, die französische Stahlindustrie vor dem Einbruch der Ruhrindustrie in den französischen Markt zu schützen.[166]

Beunruhigt über die protektionistischen Tendenzen und die kartellfreundliche Haltung, die sich in der zweiten Verhandlungsrunde zeigten, begann die US-Regierung ab Anfang Oktober 1950 regeren Anteil am Verlauf der Verhandlungen zu nehmen. Sie befürchtete, die Montanunion würde zu einem einzigen Kartell bzw. zu einer Ansammlung von Kartellen unter der Hohen Behörde als Leitstelle werden.[167] Unter US-amerikanischem Einfluss[168] kehrte Monnet in der Sitzung der Delegationsleiter vom 4.10.1950 zu seiner ursprünglichen kartellfeindlichen Haltung zurück: Kartelle seien auszuschliessen, insbesondere auch die Idee regionaler Vereinigungen der Produzenten aufzugeben, und eine Fusionskontrolle

164 Dieser Bericht ist in der Beilage zum Bundesanzeiger Nr. 250 vom 29.12.1950 veröffentlicht worden. In der zweiten Hälfte des Jahres 1951 ist eine ähnliche Kommission zum gleichen Zweck von der französischen Regierung nach den USA entsandt worden. US-Antitrustgesetzgebung in französischer Sicht. Eindrücke einer in die USA entsandten Studienkommission französischer Experten. In: WuW 2(1952). p. 406.

165 Kipping, Matthias: Zwischen Kartellen und Konkurrenz... p. 212.

166 Goschler, Constantin/Buchheim, Christoph/Bührer, Werner: Der Schumanplan als Instrument französischer Stahlpolitik... 197ff.

167 Hentschel, Volker: Deutschland und die Gründung der Europäischen Gemeinschaft für Kohle und Stahl... p. 103.

168 Berghahn, Volker: Unternehmer und Politik in der Bundesrepublik. [= es 1265 NF 265]. Frankfurt a. M. 1985. pp. 138f. Auf den US-amerikanischen Einfluss wiesen zeitgenössische Beobachter wie Walter Hallstein hin, aber auch der damals in Vorbereitung befindliche US-amerikanische Report to the President on Foreign Economic Policies (10.11.1950). Kipping jedoch zieht den unmittelbaren US-amerikanischen Einfluss auf Monnet in Zweifel und interpretiert die Rückkehr Monnets zu seiner ursprünglichen kartellfeindlichen Haltung vor dem Hintergrund von dessen »eigen[en] Zielen, nämlich ein[er] Steigerung der Produktivität und der Wettbewerbsfähigkeit der französischen Industrie.« Kipping, Matthias: Zwischen Kartellen und Konkurrenz... p. 222.

einzuführen.[169] Am 27. Oktober unterbreitete die französische Delegation detaillierte Vorschläge zum Verbot wettbewerbsbeschränkender Praktiken.[170] Die übrigen Delegationen wandten sich jedoch gegen die französischen Vorschläge zur Kartellfrage, worauf die deutsche Delegation die Übergabe eines neuen Vorschlags mit dem Hinweis zusagte, dass der deutsche Gesetzesvorschlag die Billigung der Alliierten Hohen Kommission und damit auch der »amerikanischen Stellen« gefunden habe.[171]

### *4.6. Der deutsche Entwurf zu einem Kartellverbot mit Genehmigungsvorbehalt im Kohle- und Stahlsektor*

Der deutsche Entwurf zur Beantwortung des französischen Kartelldokuments, am Morgen des 10. November 1950 in einer internen Delegationssitzung fertiggestellt, war dem deutschen Kartellgesetzesentwurf entnommen. Er beruhte auf einem Kartellverbot mit Genehmigungsvorbehalt zur Hebung der Leistungsfähigkeit in technischer, betriebswirtschaftlicher oder organisatorischer Hinsicht, insbesondere auch im Aussenhandelswettbewerb. Bei den Exportkartellen machte selbst das strenge Antitrustgesetz der USA eine Ausnahme, und in den 50er Jahren galten Exportkartelle so wie auch Rationalisierungskartelle nach wie vor als »nützliche« Kartelle, die eine Ausnahme vom Kartellverbot rechtfertigten. Da die Verhältnisse in den sechs westeuropäischen Staaten zu unterschiedlich waren, um eine Konzernentflechtung auf dem Kohle- und Stahlsektor allgemein anzuwenden, sah der deutsche Entwurf von einer Bestimmung für die Konzernentflechtung ab.[172] Der deutsche Entwurf zu einem Kartellverbot mit Genehmigungsvorbehalt erhielt Zuspruch von den anderen Delegationen, da er die national unterschiedlichen Eigentumsstrukturen im Kohle- und Stahlsektor berücksichtigte. Durch ein absolutes Kartellverbot würden sozialisierte Betriebe wie die *Charbonnages de France*, der grösste Kohleproduzent der künftigen Montanunion ausserhalb der BRD, gegenüber den privaten, zergliederten westdeutschen Kohleprodu-

169 Kipping, Matthias: Zwischen Kartellen und Konkurrenz... pp. 216f.

170 Kipping, Matthias: Zwischen Kartellen und Konkurrenz... p. 222.

171 Zusammenfassung des Berichts von Walter Bauer über den Verlauf der Sitzung über die Kartellfrage in: Niederschrift über die interne Delegationssitzung am 10.11.1950, 19 Uhr. Anwesend: Hallstein, Bauer, Boden, vom Hoff, von Dewall, Müller, Reinkemeyer, Röske, Ophüls, Wagenführ, Risse, von Marchtaler, Krapf, Steindorff. Gez. Steindorff. Reproduktion. Politisches Archiv des Auswärtigen Amts: Abt. 2. Bd. 84. Sekretariat für Fragen des Schuman-Plans. Historisches Archiv der Europäischen Gemeinschaften, Florenz: AA – PA – B15 – Cass 2 – Fiche 16.

172 Niederschrift über die interne Delegationssitzung am 10.11.1950, 8.45 Uhr. Anwesend: Hallstein, Bauer, Boden, vom Hoff, von Dewall, Müller, Ophüls, Schlochauer, Wagenführ, Reinhardt, Röske, Risse, von Marchtaler, Weinhold, Krapf, Much, Reinkemeyer, Steindorff. Gez. Steindorff. p. 2. Reproduktion. Politisches Archiv des Auswärtigen Amts: Abt. 2. Bd. 84. Sekretariat für Fragen des Schuman-Plans. Historisches Archiv der Europäischen Gemeinschaften, Florenz: AA – PA – B15 – Cass 2 – Fiche 16.

zenten ohne gemeinsame Verkaufsorganisation bessere Konkurrenzbedingungen erhalten, da bereits sozialisierte Betriebe von der Fusionskontrolle nicht mehr erfasst werden konnten. Der deutsche Kartellgesetzentwurf für den Vertrag über die Gründung der Europäischen Gemeinschaft für Kohle und Stahl trug zwar der besonderen Situation der deutschen Kohle- und Stahlindustrie Rechnung, seine Urheber liessen sich aber dennoch nicht von den Interessen der Wirtschaftsverbände vereinnahmen. Richtete sich der deutsche Vorschlag am Entwurf des zu dieser Zeit strengsten Kartellverbots in Europa aus, so legten die europäischen Unternehmerverbände im Januar 1951 einen Vertragsentwurf für die Montanunion vor, der den Artikel über das Kartellverbot *ersatzlos* strich und die Fusionskontrolle erheblich abschwächte.[173] Auf die Ablehnung des Kartellverbots im Deutschen Gesetz gegen Wettbewerbsbeschränkungen durch den Bundesverband der Deutschen Industrie, insbesondere Fritz Berg, ist oben bereits hingewiesen worden.[174]

### 4.7. *Verschärfung des Kartellverbots infolge direkter Interventionen der US-Regierung*

Nachdem der deutsche Entwurf des Kartellartikels von allen Delegationen bereits angenommen worden war,[175] bewirkten direkte Interventionen der US-Regierung über den Beobachter der US-Botschaft für Fragen des Schumanplans in Paris, Tomlinson, bei der deutschen und französischen Delegation eine Verschärfung des Kartellverbots. Tomlinson machte gegenüber Marchtaler unmissverständlich klar, »[d]ie amerikanische Regierung und die amerikanische öffentliche Meinung würde entscheidenden Wert darauf legen, dass nicht nur Kartelle, sondern auch private Marktabreden jeder Art in der künftigen Montan-Union durch den Vertrag verboten seien«.[176] Es sei »von grösster Wichtigkeit, dass Kartelle und ‚private agreements' im Schuman-Plan überhaupt nicht zugelassen seien. Wenn es den Tatsachen entspräche, dass der deutsche Gesetzesentwurf über Kartelle, der unlängst mit der alliierten Hohen Kommission in Deutschland beraten worden sei, dem Schuman-Plan als Muster dienen solle, so könne er jetzt schon sagen, dass

173 Kipping, Matthias: Zwischen Kartellen und Konkurrenz... p. 233.

174 s. Bührer, Werner: Der BDI und die Aussenpolitik der Bundesrepublik in den fünfziger Jahren. In: VfZG 40(1992). p. 248.

175 Marchtaler: Aufzeichnung [über sein Treffen mit Tomlinson in der US-Botschaft in Paris vom 13.11.19!0]. Paris, 13.11.1950. p. 2. Reproduktion. Politisches Archiv des Auswärtigen Amts: Abt. 2. Sekretariat für Fragen des Schuman-Plans. Historisches Archiv der Europäischen Gemeinschaften, Florenz: AA – PA – B15 – Cass 3. Erhard, Ludwig: Brief an Konrad Adenauer. Bonn, 11.12.1950. p. 2. Bundesarchiv Koblenz: Bundeskanzleramt B 136/2474. Stellungnahme des Bundesministers für Wirtschaft zum Abschluss des Schuman-Planes. Ohne Datum. Gez. Ludwig Erhard. p. 2. Anlage zu: Erhard, Ludwig: Brief an Konrad Adenauer. Bonn, 11.12.1950. Bundesarchiv Koblenz: Bundeskanzleramt B 136/ 2474.

176 Marchtaler: Aufzeichnung [über sein Treffen mit Tomlinson in der US-Botschaft in Paris vom 13.11.1950]... p. 1. Reproduktion.

dies von der amerikanischen Öffentlichkeit als unzureichend empfunden werden würde.«[177] Tomlinson kam in der Unterredung mit Marchtaler immer wieder darauf zurück, dass es »weit besser wäre, wenn der Artikel sich auf ein ausnahmsloses Verbot von Kartellen und kartellähnlichen Abmachungen beschränken würde«, denn »jede, auch die eingeschränkteste Ausnahmemöglichkeit und jedes Genehmigungsverfahren durch die Hohe Behörde« öffne Kartellen Tür und Tor.[178] Am 16., 17. und 20. November fanden Besprechungen zwischen Hallstein, Monnet, Tomlinson und Robert R. Bowie statt.[179] Bowie war Kartellrechtler aus Harvard und leitete als Rechtsberater die Wirtschaftsabteilung bei der Alliierten Hohen Kommission. Aus diesen Unterredungen ergab sich, dass Bowie eine Neufassung des Artikel 42 (Kartellverbot) formulieren werde.[180] Bowies Neufassung der Kartellbestimmungen wurde den anderen Delegationen in einem Memorandum der französischen Delegation am 7. Dezember 1950 offiziell vorgelegt.[181]

### *4.8. Erfolgreiche Instrumentalisierung der deutschen Zustimmung zum französisch-amerikanischen Kartellgesetzesentworf zur Lösung der besatzungsrechtlichen Bindungen der deutschen Industrie*

In den darauffolgenden Wochen begann die Bundesregierung ihre Zustimmung zum französischen bzw. US-amerikanischen Kartellgesetzentwurf für die Lösung der besatzungsrechtlichen Bindungen der deutschen Industrie zu instrumentalisieren. In den Dreierverhandlungen zwischen der französischen und der deutschen Delegation mit den US-amerikanischen Vertretern waren bereits die Fragen des Besatzungsrechts und dabei im einzelnen die Souveränität der Bundesrepublik, das Verhältnis des Ruhrstatuts und der Ruhrbehörde zum Schumanplan, die Kohle- und Stahlgruppen sowie das militärische Sicherheitsamt besprochen worden. Hallstein gewann aus diesen Verhandlungen den Eindruck, »dass die Verei-

177 Marchtaler: Aufzeichnung [über sein Treffen mit Tomlinson in der US-Botschaft in Paris vom 13.11.1950]... p. 1.

178 Marchtaler: Aufzeichnung [über sein Treffen mit Tomlinson in der US-Botschaft in Paris vom 13.11.1950]... p. 3.

179 Marchtaler: Tagebuch. Paris, 16.11.1950, 17.11.1950, 20.11.1950. Reproduktion. Politisches Archiv des Auswärtigen Amts: Abt. 2. Sekretariat für Fragen des Schuman-Plans. Bd. 84. Historisches Archiv der Europäischen Gemeinschaften, Florenz: AA – PA – B15 – Cass 2 – Fiche 16.

180 Niederschrift über die interne Delegationssitzung vom 21.11.1950, 18 Uhr. Anwesend: Hallstein, Bauer, Boden, Ophüls, Risse, Much, von Marchtaler, Krapf, Steindorff. Gez. Steindorff. p. 2. Reproduktion. Politisches Archiv des Auswärtigen Amts: Abt. 2. Bd. 84. Sekretariat für Fragen des Schuman-Plans. Historisches Archiv der Europäischen Gemeinschaften, Florenz: AA – PA – B15 – Cass 2 – Fiche 16.

181 Memorandum [der französischen Delegation]. Paris, 7.12.1950. Übersetzung. Reproduktion. Politisches Archiv des Auswärtigen Amts: Abt. 2. Sekretariat für Fragen des Schuman-Plans. Historisches Archiv der Europäischen Gemeinschaften, Florenz: AA – PA – B15 – Cass 3 – Fiche 27.

nigten Staaten und England entschlossen sind, die erforderlichen Schritte zur Einschränkung der besatzungsrechtlichen Restriktionen zu tun«.[182] Die Stellungnahme des Bundeswirtschaftsministers zum Schumanplan vom 11.12.1950 stand im Zeichen des politischen Taktierens mit dem Ziel, bei den Alliierten durchzusetzen, dass die Ruhrbehörde und das militärische Sicherheitsamt ihre auf Kohle und Stahl gerichteten Zuständigkeiten aufgeben, dass die deutschen Vorschläge zur Neuordnung des Kohlenbergbaus, der Stahlindustrie und der Verbundwirtschaft von den Alliierten anerkannt und die Begrenzung von Produktion und Kapazitäten bei Rohstahl aufgehoben würde. Der US-amerikanische Entwurf, der schliesslich als Artikel 65 in den endgültigen Vertragstext eingehen sollte, sah zwar bei Kartellen eine Genehmigungsmöglichkeit für die Spezialisierung und den gemeinsamen Ein- und Verkauf vor, band aber die Hohe Behörde bei der Erteilung solcher Genehmigungen an enge Massstäbe. In allen Fällen müssten solche Vereinbarungen noch zusätzlichen engen Anforderungen genügen, damit die Erlaubnis erteilt werden dürfte.[183] Der gemeinsame deutsche Kohlenverkauf sollte unter diesen Bestimmungen nicht mehr zulässig sein. Statt private Kartelle etwa im Falle einer Krise zuzulassen, wurden den Organen der Montanunion hoheitliche Lenkungsbefugnisse eingeräumt.[184] Die Vorschriften über die Fusionskontrolle wurden ebenfalls nach der Formulierung Bowies in den Montanvertrag eingefügt (Artikel 66) und standen ganz im Zeichen der von der US-amerikanischen Besatzungsmacht verfochtenen strikten Antitrustpolitik.[185] Die Wettbewerbsordnung sollte der Sicherung der politischen Freiheit und dem Schutz des demokratischen Systems in Westdeutschland und Westeuropa dienen und die von übermässigen Machtzusammenballungen ausgehende Bedrohung von Freiheit und Demokratie möglichst ausschliessen. Erhard empfahl, auf dem deutschen Entwurf des Kartellverbots zu beharren und die Zulassung des gemeinsamen Kohlenverkaufs, die vertikale Integration (Verbundwirtschaft zwischen Kohle und Stahl und innerhalb der eisenschaffenden Industrie selbst) und die institutionelle Verankerung regionaler, nicht national beschränkter Gruppen als födera-

182 Niederschrift über die interne Delegationssitzung vom 22.11.1950, 8.45 Uhr. Anwesend: Hallstein, Bauer, Boden, vom Hoff, von Dewall, Wagenführ, Ophüls, Reinhardt, Röske, Risse, von Marchtaler, Krapf, Weinhold, Reinkemeyer, Steindorff. Gez. Steindorff. Reproduktion. p. 2. Politisches Archiv des Auswärtigen Amts: Abt. 2. Bd. 84. Sekretariat für Fragen des Schuman-Plans. Historisches Archiv der Europäischen Gemeinschaften, Florenz: AA – PA – B15 – Cass 2 – Fiche 16.

183 Baums, Theodor: Das Kartellverbot in der Europäischen Gemeinschaft für Kohle und Stahl und in der Europäischen Wirtschaftsgemeinschaft und seine Anwendung. [= Kartelle und Kartellgesetzgebung in Praxis und Rechtsprechung vom 19. Jahrhundert bis zur Gegenwart. Nassauer Gespräche der Freiherr-vom-Stein-Gesellschaft 1]. Pohl, Hans (Hg.). Stuttgart 1985. pp. 304ff. Zur Bedeutung der Antikartellpolitik in der Tradition der US-amerikanischen Rechtssprechung: Berghahn, Volker R.: Montanunion und Wettbewerb... pp. 256f.

184 Baums, Theodor: Das Kartellverbot... p. 311.

185 Baums, Theodor: Das Kartellverbot... pp. 310f.

listisches Prinzip zu fordern.[186] Anstelle der freien Preisbildung für Kohle und Stahl am Markt, in die die Hohe Behörde nur bei Marktstörungen intervenieren dürfte, verlangte Erhard, »dass die Grundstoffe Kohle und Stahl einer hoheitlichen Preisregelung unterworfen bleiben sollen«.[187] Die Vorschrift qualifizierter Stimmenmehrheit in der Hohen Behörde und die Mitwirkung des Ministerrats bei der Preisregelung würden das föderalistische Prinzip institutionell sichern.[188] Das Eintreten des Bundeswirtschaftsministers für hoheitliche Preisregelungen auf dem Kohle- und Stahlsektor wird in der Forschung als mit neoliberalen Prinzipien unvereinbar dargestellt.[189] Ein »vollkommener« Wettbewerb im Sinne von Eucken erweist sich jedoch im Falle der Kohle als theoretisch unmöglich, da ein zusammengefasstes Angebot einer Nachfrage gegenübersteht, die sich wiederum bei verschiedenen Grossverbrauchern konzentriert. Für den besonderen Fall solcher Grundstoffindustrien konnten Preisfixierungen aus neoliberaler Sicht unter der Voraussetzung gerechtfertigt werden, dass das Kohlenpreisgefüge über eine besondere wirtschaftspolitische Steuerung hergestellt würde, *als ob* Wettbewerb bestünde.[190] Für die Kohlenpreise hätte also eine stärkere marktwirtschaftliche Orientierung zu erfolgen. An der Kabinettsitzung des folgenden Tages (12.12.1950) wurde beschlossen, Erhard und Hallstein mit Verhandlungen gegen-

186 Erhard, Ludwig: Stellungnahme des Bundesministers für Wirtschaft zum Abschluss des Schuman-Planes. Bonn, 11.12.1950. p. 2, pp. 5ff. Bundesarchiv Koblenz: Bundeskanzleramt B 136/2474.

187 Erhard, Ludwig: Stellungnahme des Bundesministers für Wirtschaft zum Abschluss des Schuman-Planes... p. 7. Vgl. auch Erhard, Ludwig: Brief an Konrad Adenauer betr. Stellungnahme des Bundesministers für Wirtschaft zum Abschluss des Schuman-Planes. Bonn, 11.12.1950. p. 3. Bundesarchiv Koblenz: Bundeskanzleramt B 136/2474

188 Erhard, Ludwig: Stellungnahme des Bundesministers für Wirtschaft zum Abschluss des Schuman-Planes... p. 8.

189 Hentschel, Volker: Deutschland und die Gründung der Europäischen Gemeinschaft für Kohle und Stahl... p. 106. Ähnlich auch Röndigs' Beurteilung der Bemühungen Müller-Armacks, angesichts der sich abzeichnenden Ölverknappung im Oktober 1956 in einer Absprache mit der Mineralölindustrie die Preise für die Zeit der akuten Krise einzufrieren: Müller-Armacks Wirtschaftskonzeption habe »nicht durchgängig den Geist der wirtschaftsliberalen Gesinnung [geatmet]«. Röndigs, Uwe: Globalisierung und europäische Integration... p. 331.

190 Eucken, Walter: Grundsätze der Wirtschaftspolitik... 1952. p. 296f. Allais, Maurice: La gestion des houillères nationalisées et la théorie économique. Zuerst 1953. Gekürzter Nachdruck in: Allais, Maurice: Cours d'économie générale III. Paris 1959. p. 158, pp. 161ff. Miksch, Leonhard: Die Wirtschaftspolitik des Als-Ob. In: Zeitschrift für die gesamte Staatswissenschaft 105(1949). pp. 333ff. Miksch, Leonhard: Wettbewerb als Aufgabe... 1937. p. 74. [Müller-Armack, Alfred (et al.):] Ausschuss zur Ausarbeitung von Vorschlägen für das Preisgefüge von Brennstoffen, Energien und Kohlenwertstoffen, unter dem Vorsitz von Alfred Müller-Armack: Bericht über die Grundsätze der Gestaltung des Kohlenpreisgefüges. Typoskript. Anlage zum Brief Müller-Armacks an Franz Etzel vom 30.7.1952. pp. 3f. Nachlass Alfred Müller-Armack: ACDP I – 236 – 038/3. Archiv für Christlich-Demokratische Politik der Konrad-Adenauer-Stiftung, Sankt Augustin (Bonn). In diesem Sinne auch der Vizepräsident der Hohen Behörde der Montanunion Etzel, als Gastreferent in der Mont Pèlerin Society: Etzel, Franz: The European Coal and Steel Com-

über der Alliierten Hohen Kommission über die Unternehmensgliederung, die Verbundwirtschaft und den Kohlegemeinschaftsverkauf zu betrauen. Auf die Weiterverfolgung der deutschen Ziele hinsichtlich der hoheitlichen Preisregelung für Kohle und Stahl sowie der regionalen Gruppen wurde verzichtet.

Die Alliierte Hohe Kommission kam den deutschen Forderungen in allen drei Punkten – Unternehmensgliederung, vertikale Integration, Kohlegemeinschaftsverkauf – in einem von Bowie, Erhard, Walter Bauer und Hallstein ausgearbeiteten Kompromiss[191] entgegen: 1. Sie folgte dem Vorschlag der Stahltreuhänder zur Unternehmensgliederung statt demjenigen der alliierten Stahlkontrollgruppe. 2. Die Verbindung von Kohlenzechen und Stahlwerken in *einem* Unternehmen wurde grundsätzlich zugelassen, wenn auch gewissen quantitativen Beschränkungen unterworfen. Die begrenzte Wiederherstellung der Verbundwirtschaft wurde von der Fusionskontrolle ausgenommen. 3. Der Kohlegemeinschaftsverkauf musste zwischen dem 1.7.1951 und dem 1.10.1952 schrittweise liquidiert werden, doch wurde die Möglichkeit offengelassen, dass die Hohe Behörde gemeinsam mit der Bundesregierung, den Bergbauunternehmern und der Bergbaugewerkschaft Einrichtungen und Verfahren festlegten, um eine Lösung für den gemeinsamen deutschen Kohlenverkauf zu finden. Das Ruhrstatut und die Stahlquote wurden aufgehoben. Die Bundesregierung stimmte auf der Grundlage dieses Kompromisses den Artikeln über Kartellverbot und Fusionskontrolle in einer Fassung des US-Hochkommissariats zu,[192] und am 19. März 1951 wurde der Vertragstext paraphiert.

### *4.9. Die Bedeutung des Montanunionsvertrags für das Europäische Wettbewerbsrecht: erstes umfassendes Diskriminierungsverbot im kontinentaleuropäischen Rechtskreis*

Die Bedeutung des Montanunionsvertrags für das Europäische Wettbewerbsrecht erhellt daraus, dass er das erste supranationale Wettbewerbsrecht in Europa begründete. Der Vertrag über die Gründung der Europäischen Gemeinschaft für Kohle und Stahl enthielt nicht nur das erste umfassende Diskriminierungsverbot im kontinentaleuropäischen Rechtskreis, sondern war darüber hinaus das einzige multilaterale Abkommen überhaupt, das eine Kartellkontrolle geschaffen hatte.

munity and Its Economic Problems. Mont Pèlerin Society Records: Box 17. pp. 8 – 11, p. 17. Hoover Institution Archives, Stanford University, CA (USA). Ohne Datum. Gemäss Bericht Moettelis am 12.9.1953 in Seelisberg. Moetteli, Carlo: Wirtschaftliche Probleme der europäischen Integration. In: NZZ 14.9.1953. FAZ-Archiv 150,041. Etzel war nicht Mitglied der Mont Pèlerin Society. Müller-Armack beschrieb Etzel in einem Brief an von Hayek als »ganz auf unserer marktwirtschaftlichen Linie« liegend. Müller-Armack, Alfred: Brief an Friedrich A. von Hayek. Münster i. W., 14.12.1948. Nachlass Friedrich A. von Hayek: Box 39. Hoover Institution Archives. Stanford University, CA, USA.

191 Schwartz, Thomas Alan: America's Germany. Cambridge (Mass.) – London 1991. p. 192.

192 Hentschel, Volker: Deutschland und die Gründung der Europäischen Gemeinschaft für Kohle und Stahl... p. 108.

Auf dem gemeinsamen Markt für Kohle und Stahl der sechs Mitglieder waren wettbewerbsbeschränkende Absprachen und Zusammenschlüsse zu marktbeherrschenden Unternehmen grundsätzlich verboten, und die Kontrolle über die Durchführung der Verbote sowie die Genehmigung von Ausnahmen unter bestimmten Voraussetzungen wurden der supranationalen Hohen Behörde übertragen (Art. 65-66). Die Wettbewerbsartikel des Montanunionsvertrags definierten die Bedingungen für Ausnahmegenehmigungen noch enger als der Entwurf zum Deutschen Gesetz gegen Wettbewerbsbeschränkungen und entsprachen in dieser Beziehung der neoliberalen Wettbewerbstheorie mit ihrer Forderung nach einem rigiden Kartellverbot. Die französische Unterstützung für den US-amerikanischen Entwurf zu den Wettbewerbsartikeln erklärt sich in erster Linie aus dem wirtschaftlichen Interesse, die Strukturen der deutschen Kohle- und Stahlindustrie aufzubrechen und die für die französischen Abnehmer bzw. Konkurrenten nachteilige Regulierung der deutschen Kohle- und Stahlpreise zu beenden. Die beiden Wettbewerbsartikel des Montanvertrags wurden in Frankreich als Riegel für die Rekonzentration der deutschen Montanindustrie begrüsst.[193] Unter den Staaten der späteren Montanunion produzierte die Bundesrepublik Kohle und Stahl am günstigsten. Darüber hinaus waren diese Grundstoffpreise zuerst von den Besatzungsmächten, dann von der deutschen Regierung auf niedrigem Niveau festgesetzt worden, um den Wiederaufbau der deutschen Wirtschaft zu fördern, zumal die Kohle bis tief in das Jahr 1957 hinein in ganz Europa knapp war. Die künstliche Niedrighaltung des Kohlepreises behinderte seine produktionslenkende und nachfragesteurende Funktion. Der Bergbau erhielt direkte Subventionen sowie Kredit- und Steuersubventionen. Für deutsche Kohle bestand ein System von Doppelpreisen, bei dem ausländische Abnehmer höhere Preise bezahlten als inländische. Der Grundsatz der Nichtdiskriminierung würde nach dem Vertrag zur Gründung der Europäischen Gemeinschaft für Kohle und Stahl solche Preisdifferenzierungen fortan jedoch verbieten. Die unter dem Monnet-Plan stark konzentrierte französische Eisen- und Stahlindustrie würde bei einem eng ausgelegten Kartellverbot und einer wirksamen Fusionskontrolle den Wettbewerb mit den noch von Kriegszerstörung, Demontage, Produktionsbeschränkungen und Entflechtungsmassnahmen betroffen deutschen Stahlunternehmen aufnehmen können. Die antikartellistische und antimonopolistische Haltung, die die französischen Delegierten seit Oktober 1950 eingenommen hatten, wirkte in der Richtung der neoliberalen Wettbewerbsordnung, ohne dass dies allerdings in einer Entscheidung für die neo-/ ordoliberale Wettbewerbstheorie begründet gewesen wäre. Gegenüber Wagenführ distanzierte sich Uri im Namen der französischen Delegation vielmehr von der »dogmatisch[en] Vorstellung vom freien Wettbewerb, [...] wie dies etwa bei einigen Amerikanern der Fall sei«; Er sei für einen

193 Diebold, William jr.: The Schuman Plan... p. 363.

»begrenzten Wettbewerb«.[194] Neoliberale Wirtschaftswissenschafter trauten dem Schumanplan prinzipiell zu, als »Instrument der Befreiung der europäischen Wirtschaft von den Fesseln des Monopolismus und des Kollektivismus« zu dienen. Im Bereich der Montanindustrie, so die Hoffnung, sollten die Regeln des internationalen Leistungswettbewerbs festgelegt und den Regierungen zur Pflicht gemacht werden.[195] In seinem Gutachten zur deutschen Wirtschaftspolitik vermittelte Röpke zwischen Adenauers Eintreten für den Schumanplan und Erhards Forderung nach der Liberalisierung der internationalen Wirtschaftsbeziehungen mit der Formel: »Schumanplan plus Rückkehr Europas zur internationalen Marktwirtschaft«; Der Schumanplan müsse zum Ausgangspunkt für die Wiederherstellung der freien Marktwirtschaft und für die Liberalisierung der internationalen Wirtschaftsbeziehungen werden.[196]

### *4.10. Ergebnis der Wettbewerbspolitik der Hohen Behörde 1952-1965: ein System von Oligopolen und Kartellen statt eine Freisetzung des kompetitiven Potenzials an der Ruhr*

Am 23. Juli 1952 trat der Vertrag über die Gründung der Europäischen Gemeinschaft für Kohle und Stahl in Kraft. Schon im ersten Quartal 1953 bildeten sich 19 Kartelle.[197] Vom Juli 1953[198] bis 1958 verbot die Hohe Behörde von 80 gemeldeten Kartellen nur drei verhältnismässig unbedeutende Altmetallkartelle, und einige weitere Kartelle lösten sich selbst auf.[199] 15 Kartelle erhielten damals eine Ausnahmegenehmigung.[200] Mit der Gemeinschaftsorganisation RuhrKohle bestand bis 1956 vorübergehend ein Kartell, das nach dem Vertragstext unzulässig war, denn es kontrollierte 50% der Kohlenproduktion der Montanunion bzw. 93% der westdeutschen Kohlenproduktion.[201] Am 15. Februar 1956 entschied die Hohe Behörde, die Gemeinschaftsorganisation RuhrKohle nicht wie von den Alliierten zuvor beschlossen mit sechs, sondern mit drei gemeinsamen Verkaufsorganisationen zu ersetzen, deren jede eine Gruppe von 14-19 Kohlenminen-Unter-

194 Wagenführ: Kurzprotokoll. Gespräch mit Herrn Uri am 19.1.1951 im Planungsamt. [Paris], 19.1.1951. Reproduktion. Politisches Archiv des Auswärtigen Amts: Abt. 2. Sekretariat für Fragen des Schuman-Plans. Historisches Archiv der Europäischen Gemeinschaften, Florenz: AA – PA – B15 – Cass 3 – Fiche 27.

195 Röpke, Wilhelm: Ist die deutsche Wirtschaftspolitik richtig?... 1950. These 90. p. 93.

196 Röpke, Wilhelm: Ist die deutsche Wirtschaftspolitik richtig?... 1950. These 87. pp. 90f.

197 Gillingham, John: Coal, Steel, and the Rebirth of Europe... p. 330 und Table 6.1. Associations and cartels founded after the creation of the Schuman Plan. p. 331.

198 Die Hohe Behörde forderte die Kartelle zu diesem Zeitpunkt auf, ihre Gesuche um eine Ausnahmegenehmigung vom Kartellverbot einzureichen.

199 Gillingham, John: Coal, Steel, and the Rebirth of Europe... p. 336. McLachlan, D. L./ Swann, D.: Competition Policy in the European Community... p. 120.

200 Diebold, William jr.: The Schuman Plan... p. 379.

201 McLachlan, D. L./Swann, D.: Competition Policy in the European Community... p. 120. Gillingham, John: Coal, Steel, and the Rebirth of Europe... p. 337.

nehmen vertreten würde.[202] Obwohl hohe Kapitalverflechtungen zwischen den drei neuen Kohlenverkaufsorganisationen *Geitling*, *Präsident* und *Mausegatt* bestanden und diese ihre Preispolitik schon 1957 absprachen,[203] erhielt die Hohe Behörde ihre Genehmigung weiterhin aufrecht. Dem Gesuch der drei Verkaufsorganisationen, gemeinsam die RuhrKohlen-Verkaufsgesellschaft GmbH bilden zu dürfen (Mai 1960), entsprach die Hohe Behörde jedoch nicht, und der Gerichtshof der Europäischen Gemeinschaften bestätigte diesen Beschluss (1962). Die Begründung des Gerichtshofs, nicht der absolute, sondern der relative Marktanteil der in Frage stehenden Gruppen sei massgebend und die Gemeinschaft habe das Minimum des Wettbewerbs zu sichern, um die Vertragsziele zu erreichen, liess die Hohe Behörde 1963 der Schaffung von zwei anstelle der bisherigen drei Verkaufsgruppen zustimmen, allerdings mit der Auflage, dass deren organisatorische und finanzielle Verflechtungen aufgelöst und alle wichtigen Entscheide der Hohen Behörde unterbreitet würden.[204] Der Aachener Kohlen-Verkauf, die Oberrheinische Kohlenunion von Mannheim, der Niedersächsische Kohlen-Verkauf, der *Comptoir Belge des Charbons* und eine Anzahl weiterer Kartelle wurden von der Hohen Behörde zugelassen, da ihr Anteil am Markt der Montanunion verhältnismässig gering war.[205]

Im Mai 1954 legte die Hohe Behörde die Verfahrensweisen zur Fusionskontrolle fest und befreite kleinere Zusammenschlüsse zum vornherein von der Kontrolle.[206] Von 1952 bis zum 31.1.1966 hat die Hohe Behörde 200 von 269 Zusammenschlüssen genehmigt.[207] Was die praktische Anwendung des Artikels 66 (Fusionskontrolle) anbelangt, war die Hohe Behörde in den ersten fünf Jahren ihres Bestehens hauptsächlich mit der vertikalen Integration deutscher Unternehmen befasst, die die früheren Verbindungen zwischen den Kohlenminen und Stahlwerken in jeweils einem einzigen Konzern wiederherstellen wollten. Die Fälle horizontaler Integration betrafen zunächst vor allem französische Unternehmen.[208] Als jedoch die horizontale Integration in der Kohlen- und Stahlindustrie von Ende der 50er Jahre bis Mitte der 60er Jahre mehr Bedeutung erlangte, waren

202 Europäische Gemeinschaft für Kohle und Stahl: Hohe Behörde: Vierter Gesamtbericht über die Tätigkeit der Gemeinschaft (11. April 1955 – 8. April 1956). Brüssel 8.4.1956. pp. 146f. Europäische Gemeinschaft für Kohle und Stahl: Hohe Behörde: Fünfter Gesamtbericht über die Tätigkeit der Gemeinschaft (9. April 1956 – 13. April 1957). Brüssel 13.4.1957. pp. 166f.

203 McLachlan, D. L./Swann, D.: Competition Policy in the European Community... p. 123.

204 McLachlan, D. L./Swann, D.: Competition Policy in the European Community... pp. 123-125.

205 Europäische Gemeinschaft für Kohle und Stahl: Hohe Behörde: Fünfter Gesamtbericht über die Tätigkeit der Gemeinschaft...13.4.1957. pp. 171-174. Diebold, William jr.: The Schuman Plan... pp. 395f. McLachlan, D. L./Swann, D.: Competition Policy in the European Community... pp. 128f.

206 Diebold, William jr.: The Schuman Plan... p. 356.

207 Europäische Gemeinschaft für Kohle und Stahl: 14. Gesamtbericht über die Tätigkeit der Gemeinschaft (1. Februar 1965 – 31. Januar 1966). Luxemburg, März 1966. p. 204. Tabelle 43.

208 Diebold, William jr.: The Schuman Plan... p. 358.

in erster Linie wiederum deutsche Unternehmen in Fusionen involviert.[209] Nach Artikel 66 des Vertrags wurden Zusammenschlüsse dann genehmigt, wenn sie den Wettbewerb auf dem Markt nicht verhinderten. In der Praxis konnte jedes Unternehmen auf dem Gemeinsamen Markt von der Hohen Behörde eine Genehmigung zu einer Fusion erhalten, wenn durch diese kein Unternehmen entstehen würde, das die Kapazität des bisher grössten Konkurrenten übertraf. Da ein Teil der deutschen Montanindustrie nach der Entflechtung einen geringeren Konzentrationsgrad aufwies als die Montanindustrie in den übrigen EGKS-Staaten und keine gesetzlichen Bestimmungen getroffen worden waren, die das Fortbestehen des Entflechtungszustands gesichert hätten,[210] schuf Artikel 66 die Grundlage für eine Rekonzentration. Als erster grösserer Zusammenschluss wurde Mannesmann in seiner früheren Form von 1939 wiederhergestellt, und bereits Ende 1957 waren bis auf die Vereinigten Stahlwerke, Krupp und Gutehoffnungshütte alle grösseren deutschen Unternehmen des Kohle- und Stahlsektors mehr oder weniger vollständig rekonzentriert, wenn auch mit Auflagen versehen.[211] Die französische Stahlindustrie war kapitalmässig derart verflochten, dass die einzelnen Gruppen anhand der Eigentumsstrukturen nicht voneinander abzugrenzen sind.[212] Die Kapitalverflechtungen innerhalb der deutschen Stahlindustrie lassen für 1965 die Unterscheidung von 8 »selbständigen« Hauptgruppen zu.[213] 1965 erzeugten die 15 grössten Stahlhersteller der EGKS 61.4% des in der Gemeinschaft erzeugten Stahls, wobei etwa die Hälfte dieser Produktion auf deutsche Unternehmen entfiel. Bei fortschreitender Verdichtung des Oligopols stieg der Anteil der 15 grössten Stahlhersteller an der Stahlproduktion 1976 auf 72.3% an, unter Berücksichtigung der bestehenden Konzernverbindungen sogar auf 87.4%. Die Märkte für Rohstahl und Stahlhalberzeugnisse waren und sind durch wenige grosse Anbieter und eine ausgeprägt oligopolistische Struktur gekennzeichnet.[214]

Für die Beurteilung der Wettbewerbspolitik der Hohen Behörde ist zunächst festzustellen, dass die Konzentration und Kartellisierung im Kohle- und Stahlsektor nicht nur ein wirtschaftliches, sondern zugleich auch ein politisches Problem war. Nationale Ängste vor der wirtschaftlichen und politischen Übermacht der

209 McLachlan, D. L./Swann, D.: Competition Policy in the European Community... pp. 201-216.

210 Die Bundesregierung ging lediglich die politische Verpflichtung ein, das Wiederentstehen übermässiger wirtschaftlicher Machtkonzentration zu verhindern.

211 Die Gesellschaftsstruktur der westdeutschen Montanindustrie. In: Wirtschaftsdienst. April 1958. pp. 214-219. Die neuen Stahlkonzerne an der Ruhr. In: Der Volkswirt 7. Dezember 1957. pp. 2625-2628. Diebold, William jr.: The Schuman Plan... p. 365.

212 Diagramm 3: The main groups in the French steel industry. McLachlan, D. L./Swann, D.: Competition Policy in the European Community... p. 214.

213 »Selbständig« meint hier Kapitalverflechtungen von maximal 10%. Diagramm 2: The main groups in the German steel industry. McLachlan, D. L./Swann, D.: Competition Policy in the European Community... p. 213.

214 Mestmäcker, Ernst-Joachim: Europäische Kartellpolitik auf dem Stahlmarkt. Zum Rechtsschutz stahlverbrauchender Unternehmen in der Montanunion. [= Wirtschaftsrecht und Wirtschaftspolitik 72]. Baden-Baden 1983. p. 52.

Bundesrepublik bzw. Frankreichs, deutsche Befürchtungen wegen schlechterer Startchancen für die westdeutsche Kohle- und Stahlindustrie und die Sorge um die Verteilung der Macht in der Gemeinschaft allgemein mussten bei der Anwendung des Kartellverbots und der Fusionskontrolle mitberücksichtigt werden. Obwohl die Hohe Behörde als supranationale Institution nationalen Weisungen nicht unterstellt war, entsprach sie nicht der neo- und ordoliberalen Forderung nach einer vollkommen unabhängigen, vom Einfluss politischer Entscheidungsträger und wirtschaftlicher Interessengruppen – seien es Industrieverbände oder Gewerkschaften – freien Monopolaufsichtsbehörde. Im April 1955 hielt die Hohe Behörde fest, dass sie »gesunde Zusammenschlüsse nicht behindert, sondern nach Möglichkeit fördert.«[215] Sie rechtfertigte ihre Politik einerseits mit der Effizienzsteigerung und andererseits mit der mangelnden Wettbewerbsfähigkeit kleinerer Unternehmen. Konzentration wirtschaftlicher Macht entstand nicht nur durch Fusionen, den Erwerb von Aktien oder Vermögenswerten, durch Darlehensverpflichtungen und Verträge, sondern auch durch Verstaatlichungen und durch das Wachstum eines Unternehmens. Verstaatlichungen bedurften als politischer Akt nicht der Genehmigung durch die Hohe Behörde. Sie hatte bei verstaatlichten Betrieben oder Unternehmen, die ohne Fusionen eine marktbeherrschende Stellung erlangt hatten, nur Kontrollrechte im Falle eines Machtmissbrauchs. In ihrer Entscheidung vom 15. Februar 1956, die Gemeinschaftsorganisation RuhrKohle durch drei Verkaufsorganisationen zu ersetzen, stellte die Hohe Behörde fest, der selbständige Verkauf der Brennstoffe durch die verschiedenen Bergbaugesellschaften hätte »un caractère *antiéconomique* tant pour les entreprises elles-mêmes que pour les négociants et consommateurs«. Der freie Wettbewerb würde, so die Hohe Behörde, bei einer Kohlenknappheit zu Ungleichheiten der Versorgung der Kunden und bei einem Kohlenüberangebot zu ungleich verteilter Arbeitslosigkeit und zu sozialen Spannungen unter den Bergarbeitern des Ruhrkohlebeckens führen.[216] Der Hintergrund für die grosszügige Gewährung von Ausnahmen vom Kartellverbot bei der Umstrukturierung der Gemeinschaftsorganisation RuhrKohle und im Falle vieler anderer Kartelle war eine Kohlenknappheit, die sich seit den unmittelbaren Nachkriegsjahren und den frühen 50er Jahren fortsetzte. Die OEEC veröffentlichte im März 1956 den Bericht *Europe's Growing Needs of Energy, How Can They be Met?* und warnte vor den Gefahren einer Energieknappheit in Europa.[217] Mit der Suezkrise, in deren Folge

215 Europäische Gemeinschaft für Kohle und Stahl: 3. Gesamtbericht über die Tätigkeit der Gemeinschaft (12. April 1954 – 10. April 1955). Luxemburg, 10. April 1955. pp. 127f.

216 Communauté Européenne du Charbon et de l'Acier : Décision N° 7-56 du 15 février 1956. In: Journal Officiel de la Communauté Européenne du Charbon et de l'Acier. Vol. 6. N° 6. 13. Mars 1956. p. 57.

217 OEEC: Europe's Growing Needs of Energy. How Can They be Met? Report prepared by a group of experts [Harold Hartley, Jacques Desrousseaux, Henning Daniel Fransén, Frencesco Giordani, Henri Niesz, Gustaf Adolf Tuyl Schuitemaker, Pierre Uri, Friedrich Wilhelm Ziervogel, Walker (sic!) Cisler]. Paris, Mai 1956. pp. 15-26, pp. 54ff. Diebold, William jr.: The Schuman Plan... p. 391. McLachlan, D. L./Swann, D.: Competition Policy in the European Community... p. 122, p. 124, pp. 362f.

sich die Frachtkosten für Petrol- und Kohlenimporte wegen der Schliessung des Suezkanals verteuerten, bestätigten sich die Annahmen des OEEC-Berichts vorerst. Die politischen und die wirtschaftlichen Implikationen der Suezkrise veranlassten die europäischen Regierungen, der eigenen, europäischen Kohlenförderung grössere Bedeutung beizumessen als zuvor, da die Zuverlässigkeit der Kohleneinfuhren aus Übersee in Zweifel stand.

Im hier untersuchten Zeitraum (1952-1965) blieben die nationalen Märkte auf dem Kohle- und Stahlsektor individuelle Einheiten, die durch bestehende, traditionelle Kundenbeziehungen und die Politiken der einzelnen nationalen Regierungen bedingt waren. Die Stahlindustrie hatte in den frühen 60er Jahren in der Montanunion einen geringeren Konzentrationsgrad als in den USA, Grossbritannien oder Japan, wenn der Anteil der 3 bzw. 10 grössten Stahlunternehmen am jeweiligen Gesamtmarkt zugrundegelegt wird. Die Berücksichtigung der Segmentierung des Stahlmaktes durch die nationalen Grenzen weist jedoch für die EGKS einen deutlich höheren Konzentrationsgrad aus als etwa für den grossen, integrierten US-amerikanischen Markt. So waren etwa 50% der Kohlenproduktion und 40% des Kohlenhandels, 60% der Koksproduktion und 70% des Kokshandels im Ruhrgebiet konzentriert.[218]

Die Wettbewerbspolitik der Hohen Behörde führte zu einem System von Oligopolen, das mit Galbraiths Metapher der »Countervailing Power« umschrieben werden kann. Das Kartellverbot und die Fusionskontrolle waren zwar im Montanvertrag rigider formuliert als im US-amerikanischen Antitrustgesesetz, das sich im Gegensatz zum Vertrag über die Gründung der Europäischen Gemeinschaft für Kohle und Stahl nicht auf *einen* wirtschaftlichen Sektor beschränkte. Jedoch war die Anwendung dieser Artikel 1952-1965 weniger strikt als in den USA. Insbesondere das Kartellverbot hatte eine untergeordnete Rolle, und von einer Freisetzung des kompetitiven Potenzials an der Ruhr konnte keine Rede sein; Nur konnten die anderen fünf westeuropäischen Staaten nun über die Hohe Behörde auf die Ruhr Einfluss nehmen. Der Kohle- und Stahlmarkt blieb hochkonzentriert und hochkartellisiert.

### *4.11. Neoliberale Massnahmen zur Erzwingung eines »wettbewerbsanalogen Verhaltens« bei unvermeidbaren Monopolen: unabhängige Monopolaufsicht – Preisfixierungen – Verstaatlichung – Förderung von Substitutionskonkurrenz*

Vom neo- und ordoliberalen Idealtypus des vollkommenen Wettbewerbs war der Kohle- und Stahlmakrt 1965 weit entfernt. Die Kohlenförderung und die Stahlindustrie lassen sich aufgrund der natürlichen Vorkommnisse der Grundstoffe und des hohen Investitionsbedarfs nicht in das Konzept eines Marktes einfügen, der

218 McLachlan, D. L./Swann, D.: Competition Policy in the European Community... p. 204. pp. 21f. Diebold, William jr.: The Schuman Plan... pp. 389f.

aus einer Vielzahl von möglichst kleinen Anbietern und Nachfragern besteht. Bei unvermeidbaren Monopolen bestand das Ziel der Monopolgesetzgebung nach neoliberaler Vorstellung darin, die Träger wirtschaftlicher Macht zu einem »wettbewerbsanalogen« Verhalten zu veranlassen, d.h. zu einem Verhalten, »als ob vollständige Konkurrenz« bestünde.[219] Die Neoliberalen schlugen unterschiedliche Lösungen des Problems unvermeidbarer Monopole in der Wettbewerbsordnung vor: eine von den wirtschaftlichen Interessenten und vom Wirtschaftsministerium *unabhängige Monopolaufsicht*,[220] *»gebundene Konkurrenz« unter der Aufsicht des Staates* als Sonderregelung für (Teil-)Oligopole[221] oder *Verstaatlichung*.[222] Preisfixierungen sollten, so die übereinstimmende Stellungnahme der Neoliberalen, dem Mechanismus von Angebot und Nachfrage Rechnung tragen.[223] Preisdifferenzierungen (Binnenhandel – Export) wurden als diskriminierend abgelehnt.[224] Aus neoliberaler Sicht durfte das Aufkommen von Substitutionskonkurrenz in keiner Weise durch staatliche Interventionen behindert werden.[225] Unter den besonderen Bedingungen des Koreakrieges stimmte der Neoliberale Allais jedoch einer Begrenzung der Kohlen- und Ölimporte auf 20% – 40% des nationalen Energiebedarfs mittels Einfuhrzöllen aus politischen und militärischen Gründen zu.[226] Einen solche Kompromiss zwischen dem Streben nach dem wirtschaftlichen Optimum und den Erfordernissen der »nationalen Sicherheit« zu finden, wurde vom Wirtschaftswissenschafter an der *Ecole des Mines* in Paris als *politisches* Ordnungsproblem ausgewiesen, dessen Lösung den *Politikern* an-

219 Eucken, Walter: Grundsätze der Wirtschaftspolitik... 1952. p. 295 (Zitat). Allais, Maurice: La gestion des houillères nationalisées et la théorie économique. Zuerst 1953... p. 158, pp. 161f. Miksch, Leonhard: Wettbewerb als Aufgabe. Die Grundsätze einer Wettbewerbsordnung... 1937. p. 136. Miksch, Leonhard: Die Wirtschaftspolitik des Als-Ob...1949. pp. 310 – 338. Insbesondere: pp. 333f.

220 Eucken, Walter: Grundsätze der Wirtschaftspolitik... 1952. pp. 291 – 299. Wissenschaftlicher Beirat beim Bundesministerium für Wirtschaft: Gutachten vom 24.7.1949 [Königstein]. Thema: Grundsatzfragen der Monopolgesetzgebung. [= Der Wissenschaftliche Beirat beim Bundesministerium für Wirtschaft. Sammelband der Gutachten von 1948 bis 1972]. Herausgegeben vom Bundesministerium für Wirtschaft . Göttingen 1973. p. 44. Lenel, Hans Otto: Walter Euckens ordnungspolitische Konzeption, die wirtschaftspolitische Lehre in der Bundesrepublik und die Wettbewerbstheorie von heute. In: Ordo 26(1975). pp. 62ff.

221 Miksch, Leonhard: Wettbewerb als Aufgabe... 1937. pp. 91f. Miksch, Leonhard: Die Wirtschaftspolitik des Als-Ob... 1949. p. 333.

222 Allais, Maurice: La gestion des houillères nationalasées et la théorie économique. Zuerst 1953... pp. 149-170.

223 Eucken, Walter: Grundsätze der Wirtschaftspolitik... 1952. pp. 296f. Allais, Maurice: La gestion des houillères nationalisées et la théorie économique. Zuerst 1953... p. 163. Miksch, Leonhard: Wettbewerb als Aufgabe... 1937. p. 74. Miksch, Leonhard: Die Wirtschaftspolitik des Als-Ob... 1949. pp. 334.

224 Eucken, Walter: Grundsätze der Wirtschaftspolitik... 1952. p. 296. Allais, Maurice: La gestion des houillères nationalisées et la théorie économique. Zuerst 1953... p. 169.

225 Eucken, Walter: Grundsätze der Wirtschaftspolitik... 1952. p. 293.

226 Allais, Maurice: La gestion des houillères nationalisées et la théorie économique. Zuerst 1953... p. 168. Anm. 86.

heimgestellt sein sollte.[227] Mit den Prinzipien einer neo- und ordoliberalen Wirtschaftsordnung nicht vereinbar waren jedoch Kartelle, gleich auf welchem Wirtschaftssektor. Der Neoliberale Müller-Armack nahm im Anschluss an sein Amt als Staatssekretär für europäische Angelegenheiten im Bundeswirtschaftsministerium im Auftrag der Hohen Behörde die Kontrolle der beiden Ruhrkohleverkaufsgesellschaften *Präsident* und *Geitling* wahr (ab 1.10.1963).[228] Das Kartellverbot der Montanunion ist dennoch zu keiner Zeit mit der von der US-Regierung und den Neo- und Ordoliberalen geforderten Konsequenz und Rigidität durchgesetzt worden, zumindest aber mag es die formelle Kartellisierung behindert und eingeschränkt haben.

Der Kohle- und Stahlsektor, bei dem die Bemühungen um die europäische Integration ansetzten, lag aus wirtschaftlichen und historischen Gründen traditionell ausserhalb der marktwirtschaftlichen Ordnung. Seit dem späteren 19. und im 20. Jahrhundert erhielten Industriezweige und Unternehmen, die für eine militärische Strategie, aber auch für eine Strategie volkswirtschaftlicher Entwicklung als bedeutsam angesehen wurden, mehr und mehr Subventionen. So waren Subventionen für die Kohlenförderung zunächst unrentablen Zechen zugekommen, um eine einheimische Mindestproduktion aufrechtzuerhalten, und waren schliesslich auf den gesamten Bergbau ausgedehnt worden. Vereinzelt wurde auch die Herstellung von Eisen und Stahl subventioniert.[229] Die Montanwirtschaft hatte in einzelnen Mitgliedstaaten ein relativ grosses volkswirtschatliches und wirtschaftspolitisches Gewicht. Nach 1955 lag der Anteil der Kohle- und Stahlproduktion am Bruttosozialprodukt im Durchschnitt der EGKS-Staaten bei 8%. Am höchsten war ihr Anteil in Belgien und Luxemburg mit 16% und in der Bundesrepublik mit 10%, während Frankreich (einschliesslich Saargebiet) mit 6% und Italien und die Niederlande mit je 4% folgten.[230] War der Industriesektor Kohle und Stahl in den übrigen Montanunionsstaaten weitgehend sozialisiert,[231] so suchten sich die Regierungen der Bundesrepublik und Belgiens der Verstaatlichungswelle zu widersetzen, die nach den beiden Weltkriegen und der Weltwirt-

227 Allais, Maurice: La gestion des houillères nationalisées et la théorie économique. Zuerst 1953... p. 168.

228 Müller-Armack wurde von der Hohen Behörde auf zweieinhalb Jahre gewählt, d.h. für die Zeit vom 1.10.1963 bis zum 31.3.1966. Müller-Armack offiziell mit der Kontrolle der Ruhrkartelle beauftragt. Typoskript. Luxemburg (VWD), 2.10.1963. Nachlass Alfred Müller-Armack: ACDP I – 236 – 038/3. Archiv für Christlich-Demokratische Politik der Konrad-Adenauer-Stiftung, Sankt Augustin (Bonn).

229 [Fischer, Wolfram:] Der Staat in der Wirtschaft I. In: Wochenbericht der Bank Julius Bär Nr. 13. 29. März 2001. p. 5.

230 Schinzinger, Francesca: Die wirtschaftlichen Rahmenbedingungen des Schuman-Planes... p. 149.

231 Gillingham, John: Coal, Steel, and the Rebirth of Europe... p. 268. Griffiths, Richard T.: The Schuman Plan Negotiations: The Economic Clauses. [= Die Anfänge des Schuman-Plans 1950/51. Beiträge des Kolloquiums in Aachen, 28. – 30. Mai 1986. Veröffentlichungen der Historiker-Verbindungsgruppe bei der Kommission der Europäischen Gemeinschaften 2]. Schwabe, Klaus (Hg.). Baden-Baden – Brüssel 1988. pp. 35-71.

schaftskrise zum Teil unter dem Einfluss sozialistischer Überzeugungen auch diesen damals zentralen Industriezweig in Europa erfasste.

Unabhängig von der Wettbewerbspolitik der Hohen Behörde änderte sich die Situation auf dem Energiemarkt in den 50er und 60er Jahre grundlegend, als der Kohle der Montanunion Substitutionskonkurrenz durch die Importe von US-amerikanischer Kohle und von Erdöl entstand. Zu einem Zeitpunkt, als sich das Wirtschaftswachstum in Europa verlangsamte, führte der Zusammenbruch der Frachtpreise im Jahr 1957, nach dem Ende der Suezkrise, dazu, dass die Preise für gelöschte US-Kohle unter diejenigen der Ruhrkohle – der in der Gemeinschaft günstigsten Kohle – fielen.[232] Während 1955 noch 75% des Primärenergiebedarfs der Montanunion durch Kohle und 16% durch Öl gedeckt worden waren, ging der Anteil der Kohle 1964 auf 43% zurück und stieg derjenige des Öls auf 40% an. Zeigten die Ruhrkohlepreise 1957-1962 absolut eine steigende Tendenz, so fielen die Preise in Rotterdam gleichzeitig markant. Aus diesen Preisentwicklungen, aber auch aufgrund der Subvention des Heizöls durch die Benzinpreise (BRD) und nicht zuletzt aufgrund der leichteren Handhabung des Öls erfolgte eine Verlagerung des Energiekonsums der Gemeinschaft von der Kohle auf das Öl. Während Frankreich wie auch Grossbritannien und die USA die Öleinfuhren kontingentierten, förderte die Bundesrepublik im Zeichen der neoliberalen Wirtschaftspolitik Ludwig Erhards den Wettbewerb auf dem Energiemarkt: 1953 befreite der Bundestag das Heizöl von der Mineralölsteuer, und 1956 wurde auch der Mineralölzoll aufgehoben.[233]

232 Vgl. OEEC: Robinson Report: Towards a New Energy Pattern in Europe. 1960. Europäische Gemeinschaft für Kohle und Stahl: 6. Gesamtbericht über die Tätigkeit der Gemeinschaft. Bd. 2. Luxemburg, 13. April 1958. Tabelle 12. pp. 388f, Tabelle 15. p. 393. Zu den energiepolitischen Auswirkungen der Suezkrise in Westeuropa 1956/57: Röndigs, Uwe: Globalisierung und europäische Integration… 2000. pp. 324-339.

233 Abelshauser, Werner: Der Ruhrkohlenbergbau seit 1945. Wiederaufbau, Krise, Anpassung. München 1984. p. 92.

## 5. Das Wettbewerbsrecht im Vertrag der Europäischen Wirtschaftsgemeinschaft

Die Verhandlungen zur Europäischen Wirtschaftsgemeinschaft bauten auf den Vorarbeiten und Erfahrungen des Montanunionsvertrags und den (gescheiterten) Verhandlungen zur Gründung einer Europäischen Politischen Gemeinschaft (EPG) auf.

### *5.1. Verhandlungen zur Europäischen Politischen Gemeinschaft: Die vom Wissenschaftlichen Beirat beim Bundeswirtschaftsministerium und der deutschen Delegation angestrebte Ausschaltung von privaten und staatlichen Wettbewerbsverfälschungen scheitert am Widerstand Frankreichs*

Die deutsche Delegation drängte in den Verhandlungen zur EPG von Anfang an auf die Festlegung von Wettbewerbsregeln und auf deren institutionelle Absicherung in der Gemeinschaft.[234] Das Bundeswirtschaftsministerium und das Auswärtige Amt verfolgten im Zeichen der neo- bzw. ordoliberalen Ordnungspolitik das Ziel, die wirtschafts- und finanzpolitischen Befugnisse der supranationalen Organisation der EPG an »gewisse allgemeine Grundsätze« zu binden. Insbesondere

234 Erhard, Ludwig: Schreiben an das Auswärtige Amt betr. Verhandlungen über die europäische wirtschaftliche Integration. Bezug: Beschluss der Aussenminister-Konfernz vom 24./26.2.1953. [Bonn], 4.3.1953. Typoskript. pp. 1f. Bundesarchiv Koblenz: B 102/11580. Heft 3. Wissenschaftlicher Beirat beim Bundeswirtschaftsministerium: Gutachten zur »Wirtschaftlichen Integration Europas« (24.4. – 1.5.1953). Gez. Erwin von Beckerath. Typoskript. Bonn, 10.6.1953. pp. 16f. Bundesarchiv Koblenz: B 102/11580. Heft 3. Bundesministerium für Wirtschaft (IA): Arbeitsunterlage. Bonn, 12.6.1953. Typoskript. p. 4. Bundesarchiv Koblenz: B 102/11411. Heft 1. Starkenborgh Stachouwer, Tjarda von: Erklärung. Konferenz für die Europäische Politische Gemeinschaft. Rom, 3.10.1953. Typoskript. p. 6. Bundesarchiv Koblenz: B 102/11411. Heft 1. Commission constitutionnelle. Assemblée ad hoc. Groupe de travail: Cinquième session. Tableau des positions prises à la conférence de Rome par les six délégations à l'égard des attributions économiques de la Communauté Politique Européenne (22.9. – 9.10.1953). Paris 11.11954. p. 21. Historisches Archiv der Europäischen Gemeinschaften, Florenz: PE 2/35. Deutsche Delegation: Dritter Bericht über die Arbeiten des Wirtschaftsausschusses der Studienkommission für die Schaffung einer Europäischen Politischen Gemeinschaft. Typoskript. Paris, 15.2.1954. pp. 1-3. Bundesarchiv Koblenz: B 102/11419. Heft 3. Commission constitutionnelle. Assemblée ad hoc. Groupe de travail: Cinquième session. Note sur la deuxième partie (questions économiques) du rapport (en date du 8 mars 1954) de la Commission pour la Communauté politique européenne aux Ministres des Affaires étrangères des six pays de la Communauté européenne du charbon et de l'acier. Typoskript. Strassburg, 10.5.1954. p. 11. Historisches Archiv der Europäischen Gemeinschaften, Florenz: PE 2/34.

hätte die Ausübung dieser Kompetenzen »im Rahmen einer allgemeinen Wettbewerbsordnung« zu erfolgen und wäre sicherzustellen, dass sich die supranationale Organisation als »Glied der Weltwirtschaft unter Ablehnung europäischer Autarkiebestrebungen« betätige.[235] Der Wissenschaftliche Beirat beim Bundeswirtschaftsministerium legte in seinem Gutachten zur *Wirtschaftlichen Integration Europas* (24.4.-1.5.1953) dar, dass die Verwirklichung des Gemeinsamen Marktes in erster Linie die Kräfte des freien Wettbewerbs nutzen sollte und der Wettbewerb nach der Beseitigung von Zöllen und mengenmässigen Beschränkungen nicht durch andere dirigistische wirtschaftspolitische Mittel eingeschränkt werden dürfte. Dieses Gutachten wurde den übrigen an den EPG-Verhandlungen beteiligten Delegationen unterbreitet. Die darin vertretenen ordoliberal geprägten Thesen, so auch die gegen Kartelle und Monopole gerichtete These 45,[236] wurden von ihnen nicht kritisiert.[237] Das Gutachten des Wissenschaftlichen Beirats beim Bundeswirtschaftsministerium bereitete für die Europäische Politische Gemeinschaft eine Abkehr von der interventionistischen Grundkonzeption vor, wie sie im EGKS-Vertrag vorherrschte. Im Spaak-Bericht (Ende März 1956) wurden daraus die Konsequenzen für den Gemeinsamen Markt und das System des unverfälschten Wettbewerbs gezogen.[238] Die Delegationen der Niederlande, Belgiens, Luxemburgs und Italiens folgten dem Entwurf der deutschen Delegation, der einen Zusammenhang zwischen privaten Wettbewerbsverfälschungen (wettbewerbsbeschränkenden Absprachen, marktbeherrschenden Unternehmen) und staatlichen Wettbewerbsverfälschungen (Subventionen, staatlichen Beihilfen) deutlich machte und beides gleichzeitig auszuschalten suchte. Für das Monopol- und Kartellverbot sollte das *Missbrauchsprinzip* gelten.[239] Die französische Delegation widersetzte sich hingegen der Festlegung von Wettbewerbs*regeln* im vorgesehe-

235 Bundesministerium für Wirtschaft (I A): Bericht über eine Besprechung im Auswärtigen Amt [13.1.1953] über Wirtschaftsverhandlungen zwischen den sechs Montan-Unions-Ländern. Bonn, 15.1.1953. Typoskript. p. 3. Bundesarchiv Koblenz: B 102/11418. Heft 2.

236 Wissenschaftlicher Beirat beim Bundeswirtschaftsministerium: Gutachten zur »Wirtschaftlichen Integration Europas« (24.4. – 1.5.1953)... pp. 16f. Bundesarchiv Koblenz: B 102/11580. Heft 3. Bundesministerium für Wirtschaft (IA): Arbeitsunterlage. Bonn, 12.6.1953. Typoskript. p. 17. Bundesarchiv Koblenz: B 102/11411. Heft 1.

237 Müller-Armack, Alfred: Erster Bericht über den Stand der Konferenzarbeit auf dem Gebiet der wirtschaftlichen Integration. Typoskript. p. 9. Rom, 1.10.1953. Bundesarchiv Koblenz: B 102/11411. Heft 1.

238 Mestmäcker, Ernst-Joachim: Auf dem Wege zu einer Ordnungspolitik für Europa. [= Eine Ordnungspolitik für Europa. FS für Hans von der Groeben zum 80. Geburtstag]. Mestmäcker, Ernst-Joachim/Möller, Hans/Schwarz, Hans-Peter (Hgg.). Baden-Baden 1987. pp. 20f.

239 Kommission für die Europäische Politische Gemeinschaft: Wirtschaftsausschuss: Aufzeichnung der deutschen Delegation über die Beseitigung wettbewerbsverfälschender Massnahmen und Praktiken. Typoskript. Paris, 2.3.1954. p. 1. Reproduktion. Politisches Archiv des Auswärtigen Amts: Abt. 2. Sekretariat für Fragen des Schuman-Plans. Historisches Archiv der Europäischen Gemeinschaften, Florenz: AA – PA – A8923. Vgl. auch: Deutsche Delegation: Art. 8. Beseitigung wettbewerbsverfälschender Massnahmen und Praktiken. Typoskript. Paris, 2.3.1954. p. 1. Bundesarchiv Koblenz: B 102/11414. Heft 2.

nen, jedoch gescheiterten EPG-Vertrag und bevorzugte statt dessen ein Bekenntnis zum *allgemeinen Prinzip des »normalen Spiels des Wettbewerbs«*, das voraussetzte, »dass die Mitgliedstaaten in dem errichteten gemeinsamen Markt diskriminierende, einschränkende oder wettbewerbsverfälschende Massnahmen und Praktiken ohne Rücksicht auf ihren Ursprung oder ihre Modalitäten beseitigen.«[240] Im Bericht der Kommission für die Europäische Politische Gemeinschaft an die Aussenminister (Paris, 12.12.1953-8.3.1954) konnte keine Einigung auf bestimmte *Wettbewerbsregeln bzw. allgemeine Prinzipien* erzielt werden.[241]

## *5.2. Paradigmawechsel in der Wahrnehmung internationaler Kartelle: Integration, Wohlstand und Friede durch Wettbewerbsordnung statt durch internationale Kartelle*

Die Wettbewerbsrechte in den sechs an den Verhandlungen um die EPG, an der Messina-Konferenz und an der Aushandlung des EWG-Vertragswerks beteiligten Staaten waren uneinheitlich. Während Belgien, Luxemburg und Italien (noch) keine nationale Kartellgesetzgebung kannten, folgten die Kartellgesetze bzw. deren Entwürfe in Deutschland, Frankreich und den Niederlanden unterschiedlichen Prinzipien: Herrschte in den Niederlanden für Kartelle das Missbrauchsprinzip mit der Möglichkeit vor, für bestimmte Fälle das Verbotsprinzip einzuführen,[242] so beruhte sowohl die französische als auch die deutsche Regelung zwar auf dem Verbotsprinzip, doch wurde in Frankreich gegen vertikale Verträge erheblich strenger als gegen Kartelle vorgegangen und galt in der Bundesrepublik

Auswärtiges Amt: Horizontale wirtschaftliche Integration Europas. Synopse von Äusserungen der Delegationen der Mitgliedstaaten der Montangemeinschaft in der Kommission für die Europäische Politische Gemeinschaft. Paris, Januar – März 1954. Typoskript. p. 8. Bundesarchiv Koblenz: B 102/11580. Heft 4.

240 Auswärtiges Amt: Horizontale wirtschaftliche Integration Europas. Synopse von Äusserungen der Delegationen der Mitgliedstaaten der Montangemeinschaft in der Kommission für die Europäische Politische Gemeinschaft. Paris, Januar – März 1954. Typoskript. p. 8. Vgl. Kommission für die Europäische Politische Gemeinschaft: Arbeitsunterlage. Aufzeichnung über die Wettbewerbsbedingungen auf dem gemeinsamen Markt. Typoskript. Paris, 15.1.1964. p. 5. Bundesarchiv Koblenz: B 102/11416. Heft 1.

241 Kommission für die Europäische Politische Gemeinschaft: Arbeitsunterlage. Grundsätze für das freie Spiel des Wettbewerbs. Typoskript. [Ohne Ort], 11.2.1954. p. 1. Bundesarchiv Koblenz: B 102/11416. Heft 1. Kommission für die Europäische Politische Gemeinschaft: Bericht an die Aussenminister. Zweiter Teil. Wirtschaftsfragen. Paris, 12.12.1953 – 8.3.1954. Typoskript. pp. 118-120. Bundesarchiv Koblenz: B 102/11414. Heft 1.

242 Europäische Wirtschaftsgemeinschaft – Kommission: Erster Gesamtbericht über die Tätigkeiten der Gemeinschaft vom 1. Januar 1958 bis 17. September 1958. Gekürzt abgedruckt unter dem Titel: Materialien zum EWG-Kartellrecht. In: WuW 9(1959). p. 51. Niederländischer Gesetzesentwurf über den wirtschaftlichen Wettbewerb vom Februar 1951. In: WuW 2(1952). Art. 8ff. pp. 544-548. Text des Niederländischen Gesetzes zur Regelung des wirtschaftlichen Wettbewerbs (Gesetz über den wirtschaftlichen Wettbewerb vom 28. Juni 1956). In: WuW 11(1961). Art. 19ff. pp. 30-38.

gerade das Gegenteil.[243] Exportkartelle waren von den nationalen Regelungen ausgenommen, und auf internationaler Ebene hatte sich ein allgemeiner Konsens zugunsten der gemässigten US-amerikanischen Richtung[244] abgezeichnet, wonach nur die schädlichen Auswirkungen internationaler Kartelle zu bekämpfen seien. Für das Zustandekommen einer Einigung in der Frage des Wettbewerbsrechts für den innergemeinschaftlichen zwischenstaatlichen Handel, für die Erlangung durchgreifender Kartellregeln wirkten sich die internationalen Ansätze, wie sie auch im Europarat-Entwurf einer Europäischen Konvention zur Kontrolle internationaler Kartelle (2. März 1951) in Erscheinung traten, in entscheidender Weise aus: Auf europäischer Ebene waren im Konventionsentwurf des Europarates bereits bedeutend weiterreichende Vorschläge zu einem europäischen Wettbewerbsrecht erzielt worden, als sie die UN-Kartellkommission für ein globales Wettbewerbsrecht aufstellen konnte. Im Gegensatz zu dem Entwurf der UN-Kartellkommission, welcher einer internationalen Kartellbehörde lediglich untersuchende, beratende, empfehlende und Publikationsfunktionen zuerkennen wollte, hatte der Vorschlag des Europarates die Registrierung aller internationalen Wettbewerbsbeschränkungen vorgesehen und einen *europäischen Gerichtshof* mit der Aufgabe betrauen wollen, die Schädlichkeit von Kartellverstössen festzustellen und Strafen zu verhängen. Beschwerden würden nicht nur durch die Mitgliedsregierungen, sondern auch durch Privatpersonen vorgebracht werden können.[245] In der Folge der verschiedenen Bestrebungen auf internationaler Ebene – auf der Welthandelskonferenz in Havanna, in der OEEC, im Europarat und im Wirtschafts- und Sozialrat der Vereinten Nationen –, zu einer Lösung in der Kartellfrage zu finden, begann ein Paradigmawechsel Platz zu greifen: Die Vorstellung, internationale Kartelle würden das Vertrauen der Staaten untereinander fördern[246] sowie den Weg zu einer europäischen Wirtschaftseinheit ebnen, wich der Einsicht in den friedens- und wohlfahrtsstiftenden Charakter einer Wettbewerbsordnung, welche Kartelle im zwischenstaatlichen Handel innerhalb des zu errichtenden Binnenmarktes überhaupt untersagte. Das Instrument, eine verbindliche Wettbewerbsordnung für den Aufbau friedlicher Wirtschaftsbeziehungen zu schaffen, wurde von der internationalen auf die supranationale Ebene übertragen mit dem Ziel, ein Verbot von Kartellen und von missbräuchlicher Ausnutzung marktbeherrschender Stellungen als Mittel zur Verständigung und Annäherung der sechs Nationen zu benutzen.

243 Günther, Eberhard: Vereinheitlichung der Wettbewerbsbedingungen im europäischen Raum... p. 760.

244 Document E/2030, June 22, 1951/ UN-ECOSOC of the US-Government on Restrictive Business Practices, abgedruckt unter dem Titel: Dokumente des UN-Wirtschafts- und Sozialrates zum Wettbewerbs- und Kartellproblem. In: WuW 1(1951). pp. 75-77.

245 Europarat-Entwurf einer Europäischen Konvention zur Kontrolle internationaler Kartelle. Committee of Ministers. 7th session. Strassburg, 2.3.1951. Memorandum on the proposal of the Consultative Assembly for the preparation of a European Convention for the International Cartels. In: WuW 2(1952). pp. 296-302.

### 5.3. *Neoliberale Forderung nach einer Ordnungspolitik für den Gemeinsamen Markt – bindende Verhandlungsgrundlage der deutschen Delegation*

Nach dem Scheitern von EVG und EPG hielt die Bundesrepublik unvermindert an der Festlegung von Wettbewerbsregeln bei einer Ausweitung der europäischen Integration zu einem Gemeinsamen Markt fest. Da Pläne für eine Ausdehnung der sektoralen Integration vom Kohle- und Stahlsektor auf die Bereiche Gas, Elektrizität, Atomenergie und Verkehr auf politischen Widerstand stiessen, entwarfen Monnet und Uri eine Gemeinsame Erklärung der Sechs, welche die sektorale Integration auf die Bereiche Verkehr und Energie ausweitete und mit einer »allgemeinen Integration der Wirtschaft« verband (13.4.1955). Eine Delegiertenkonferenz der Sechs sollte die entsprechenden Vertragstexte ausarbeiten. Bereits in diesem frühen Stadium der »relance« brachte Müller-Armack in einer Besprechung mit Etzel in Baden-Baden am 26.4.1955 die »Entwicklung gemeinschaftlicher Spielregeln der ökonomischen Beziehungen in einem vereinigten Europa durch Abbau von Zöllen, Wettbewerbsbeschränkungen, Diskriminierungen [und] Subventionen [jeweils] in ihrem gesamten funktionellen Umfang« ein.[247] Der Begriff der »Spielregel« war von Böhm als zentrale Kategorie ins Wettbewerbsrecht eingeführt worden. Gestützt auf die liberale Überzeugung von der Produktivität der Freiheit, des Eigentums und des Wettbewerbs, hatte der europäische Neo- und Ordoliberalismus »Spiehregeln« (Böhm 1933, Eucken 1940/1948, Röpke 1944/ 1948/ 1950, Müller-Armack 1949, Erhard 1954/ 1955)[248] für die freie Marktwirtschaft entwickelt, welche vom Staat und von den Wirtschaftspartnern einzuhalten

246 Der Bericht vom August 1931, der aus der Beschäftigung des Sachverständigenausschusses der Europakommission des Völkerbundes mit der Bedeutung internationaler Industriekartelle im Rahmen einer europäischen Zusammenarbeit hervorging, hielt fest, dass internationale Industriekartelle durch Schaffung einer Atmosphäre des Vertrauens zur »Bewirkung der europäischen Wirtschaftseinheit« beitragen könnten. Diesem Gedanken ist seit 1931 immer wieder Ausdruck verliehen worden. Er kam ebenso in der Debatte des Wirtschafts- und Sozialrates der Vereinten Nationen über die Charta für eine Internationale Handelsorganisation wie in den Erörterungen des Europarates über die europäische Konvention zur Kontrolle internationaler Kartelle zur Sprache. Vgl. Günther, Eberhard: Europäische Konvention zur Kontrolle internationaler Kartelle. In: WuW 1/2(1952). p. 244. Karl L. Herczec empfiehlt eine »funktionale Integration« auf privatrechtlichem Weg, d.h. über Kartelle, um die europäischen Nationalwirtschaften zu einem europäischen Einheitsmarkt zu integrieren. Herczec, Karl L.: Die Vereinheitlichung der europäischen Kartellgesetzgebung im Dienste der wirtschaftlichen Integration. [= Wirtschaftsberichte der Creditanstalt-Bankverein]. Wien 1952.

247 Müller-Armack, [Alfred] – Etzel, [Franz]: Unterredung in Baden-Baden am 26.4.1955. Typoskript. p. 1 Bundesarchiv Koblenz: B102/11580. Heft 4.

248 Böhm, Franz: Wettbewerb und Monopolkampf. Berlin 1933. p. 322, p. 239. Dazu: Mestmäcker, Ernst-Joachim: Über die Rolle des Rechts in spontanen Ordnungen. Typoskript. Paper für das Special European Meeting der Mont Pèlerin Society im April 1977 in Amsterdam. p. 13. Nachlass Friedrich A. von Hayek Box 87. Hoover Institution Archives, Stanford University, CA (USA). Eucken, Walter: Die Grundlagen der Nationalökonomie... 1940. p. 156. Eucken, Walter: Wirtschaftspolitik am toten Punkt II. In: NZZ 20.7.1948.

wären.[249] Die Ausarbeitung von Regeln für einen nichtverfälschten Wettbewerb innerhalb der Gemeinschaft, der insbesondere nationale Diskriminierung ausschliesst, ging neben der Liberalisierung des Waren-, Kapital-, Dienstleistungsverkehrs, der Freizügigkeit der Arbeitnehmer und dem Zollabbau als Massnahmen für eine enge wirtschaftliche Zusammenarbeit der Sechs in das Memorandum der Bundesregierung über die Fortführung der Integration (Messina, 1. Juni 1955) ein.[250] An der Messina-Konferenz (1. – 2. Juni 1955) und an der Brüsseler Vorkonferenz zur Fortführung und Erweiterung der Europäischen Integration (8./ 9. Juli 1955 – April 1956) liessen sich die deutschen Vertreter von zwei miteinander verbundenen Grundsätzen leiten: 1. »Der Gemeinsame Markt hat den freien Wettbewerb zum Ziel.« 2. »Der Gemeinsame Markt ist vereinbar mit der bereits bestehenden multilateralen Zusammenarbeit der europäischen Staaten.«[251] Die neoliberale Forderung nach einer Ordnungspolitik für den zu errichtenden Gemeinsamen Markt wurde per Beschluss des Bundeskabinetts vom 9. Mai 1956 zur bindenden Verhandlungsgrundlage der deutschen Delegation: »Es sollen Vereinbarungen getroffen werden a) über Wettbewerbsregeln, die wettbewerbsverfälschende Eingriffe der Staaten und der Kartelle sowie Monopole verhindern sol-

Nr. 1535. Röpke, Wilhelm: Civitas humana.... 1944. p. 76. Röpke, Wilhelm: Die Gesellschaftskrisis der Gegenwart. 6. Auflage (folgt der 5. Auflage von 1948). Erlenbach – Zürich 1979. p. 310. Röpke, Wilhelm: Mass und Mitte. Erlenbach – Zürich 1950. p. 142. Müller-Armak, Alfred: Ordnung und Freiheit. Referat erstattet an der Tagung der Evangelischen Akademie am 12.6.1949. Typoskript. p. 8, p. 10, p. 12. Nachlass Alfred Müller-Armack: ACDP I – 236 – 055/1. Archiv für Christlich-Demokratische Politik der Konrad-Adenauer-Stiftung, Sankt Augustin (Bonn). Erhard, Ludwig: Das GATT als Clearing-Haus der Handelspolitik... 12. November 1954. p. 1941. Erhard, Ludwig: Gedanken zu dem Problem der Kooperation oder der Integration. Private Studie. März 1955. Typoskript. p. 8. Nachlass Ludwig Erhard: NE I 4) 53. Ludwig-Erhard-Stiftung, Bonn. Vgl. auch Eucken, Walter: Die Politik zur Herstellung der Wettbewerbsordnung. Zuerst 1952. [= Grundtexte zur Sozialen Marktwirtschaft. Zeugnisse aus zweihundert Jahren ordnungspolitischer Diskussion]. Stützel, Wolfgang/Watrin, Christian et al. (Hgg.). Stuttgart – New York 1981. pp. 160f. Bresciani-Turroni, Costantino: Free Enterprise versus Economic Planning (Mai 1953)... 1964. p. 172.

249 Vgl. Wegmann, Milène: Früher Neoliberalismus und europäische Integration. Kapitel III 1.2. Die neo-/ordoliberale Korrektur am laissez faire-Liberalismus auf dem Gebiet des internationalen Handels: Rahmenpolitik und liberaler Interventionismus auf nationaler und internationaler Ebene. pp. 248ff.

250 Memorandum der Bundesregierung über die Fortführung der Integration. Tagung der Aussenminister der Mitgliedstaaten der Montangemeinschaft. Messina, 1. Juni 1955. Typoskript. Anlage 5. p. 3. Reproduktion. Historisches Archiv der Europäischen Gemeinschaften, Florenz: CM3. Nego 006. Cass 1. Fiche 9.

251 Groeben, Hans von der: Wortbeitrag in: Protokoll der Staatssekretärsbesprechung vom 14.4.1956 im Auswärtigen Amt. Betr.: Abschluss der Brüsseler Vorkonferenz für Fortführung und Erweiterung der Europäischen Integration. Bonn, 14.4.1956. Typoskript. p. 2. Reproduktion Bundesarchiv Koblenz: Bundeskanzleramt B 136/1312. Fiche 7.

len, b) über Bestimmungen für die Berichtigung vorhandener Wettbewerbsverzerrungen, [...].«[252]

## 5.4. *Intégrer au préalable pour pouvoir libérer statt libérer pour intégrer (Direction des Affaires Economiques et Financières)*

Belastet durch die Überbewertung des Franc, die teilweise veralteten Strukturen der französischen Industrie, das System der sozialen Sicherheit und das französische Steuersystem, das die Produktion stärker behinderte, als in den anderen fünf Staaten, legte die französische Delegation in den Expertenberatungen 1955-1956 auf die Behandlung der staatlichen Beihilfen und der sozialen Harmonisierung Wert.[253] Die Direction des Affaires Economiques et Financières beurteilte den Spaak-Bericht als »purement libéral«, da der Abbau von Zöllen und Kontingenten dazu diene, die »wirtschaftliche Integration« mittels des Spiels des Wettbewerbs anzustreben.[254] Anstelle der Formel »libérer pour intégrer« sprach sich die Direction für die Formel »intégrer au préalable pour pouvoir libérer« aus.[255] Um die Wirtschaft nicht den Interessen der Privatwirtschaft auszuliefern, wären die vorhergehenden Massnahmen zur Integration durch die Staaten zu beaufsichtigen und sogar finanziell zu kontrollieren. Der Vorschlag, die Sechs sollten Finanzierungsgesellschaften in den wichtigsten Industriezweigen gründen, die die

252 Beschluss des Bundeskabinetts vom 9. Mai 1956. Typoskript. (Zitat) p. 1. Microfiche A9032. Politisches Archiv des Auswärtigen Amts, Bonn. Vgl. Aufzeichnung betr. Ressortbesprechung auf der Ebene der Abteilungsleiter und Staatssekretäre am 18. Mai 1956: Sprechzettel. Bonn, 17. Mai 1956. Typoskript. gez. Müller-Roschach. p. 2. Reproduktion. Politisches Archiv des Auswärtigen Amts: Fiche A9035. Aufzeichnung: Bericht des Bundesaussenministers zur allgemeinen aussenpolitischen Lage am 6. Juni d.J. vor dem Auswärtigen Ausschuss des Bundestages. Venedig, 31. Mai 1956. Typoskript. gez. Müller-Roschach. p. 2. Reproduktion. Politisches Archiv des Auswärtigen Amts: Fiche A9037. Stellungnahme zum »vorläufigen Entwurf von Thesen zu den Brüsseler Integrationsverhandlungen« des Bundeswirtschaftsministeriums. gez. Hartlieb. Bonn, 6.9.1956. Typoskript. p. 4. Politisches Archiv des Auswärtigen Amts: Fiche A9044. Erhard, Ludwig: Kabinettsvorlage betr. Brüsseler Regierungskonferenz für del Gemeinsamen Markt und Euratom. Gemeinsamer Markt. Bonn, 2.10.1956. Typoskript. p. 8. Politisches Archiv des Auswärtigen Amts: Fiche A9048. Abschrift betr. Gemeinsamer Markt – Kabinettsitzung vom 5.10.1956. Anlage zu Brief Ludwig Erhards an Walter Hallstein. Bonn, 9.10.1956. Typoskript. p. 5. Bundesarchiv Koblenz: Bundeskanzleramt B102/11580. Heft 5.

253 Abteilung IA1: Zur Problematik der europäischen Integration (Brüsseler Regierungskonferenz) nach der Aussenminister-Konferenz vom 20./21.10.1956. Typoskript. p. 2. Bundesarchiv Koblenz: Bundeskanzleramt B102/11580. Heft 5.

254 Direction des Affaires Economiques et Financières: Note pour Monsieur Maurice Faure. 3.5.1956. Typoskript. p. 3. Ministère des Affaires Etrangères. Deposita: Historisches Archiv der Europäischen Gemeinschaften, Florenz: MAEF OW 31.

255 Direction des Affaires Economiques et Financières: Note pour Monsieur Maurice Faure. 3.5.1956... p. 2.

absolute oder relative Mehrheit des Kapitals kontrollieren sollten,[256] verriet sehr weitgehende staatssozialistische Absichten, die mit den ordnungspolitischen Vorstellungen der deutschen Delegation für den Gemeinsamen Markt unvereinbar waren.

### *5.5. Grundlegende Mitarbeit führender Neoliberaler an der Ausgestaltung der Wettbewerbsregeln im EWG-Vertrag*

Der in der zeitgenössischen Publizistik erhobene Vorwurf, die Neoliberalen gingen von einer realitätsfernen Theorie des vollkommenen Wettbewerbs aus und verzichteten auf die Mitgestaltung des Europäischen Wettbewerbsrechts,[257] steht im Widerspruch zu der nachweisbaren und grundlegenden Mitarbeit führender Neoliberaler an der Ausgestaltung der Wettbewerbsregeln im EWG-Vertrag. Müller-Armack vertrat die Bundesrepublik gemeinsam mit von der Groeben, Harkort und Matz in der Commission du marché commun, des investissements et des problèmes sociaux,[258] der es unter anderem oblag, die »règles assurant la concurrence loyale dans le marché commun notamment par le contrôle des pratiques de dumping et de cartel« zu untersuchen.[259] Bundeswirtschaftsminister Erhard setzte sich während der gesamten Zeit der Vorbereitungen und Expertenberatungen für die Verpflichtung der deutschen Delegation auf den Wettbewerb als Ordnungsprinzip des Gemeinsamen Marktes ein.[260] Der Wissenschaftliche Beirat beim Bundeswirtschaftsministerium, der seit seiner Errichtung von neo- und ordoliberalen Wirtschaftswissenschaftern bestimmt war, begleitete die Verhand-

256 Direction des Affaires Economiques et Financières: Note pour Monsieur Maurice Faure. 3.5.1956... p. 3.

257 Neoliberalismus und Gemeinsamer Markt – Die Freiburger Schule beraubt sich ihrer Einflussmöglichkeiten. In: Der Volkswirt 11.2.1961. Heft 6. pp. 220-222.

258 Comité intergouvernemental créé par la Conférence de Messine: Liste des membres [du Comité intergouvernemental créé par la Conférence de Messine]. Brüssel, 18.7.1955. Reproduktion. Historisches Archiv der Europäischen Gemeinschaften, Florenz: CM2. Nego 22. Cass 2. Fiche 8.

259 Comité intergouvernemental créé par la Conférence de Messine: Projet de Directive n° 1 du Comité Directeur à l'adresse de la Commission du Marché Commun, des investissements et des problèmes sociaux. Typoskript. Brüssel, 20.7.1955. p. 2. Reproduktion. Historisches Archiv der Europäischen Gemeinschaften, Florenz: CM3. Nego 39. Cass 2. Fiche 23.

260 Niederschrift über die Besprechung vom 7. Juli 1955 unter Vorsitz des Vizekanzlers Blücher betr. Weisung an den Deutschen Vertreter bei der Vorbereitung der Brüsseler Vorkonferenz (Integration). Typoskript. p. 7. Reproduktion. Bundesarchiv Koblenz: Bundeskanzleramt B 136/1310. Fiche 2. Protokoll der Ressortbesprechung betr. Brüsseler Integrationskonferenz/Gemeinsamer Markt vom 8.9.1956. Protokoll ohne Datum. Typoskript. p. 6. Reproduktion. Politisches Archiv des Auswärtigen Amts, Bonn: Fiche A9046. Erhard, Ludwig: Kabinettsvorlage betr. Brüsseler Regierungskonferenz für den Gemeinsamen Markt und Euratom. Gemeinsamer Markt. Bonn, 2.10.1956. Typoskript. p. 8. Politisches Archiv des Auswärtigen Amts: Fiche A9048.

lungen mit zahlreichen grundsätzlichen Stellungnahmen, die auf eine europäische Wettbewerbsordnung abhoben.

### 5.6. *Wiederaufnahme des neoliberalen Konzepts des unverfälschten Wettbewerbs aus den Verhandlungen zur Europäischen Politischen Gemeinschaft im Spaak-Bericht*

Die Beratungen für den Gemeinsamen Markt, die ab Juni 1956 auf der Grundlage des Berichts von Spaak und unter dessen Vorsitz geführt wurden, gingen von den Ergebnissen der EPG-Verhandlungen aus.[261] Das neoliberale Konzept, sowohl öffentliche als auch private wettbewerbsverfälschende Massnahmen mit den Wettbewerbsregeln zu erfassen, war von den Verhandlungen zur EPG unmittelbar in das Document de travail relatif aux facteurs susceptibles d'influencer le jeu de la concurrence (2.8.1955)[262] übernommen und blieb die Grundlage auch der definitiven Fassung der Wettbewerbsartikel.[263] Die bisherigen Ansätze zu einer internationalen Regelung des Problems wirtschaftlichen Machtmissbrauchs in der Havanna-Charta, im Projekt einer Konvention des Europarats zur Kontrolle internationaler Kartelle und in der Resolution des Wirtschafts- und Sozialrats der UNO vom 26. Mai 1955, aber auch in den Wettbewerbsartikeln des Montanunionsvertrags wurden zu Beginn der Expertenberatungen herangezogen.[264] Von der Ein-

261 Vgl. Ophüls, Carl Friedrich: Wortbeitrag. Protokoll der Staatssekretärsbesprechung vom 14.4.1956 im Auswärtigen Amt betr. Abschlussbericht der Brüsseler Vorkonferenz zur Fortführung und Erweiterung der Europäischen Integration. Typoskript. p. 1. Reproduktion. Bundesarchiv Koblenz: Bundeskanzleramt B 136/1312. Fiche 7.

262 Comité intergouvernemental créé par la Conférence de Messine: Commission du marché commun des investissements et des problèmes sociaux: Document de travail relatif aux facteurs susceptibles d'influencer le jeu de la concurrence. Brüssel, 2.8.1955. Typoskript. pp. 3-6. Reproduktion. Historisches Archiv der Europäischen Gemeinschaften, Florenz: CM 3/Nego 36/Cass 2. Fiche 23.

263 Comité intergouvernemental créé par la Conférence de Messine: Commission du marché commun des investissements et des problèmes sociaux: Document de travail concernant la réglementation de la concurrence dans le marché commun. Brüssel, 14.9.1955. Typoskript. pp. 1-3. Reproduktion. Historisches Archiv der Europäischen Gemeinschaften, Florenz: CM 3/Nego 37/Cass 2. Fiche 25. Bundesminister des Auswärtigen/Bundesminister für Wirtschaft: Bericht über den gegenwärtigen Stand der Beratungen der Brüsseler Vorkonferenz zur Erweiterung der Europäischen Integration. Bonn, 5.11.1955. Typoskript. Anlage 2. p. 12f. Bundesarchiv Koblenz: Bundeskanzleramt B 136/1310. Fiche 5. Regierungsausschuss eingesetzt von der Konferenz von Messina: Bericht der Delegationsleiter an die Aussenminister. [= Spaak-Bericht]. Brüssel, 21.4.1956. pp. 57-63. Historisches Archiv der Europäischen Gemeinschaften, Florenz: MAE 120d/56. Vertrag zur Gründung der Europäischen Wirtschaftsgemeinschaft Art. 85-102.

264 Comité intergouvernemental créé par la Conférence de Messine: Commission du marché commun des investissements et des problèmes sociaux: Document de travail relatif aux facteurs susceptibles d'influencer le jeu de la concurrence. Brüssel, 2.8.1955. Typoskript. Anlagen. Reproduktion. Historisches Archiv der Europäischen Gemeinschaften, Florenz: CM 3/Nego 36/Cass 2. Fiche 23.

führung eines einheitlichen nationalen Wettbewerbsrechts in allen Mitgliedstaaten wurde schon in den Beratungen der Brüsseler Vorkonferenz abgesehen.[265]

Die Ausführungen des Spaak-Berichts zu den Wettbewerbsregeln erfassten sowohl Normen für das Verhalten der Unternehmen als auch Regeln für die Beihilfen der Staaten. Die Delegationsleiter hatten sich darauf geeinigt, der Vertrag müsse »grundsätzliche Regeln« für das Vorgehen gegen Diskriminierungen aufgrund marktbeherrschender Stellungen festsetzen, die von Monopolen oder Absprachen ausgehen; Der Vertrag müsse »allgemeine Vorschriften enthalten, die verhindern, dass marktbeherrschende Stellungen und missbräuchliche Praktiken die Verwirklichung des gemeinsamen Marktes vereiteln,«[266] so insbesondere: eine Aufteilung der Märkte durch Absprachen, Abkommen, die auf eine Einschränkung der Produktion oder eine Begrenzung der technischen Fortschritte abzielen und die völlige oder teilweise Beherrschung der Märkte eines Produktes durch ein einziges Unternehmen. Eine Festlegung auf das Verbots- bzw. das Missbrauchsprinzip enthielt der Bericht der Delegationsleiter an die Aussenminister nicht, jedoch weist die nachfolgende Empfehlung auf das Erfordernis hin, Wettbewerbs*regeln* im eigentlichen Sinne zu definieren und nicht nur ein Bekenntnis zu allgemeinen Wettbewerbsprinzipien festzuhalten: »Die in den Vertrag aufzunehmenden Grundsätze müssen so genau sein, dass es der Europäischen Kommission möglich ist, allgemeine Durchführungsverordnungen zu erlassen, die der Versammlung zur Zustimmung vorgelegt werden müssen. Gegenstand dieser Verordnungen wäre die Konkretisierung der Regeln über Diskriminierung, die Einrichtung einer Kontrolle der Zusammenschlüsse, die Verwirklichung eines Verbots der Absprachen, die eine Aufteilung oder Ausbeutung der Märkte, eine Einschränkung der Produktion oder des technischen Fortschritts zur Folge haben können.«[267] Der Spaak-Bericht legte nicht abschliessend fest, ob sich die gemeinsamen Regeln und Verfahren auf Praktiken beschränken würden, die den zwischenstaatlichen Handel beeinträchtigen.

265 Bundesminister des Auswärtigen/Bundesminister für Wirtschaft: Bericht über den gegenwärtigen Stand der Beratungen der Brüsseler Vorkonferenz zur Erweiterung der Europäischen Integration. Bonn, 5.11.1955. Typoskript. Anlage 2. p. 13. Bundesarchiv Koblenz: Bundeskanzleramt B 136/1310. Fiche 5.

266 Regierungsausschuss eingesetzt von der Konferenz von Messina: Bericht der Delegationsleiter an die Aussenminister. [= Spaak-Bericht]. Brüssel, 21.4.1956. p. 59. Historisches Archiv der Europäischen Gemeinschaften, Florenz: MAE 120d/56.

267 Regierungsausschuss eingesetzt von der Konferenz von Messina: Bericht der Delegationsleiter an die Aussenminister. [= Spaak-Bericht]. Brüssel, 21.4.1956. p. 60.

### 5.7. *Durchsetzung der von der deutschen Delegation angestrebten Wettbewerbsregeln in den Verhandlungen der Arbeitsgruppe Gemeinsamer Markt: Verbot internationaler Absprachen mit Genehmigungsvorbehalt und Verbot des Missbrauchs einer marktbeherrschenden Stellung auf dem Gemeinsamen Markt*

Bei der Aushandlung der Wettbewerbsartikel des EWG-Vertrags trat die deutsche Delegation zuerst allein für eine Differenzierung zwischen Kartellen und Monopolen ein, während die Delegationen Frankreichs, Belgiens und der Niederlande Kartelle und Monopole gleich behandeln wollten.[268] Nach dem Vorbild des von den Ordoliberalen mitgestalteten Entwurfs des Deutschen Gesetzes gegen Wettbewerbsbeschränkungen sahen Müller-Armack und die deutsche Delegation ein Kartellverbot mit Genehmigungsvorbehalt und ein Monopolmissbrauchsverbot vor.[269] Die französischen Unterhändler hatten zur Zeit der Brüsseler Vorkonferenz im Oktober 1955 Kartelle und Monopole dem Prinzip des Missbrauchsverbots unterstellen wollen,[270] sprachen sich dann aber zu Beginn der Verhandlungen des *Groupe du marché commun* im September 1956 in beiden Fällen für das Verbotsprinzip aus. Die Delegationen Belgiens und der Niederlande optierten im September 1956 zunächst für die Einführung einer Missbrauchskontrolle für interna-

268 Conférence intergouvernementale pour le marché commun et l'EURATOM. Secrétariat: Tableau synoptique des projets d'articles soumis par les délégations concernant les règles de concurrence applicables aux entreprises. Brüssel, 18.9.1956. Reproduktion. Historisches Archiv der Europäischen Gemeinschaften, Florenz: CM 3/Nego 236/E 13.

269 Ophüls, Carl Friedrich: Fernschreiben ans Auswärtige Amt. Betr. Brüsseler Integrationskonferenz; Arbeitsgruppe »Gemeinsamer Markt«. Sitzung vom 4. September 1956. Brüssel, 5.9.1956. Typoskript. p. 1. Reproduktion. Politisches Archiv des Auswärtigen Amts, Bonn: Fiche A9044. Sécretariat: Groupe du Marché Commun, 3.-4.9.1956. Mémento interne. Brüssel, 7.9.1956. Typoskript. p. 5. Reproduktion. Historisches Archiv der Europäischen Gemeinschaften, Florenz: CM 3/Nego 135/Cass. 8/Fiche 23. Conférence intergouvernementale pour le marché commun et l'EURATOM. Groupe du marché commun: Projet de procès-verbal des réunions du Groupe tenues à Bruxelles les 3, 4, 5 septembre 1956. Brüssel, 10.9.1956. Typoskript. pp. 2f. Reproduktion. Historisches Archiv der Europäischen Gemeinschaften, Florenz: CM 3/Nego 135/Cass. 8/Fiche 23. Conférence intergouvernementale pour le marché commun et l'EURATOM. Secrétariat: Tableau synoptique des projets d'articles soumis par les délégations concernant les règles de concurrence applicables aux entreprises. Brüssel, 18.9.1956. Reproduktion. Historisches Archiv der Europäischen Gemeinschaften, Florenz: CM 3/Nego 236/E 13. Erhard, Ludwig: Kabinettsvorlage betr. Brüsseler Regierungskonferenz für den Gemeinsamen Markt und Euratom. Gemeinsamer Markt. Bonn, 2.10.1956. Typoskript. p. 8. Politisches Archiv des Auswärtigen Amts: Fiche A9048.

270 Comité intergouvernemental créé par la Conférence de Messine: Mémorandum de la délégation française sur l'établissement d'un marché commun général. Brüssel, 14.10.1955. Typoskript. p. 6. Reproduktion. Historisches Archiv der Europäischen Gemeinschaften, Florenz: CM 3/Nego 039/Cass. 2/Fiche 30.

tionale Kartelle und Monopole.[271] Die Entscheidung der einzelnen Delegationen zugunsten des Verbots- bzw. Missbrauchskonzepts entsprach jeweils der Wettbewerbsgesetzgebung auf nationaler Ebene, sofern sie in den einzelnen Mitgliedstaaten bereits in Kraft war bzw. als Entwurf vorlag. Die Einigung über gemeinschaftliche Wettbewerbsregeln wurde durch drei Probleme erschwert: Erstens wollte die französische Delegation weder die Wettbewerbsartikel[272] noch das nach ihrer Auffassung mit den Wettbewerbsregeln zusammenhängende Diskriminierungsverbot[273] auf den internationalen Handel zwischen den Staaten der Gemeinschaft beschränken. Zweitens trat die französische Delegation für ein weit ausgelegtes allgemeines Diskriminierungsverbot auch bei nicht marktbeherrschenden Unternehmen ein, während die deutsche auf einer restriktiven Formulierung dieses Verbots beharrte[274] und den Artikel über das Diskriminierungsverbot aus dem Kapitel »Wettbewerb« überhaupt zu streichen beabsichtigte.[275] Das Diskriminiungsverbot sollte sich nach der Auffassung Erhards bzw. der deutschen Delegation im EWG-Vertrag ausschliesslich auf Fälle eines gezielten Schädigungswettbewerbs oder einer Benachteilgung aus Gründen der Staatsangehö-

271 Conférence intergouvernementale pour le marché commun et l'EURATOM. Secrétariat: Tableau synoptique des projets d'articles soumis par les délégations concernant les règles de concurrence applicables aux entreprises. Brüssel, 18.9.1956. Reproduktion. Historisches Archiv der Europäischen Gemeinschaften, Florenz: CM 3/Nego 236/E 13.

272 Sécretariat: Groupe du Marché Commun, 3.-4.9.1956. Mémento interne. Brüssel, 7.9.1956. Typoskript. p. 4. Reproduktion. Historisches Archiv der Europäischen Gemeinschaften, Florenz: CM 3/Nego 135/Cass. 8/Fiche 23.

273 Conférence intergouvernementale pour le marché commun et l'EURATOM. Secrétariat: Tableau synoptique des projets d'articles soumis par les délégations concernant les règles de concurrence applicables aux entreprises. Brüssel, 18.9.1956.

274 Ophüls, Carl Friedrich: Fernschreiben ans Auswärtige Amt. Betr. Brüsseler Integrationskonferenz; Arbeitsgruppe »Gemeinsamer Markt«. Sitzung vom 4. September 1956. Brüssel, 5.9.1956. Typoskript. p. 1. Reproduktion. Politisches Archiv des Auswärtigen Amts, Bonn: Fiche A9044. Sécretariat: Groupe du Marché Commun, 3. – 4.9.1956. Mémento interne. Brüssel, 7.9.1956. Typoskript. pp. 2f. Reproduktion. Historisches Archiv der Europäischen Gemeinschaften, Florenz: CM 3/Nego 135/Cass. 8/Fiche 23. Conférence intergouvernementale pour le marché commun et l'EURATOM. Secrétariat: Tableau synoptique des projets d'articles soumis par les délégations concernant les règles de concurrence applicables aux entreprises. Brüssel, 18.9.1956. Reproduktion. Historisches Archiv der Europäischen Gemeinschaften, Florenz: CM 3/Nego 236/E 13.

275 Sécretariat: Groupe du Marché Commun, 3. – 4.9.1956. Mémento interne. Brüssel, 7.9.1956. Typoskript. p. 3. Reproduktion. Historisches Archiv der Europäischen Gemeinschaften, Florenz: CM 3/Nego 135/Cass. 8/Fiche 23. Conférence intergouvernementale pour le marché commun et l'EURATOM. Groupe du marché commun: Projet de procès-verbal des réunions du Groupe tenues à Bruxelles les 3, 4, 5 septembre 1956. Brüssel, 10.9.1956. Typoskript. pp. 1f. Reproduktion. Historisches Archiv der Europäischen Gemeinschaften, Florenz: CM 3/Nego 135/Cass. 8/Fiche 23.

rigkeit im internationalen innergemeinschaftlichen Handel beziehen.[276] Im internationalen Handel Diskriminierung aufgrund der Nationalität auszuschliessen, war aus neoliberaler Sicht ein wesentliches Ziel der Integrationsverhandlungen. Die von der französischen Delegation bevorzugte weite Auslegung des Diskriminierungsverbots beinhaltete jedoch die Gefahr, den Wettbewerb als Ordnungsprinzip des Gemeinsamen Marktes auszuschalten, da ein jeder Handelsvertrag aufgrund eines weit gefassten Diskriminierungsverbots als rechtswidrig und ungültig erklärt werden müsste. Das dritte Problem lag in der unterschiedlichen Bedeutung der Begriffe »entente« und »Kartell«. Da der französische Begriff weiter gefasst war als der deutsche, suchte Donnedieu de Vabres (F) eine weichere Formulierung für das Verbot von Absprachen.[277] Der deutsche Entwurf eines Kartellverbots mit Genehmigungsvorbehalt, das Kartelle mit Ausnahmegenehmigung wiederum der Missbrauchskontrolle bzw. dem Missbrauchsverbot unterstellt,[278] eignete sich bei den auseinandergehenden Auffassungen der anderen Delegationen als Kompromissvorschlag.

Die Entwürfe der Wettbewerbsbestimmungen hingen von den nationalen Interessen der Regierungen und deren Urteil über die Wetttbewerbsfähigkeit der eigenen Wirtschaft auf dem zukünftigen Gemeinsamen Markt ab. Die Bundesregierung vertraute auf die Konkurrenzfähigkeit und Leistungsstärke der sich im Aufbau befindenden deutschen Industrie. Die französische Regierung hingegen sah sich mit der Forderung des Patronats nach einer Verbesserung der wirtschafts-, sozial- und steuerpolitischen Rahmenbedingungen in Frankreich konfrontiert: Verminderung der hohen Steuer- und Soziallasten, um die Strukturreformen der französischen Wirtschaft zu erleichtern und die internationale Konkurrenzfähigkeit der französischen Wirtschaft zu fördern; Aufgabe von Preisfestsetzungen; Verminderung der staatlichen Interventionen auf dem Kapitalmarkt; Begünstigung

276 Erhard, Ludwig: Kabinettsvorlage betr. Brüsseler Regierungskonferenz für den Gemeinsamen Markt und Euratom. Gemeinsamer Markt. Bonn, 2.10.1956. Typoskript. p. 8. Politisches Archiv des Auswärtigen Amts: Fiche A9048. Abschrift betr. Gemeinsamer Markt – Kabinettsitzung vom 5.10.1956. Anlage zu Brief Ludwig Erhards an Walter Hallstein. Bonn, 9.10.1956. Typoskript. p. 5. Bundesarchiv Koblenz: Bundeskanzleramt B102/11580. Heft 5. Conférence intergouvernementale pour le marché commun et l'EURATOM. Secrétariat: Tableau synoptique des projets d'articles soumis par les délégations concernant les règles de concurrence applicables aux entreprises. Brüssel, 18.9.1956. Reproduktion. Historisches Archiv der Europäischen Gemeinschaften, Florenz: CM 3/Nego 236/E 13. Ressortbesprechung im Bundesministerium für Wirtschaft am 2.11.1956 betr. Brüsseler Regierungskonferenz für den Gemeinsamen Markt und Euratom. Vorbereitung der 2. Lesung von Artikelentwürfen über den Gemeinsamen Markt. Bonn, 3.11.1956. Typoskript. p. 2. Reproduktion. Politisches Archiv des Auswärtigen Amts: Fiche A9052.

277 Sécretariat: Groupe du Marché Commun, 3. – 4.9.1956. Mémento interne. Brüssel, 7.9.1956. Typoskript. p. 5. Reproduktion. Historisches Archiv der Europäischen Gemeinschaften, Florenz: CM 3/Nego 135/Cass. 8/Fiche 23.

278 Conférence intergouvernementale pour le marché commun et l'EURATOM. Secrétariat: Tableau synoptique des projets d'articles soumis par les délégations concernant les règles de concurrence applicables aux entreprises. Brüssel, 18.9.1956. Reproduktion. Historisches Archiv der Europäischen Gemeinschaften, Florenz: CM 3/Nego 236/E 13.

der privaten Investitionstätigkeit und Reform der Kreditpolitik. Trotz des Drucks seitens der traditionell protektionistisch eingestellten Unternehmer vermochten sich aber in der französischen Regierung diejenigen Kräfte durchzusetzen, die einen starken Wettbewerbsdruck für die französische Wirtschaft prinzipiell bejahten, um die Leistungsfähigkeit der Industrie zu steigern.[279] Der Vizepräsident der französischen Delegation, der *Neoliberale* Robert Marjolin, sowie Donnedieu de Vabres und Jean-François Deniau traten deshalb in der französischen Delegation für die Öffnung Frankreichs gegenüber der Aussenwelt ein und begannen, sich den deutschen Verhandlungsvorschlägen zu den Wettbewerbsregeln anzunähern. Nachdem sich abgezeichnet hatte, dass die französische Delegation bei den beiden Wettbewerbsartikeln auf die deutsche Position einlenken würde, schützte Müller-Armack den politischen Widerstand der wirtschaftlichen Interessengruppen in der Bundesrepublik vor und zog das Kartellverbot als deutschen Vorschlag zurück; Es sollte der gemeinschaftlichen Regelung durch den Ministerrat auf Vorschlag der Kommission vier Jahre nach dem Inkrafttreten der Verträge überlassen werden, so Müller-Armack.[280] Die Zustimmung Frankreichs zum Verbot des Missbrauchs marktbeherrschender Stellungen ermöglichte am 14. November 1956 die Einigung der Delegationen auf diejenige Fassung des Monopolgesetzes, welche die deutsche Delegation eingebracht hatte.[281] Aufgrund der Protokolle der Ressortbesprechungen, des Berichts der deutschen Delegation über die Sitzungen der Arbeitsgruppe Gemeinsamer Markt und Müller-Armacks Schilderung der Verhandlungen in seiner Autobiographie ist anzunehmen, dass der Rückzug des deutschen Kartellgesetzentwurfs als austarierter Akt der Diplomatie initiiert wurde. Müller-Armack verzichtete in seinen Memoiren darauf zu erwähnen, dass er in der entscheidenden Phase der Verhandlungen vom Kartellverbot unvermittelt abgewichen war.[282] Sein Vorschlag eines Aufschubs für die Einigung in der Kartellgesetzgebung auf die

279 Küsters, Hanns Jürgen: Die Gründung der Europäischen Wirtschaftsgemeinschaft. Baden-Baden 1982. pp. 364ff.

280 Regierungskonferenz für den Gemeinsamen Markt und EURATOM: Sekretariat. Arbeitsgruppe für den Gemeinsamen Markt. Redaktionsvorschlag der deutschen Delegation betreffend die Wettbewerbsregeln für die Unternehmen. Brüssel, 13.11.1956. Typoskript. pp. 1f. Reproduktion. Historisches Archiv der Europäischen Gemeinschaften, Florenz: CM 3/ Nego 236/G 1 – G 2. Sécretariat: Mémento interne: Groupe du marché commun, 13, 14 et 15 novembre 1956. Examen en seconde lecture des règles de concurrence. Brüssel, 20.11.1956. Typoskript. pp. 1f. Reproduktion. Historisches Archiv der Europäischen Gemeinschaften, Florenz: CM 3/Nego 236/A 12 – B1. Ophüls, Carl Friedrich: Fernschreiben (verschlüsselt) an das Auswärtige Amt betr. Brüsseler Integrationskonferenz; Arbeitsgruppe Gemeinsamer Markt. Brüssel, 14.11.1956. Reproduktion. Politisches Archiv des Auswärtigen Amts: Fiche A9108.

281 Ophüls, Carl Friedrich: Fernschreiben (verschlüsselt) an das Auswärtige Amt betr. Brüsseler Integrationskonferenz; Arbeitsgruppe Gemeinsamer Markt. Brüssel, 14.11.1956.

282 Aufzeichnung: Brüsseler Integrationskonferenz; Sitzungen der Arbeitsgruppe Gemeinsamer Markt 13. – 15. November 1956. Typoskript. gez. von Stempel. Brüssel, 15. November 1956. p. 1. Politisches Archiv des Auswärtigen Amts (Bonn): 2/200. Bd. 89a. Jahr 1956-57. Müller-Armack, Alfred: Auf dem Weg nach Europa. Erinnerungen und Ausblicke. Tübingen – Stuttgart 1971. p. 114.

Zeit nach dem Inkrafttreten des Vertrags widersprach dem Ziel seines Ministeriums, die ordnungspolitische Weichenstellung des Gemeinsamen Marktes bereits im Vertrag festzuschreiben. Zwar stiess die zeitliche Parallelität der EWG-Vertragsverhandlungen und der Ausarbeitung des Deutschen Gesetzes gegen Wettbewerbsbeschränkungen auf innenpolitischen Widerstand, getragen vom Bundesverband der Deutschen Industrie und den Gewerkschaften. Da aber in den Ressortbesprechungen eine jede Begründung für Müller-Armacks Vorschlag fehlt und auch keine diesbezüglichen Unterredungen im Bundeswirtschaftsministerium stattgefunden haben, scheint dieser Rückzug eher diplomatisch als innenpolitisch begründet gewesen zu sein. Von der Groeben berichtete in der Ressortbesprechung, in der er auch Müller-Armacks neuen Vorschlag ankündigte, dass die *Arbeitsgruppe Gemeinsamer Markt* sich in der Kartellfrage »wohl auf einer mittleren Linie mit einem grundsätzlichen Kartellverbot und einer Genehmigungspflicht für Ausnahmefälle einigen werde«.[283] Frankreich und, wenngleich zögernder, Italien würden diese Lösung bereits befürworten.[284] Belgien und die Niederlande traten in dieser Phase der Verhandlungen noch für das Missbrauchsprinzip ein. Die deutsche Delegation rechnete demnach mit der erfolgreichen Durchsetzung des Verbotsprinzips mit Genehmigungsvorbehalt für Kartelle, das sie bisher vertreten hatte, als Müller-Armack am 13. November den taktischen Rückzug dieses deutschen Vorschlags inszenierte.[285] Gegenüber der Öffentlichkeit der Bundesrepublik wurde dieser Schritt nicht bekannt gemacht, sondern im Gegenteil auf die einheitliche Stellung des Bundeswirtschaftsministeriums betreffend die Wettbewerbsordnung auf nationaler, internationaler und supranationaler Ebene Wert gelegt.[286] Die neoliberalen Wirtschaftswissenschafter und Politiker machten in der innen-

283 Groeben, Hans von der: Wortbeitrag. Ergebnisprotokoll über die Ressortbesprechung im Auswärtigen Amt am 10. 11.1956 über die Probleme des Gemeinsamen Marktes und Euratom. Typoskript. p. 3. Reproduktion. Politisches Archiv des Auswärtigen Amts: Fiche A9053.

284 Groeben, Hans von der: Wortbeitrag. Ergebnisprotokoll über die Ressortbesprechung im Auswärtigen Amt am 10. 11.1956 über die Probleme des Gemeinsamen Marktes und Euratom. Typoskript. p. 4.

285 Ophüls, Carl Friedrich: Fernschreiben (verschlüsselt) an das Auswärtige Amt betr. Brüsseler Integrationskonferenz; Arbeitsgruppe Gemeinsamer Markt. Brüssel, 14.11.1956. Reproduktion. Politisches Archiv des Auswärtigen Amts: Fiche A9108.

286 Müller-Armack, Alfred: Das gesellschaftspolitische Leitbild der Sozialen Marktwirtschaft (1962). [= Wirtschaftsordnung und Wirtschaftspolitik. Beiträge zur Wirtschaftspolitik 4] Müller-Armack, Alfred (Hg.). 2., unveränderte Auflage. Bern – Stuttgart 1976. pp. 313-315. Erhard, Ludwig/Müller-Armack, Afred : Soziale Marktwirtschaftt. Ordnung der Zukunft. Manifest '72. Frankfurt a. M. – Berlin – Wien 1972. pp. 348-359. In Kontinuität zu früheren Stellungnahmen: Bundeswirtschaftsminister Ludwig Erhard zur Vorlage des Gesetzes gegen Wettbewerbsbeschränkungen in der 85. Sitzung des Deutschen Bundesrates vom 23. Mai 1952. In: Deutscher Bundesrat. Sitzungsbericht Nr. 85. 85. Sitzung des Deutschen Bundesrates in Bonn am 23. Mai 1952. Ausgegeben in Bonn am 31. Mai 1952. p. 217. Erhard, Ludwig: Die Ziele des Gesetzes gegen Wettbebwersbeschränkungen. Rede in der Sitzung des Deutschen Bundestages am 24.3.1955. [= Deutsche Wirtschaftspolitik. Der Weg der Sozialen Marktwirtschaft]. Erhard, Ludwig (Hg.). Düsseldorf – Wien 1962. pp. 274f.

politischen Diskussion auf den aussenpolitischen Wert der Wettbewerbsordnung und auf den Beitrag der Bundesrepublik zur Wettbewerbsordnung des EWG-Vertrags aufmerksam.

Der diplomatisch geschickte Rückzug Müller-Armacks erlaubte es, Frankreich den Vortritt zu lassen, das Kartellgesetz des EWG-Vertrags in seiner endgültigen Form in die Schlussverhandlungen der Expertengruppe des *Groupe du marché commun* vom 19.11.1956 einzubringen:[287] Dieses entsprach dem zuvor von der deutschen Delegation vertretenen Verbot internationaler Absprachen mit Genehmigungsvorbehalt. Am 28. November 1956 stimmten alle Delegationen im *Groupe du marché commun* dem Artikel zu und unterbreiteten ihn dem *Comité des Chefs de Délégations*, der ihn am 6. Dezember 1956 annahm.[288] Damit hatte sich die deutsche Auffassung durchgesetzt, die unter der massgebenden Mitarbeit neoliberaler Wirtschaftwissenschafter entstanden war: Die Wettbewerbsregeln des EWG-Vertrags trugen der Differenzierung zwischen marktbeherrschenden Stellungen (Missbrauchsverbotsprinzip) und Absprachen (Verbot mit Ausnahmegenehmigung) Rechnung und beschränkten die Anwendbarkeit dieser Gesetze auf den internationalen innergemeinschaftlichen Handel. In derselben Verhandlungsphase (27. – 29.11.1956) vermochte die deutsche Delegation auch durchzusetzen, dass das Diskriminierungsverbot aus dem Kapitel Wettbewerb entfernt und stattdessen an den Anfang des Vertrags (Artikel 2, später Artikel 6) gestellt wurde, da es über das Wettbewerbsrecht im engeren Sinne hinausging und die Grundlagen des Gemeinsamen Marktes betraf.[289] Am 27. November einigten sich

287 Müller-Armack, Alfred: Auf dem Weg nach Europa... p. 114. Conférence intergouvernementale pour le marché commun et l'EURATOM. Secrétariat: Groupe du marché commun. Projet de rédaction sur les règles de concurrence établi le 20 novembre 1956 par un groupe d'experts compte tenu des échanges de vues intervenus le 19 novembre 1956 en groupe restreint. Brüssel, 20.11.1956. Typoskript. pp. 2f. Reproduktion. Historisches Archiv der Europäischen Gemeinschaften, Florenz: CM 3/Nego 236. A8 – A9. Art. 42 (Verbot von marktbeherrschenden Absprachen) und Art. 42a (Verbot des Missbrauchs marktbeherrschender Stellungen). Die Fassung der Artikel 42 und 42a ist wörtlich in den EWG-Vertrag (Art. 85 und Art. 86) eingegangen.

288 Die grundsätzliche Einigung auf das Kartellverbot mit Genehmigungsvorbehalt kam schon am 27.11.1956 zustande. Die Verhandlung dauerte jedoch weiter an und wurde am 28. November mit der Zustimmung zur endgültigen Fassung abgeschlossen. Fernschreiben (verschlüsselt) ans Auswärtige Amt betr. Brüsseler Integrationskonferenz; Arbeitsgruppe Gemeinsamer Markt. Brüssel, 27.11.1956. Typoskript. p. 1. Reproduktion. Politisches Archiv des Auswärtigen Amts: Fiche A9054. Article 85. Historique. Typoskript. p. 212. Reproduktion. Historisches Archiv der Europäischen Gemeinschaften, Florenz: CM 3/Nego 236. Aufzeichnung. Brüsseler Integrationskonferenz; Verhandlungswoche vom 26. – 29.11.[1956]. Gemeinsamer Markt und Delegationsleiter. Bonn, 30.11.1956. Typoskript. p. 1. Politisches Archiv des Auswärtigen Amts: 2/200. Bd. 89a. 1956/57. Gemeinsamer Markt. Bonn, 18.12.1956. Typoskript. p. 5. Reproduktion. Politisches Archiv des Auswärtigen Amts: Fiche A9057.

289 Procès-verbal des réunions des 27-29 novembre 1956 du groupe du marché commun de la conférence intergouvernementale pour le marché commun. Les règles de concurrence: Normes applicables aux entreprises. Typoskript. p. 1. Reproduktion. Historisches Archiv der Europäischen Gemeinschaften, Florenz: CM 3/Nego 236.

die Delegationen auf den deutschen Vorschlag, sich auf eine allgemeine Grundsatzbestimmung zu beschränken, nach der jede Diskriminierung aus Gründen der Staatsangehörigkeit verboten ist.[290]

### *5.8. Durchsetzung der deutschen, neoliberal geprägten Auslegung der Artikel 85 und 86 als verbindliche Rechtsvorschriften in der Kommission unter Hans von der Groeben als Generaldirektor für Wettbewerb (1958-1967)*

Die zentrale Bedeutung der Wettbewerbspolitik schlug sich in der EWG institutionell nieder, indem eines der neun Kommissionsmitglieder, unterstützt von zwei weiteren Kommissionsmitgliedern, für die Generaldirektion für Wettbewerb verantwortlich war. Diese Generaldirektion war in vier Direktionen für a.) Kartelle, b.) Monopole, c.) Dumping sowie d.) staatliche Beihilfen, Steuern und Rechtsangleichung untergliedert. Die Generaldirektion für Wettbewerb war von 1958 bis 1967 dem deutschen Kommissionsmitglied von der Groeben unterstellt. Von der Groeben rechnete sich selbst zwar nicht zu den Neoliberalen, vertrat aber dennoch in der Kommission die neo- bzw. ordoliberale Wettbewerbsordnung.[291] Gerber ordnet von der Groeben deshalb den Ordoliberalen zu.[292] Die Kritik, die von der Groeben an der neoliberalen *Integrations*theorie übte,[293] lässt es jedoch nicht zu, ihn *vorbehaltlos* als Vertreter des Neo- bzw. Ordoliberalismus zu betrachten. Der Böhm-Schüler Ernst-Joachim Mestmäcker beriet in seiner Funktion als Sonderberater der EWG-Kommission für Wettbewerbspolitik und Rechtsangleichung von der Groeben seit 1962 und arbeitete mit dessen Mitarbeiterstab zusammen.[294]

Die Kommission arbeitete während der ersten fünf Jahre nach Inkrafttreten der ersten materiellen Bestimmungen des EWG-Vertrags (1958-1962) die europäischen Gesetzgebung aus, die zur praktischen Anwendung der Artikel 85 und 86

290 Fernschreiben (verschlüsselt) ans Auswärtige Amt betr. Brüsseler Integrationskonferenz; Arbeitsgruppe Gemeinsamer Markt. Brüssel, 27.11.1956. Typoskript. p. 1. Reproduktion. Politisches Archiv des Auswärtigen Amts: Fiche A9054.

291 Groeben, Hans von der: Wettbewerbspolitik in der Europäischen Wirtschaftsgemeinschaft. Sekretariat der Kommission der Europäischen Wirtschaftsgemeinschaft. Juni 1961. Historisches Archiv der Europäischen Gemeinschaften, Florenz: CEAB 2- N 2013/2.

292 Gerber, David J.: Law and Competition in Twentieth Century Europe... p. 264.

293 Groeben, Hans von der: Aufbaujahre der Europäischen Gemeinschaft. Das Ringen um den Gemeinsamen Markt und die Politische Union (1958 – 1966). Baden-Baden 1982. pp. 62f. Dieselbe Einschränkung gilt auch für den Präsidenten der EWG-Kommission, Walter Hallstein, der von Gerber als »an ardent supporter of ordoliberal ideas« bezeichnet wird. Gerber, David J.: Law and Competition in Twentieth Century Europe... 1998. p. 340.

294 Mestmäcker, Ernst-Joachim: Auf dem Wege zu einer Ordnungspolitik für Europa... p. 10.

erforderlich war. Mitte 1965 umfasste sie bereits 10 Verordnungen.[295] Mit den Artikeln 85 und 86 wurde wettbewerbsrechtliches Neuland betreten, da nun ein Wettbewerbsrecht geschaffen wurde, das für den gesamten Handel zwischen mehreren selbständigen Staaten gelten würde. Die Hälfte der sechs Mitgliedstaaten, nämlich Belgien, Italien und Luxemburg, verfügte noch 1960 nicht über eine nationale Wettbewerbsgesetzgebung. Deshalb bestand in den ersten Jahren der EWG noch keine Möglichkeit, die Verbote der Artikel 85 und 86 mit Hilfe der nationalen Verwaltungsbehörden durchzusetzen, und verzögerte sich die Anwendung der Wettbewerbsartikel aufgrund des Prinzips der Gleichbehandlung und der Gegenseitigkeit auch in denjenigen drei Staaten, die bereits ein nationales Wettbewerbsrecht erlassen hatten. Innerhalb der Kommission und an der zweiten Kartellkonferenz der Regierungssachverständigen in Brüssel vermochte sich die deutsche, neoliberal geprägte Auslegung der Rechtsnatur der Artikel 85 und 86 gegen die französische Position durchzusetzen: Die Artikel 85 und 86 enthalten demnach Rechtsvorschriften und nicht nur, wie die französischen Vertreter geltend zu machen suchten, Grundsätze, die erst entwickelt werden mussten, bevor sie praktische Bedeutung erlangen würden.[296] Die beiden genannten Artikel wurden von der Kommission als einheitliches Instrument für die Wettbewerbspolitik aufgefasst. Die Auffassung der Kommission, der EWG-Vertrag versetze sie selbst und die nationalen Behörden unmittelbar in die Lage, gegen Kartelle und den Missbrauch marktbeherrschender Stellungen vorzugehen, wurde schliesslich vom Europäischen Parlament und von allen Mitgliedstaaten akzeptiert.[297] Ganz im Sinne der neo- bzw. ordoliberalen Konzeption der Wirtschaftsordnungspolitik hielt der Bericht von der Groebens *Wettbewerbspolitik in der Europäischen Wirt-*

295 [Groeben, Hans von der:] Europäische Wirtschaftsgemeinschaft: Kommission: Die Wettbewerbspolitik als Teil der Wirtschaftspolitik im Gemeinsamen Markt. Rede vor dem Europäischen Parlament in Strassburg, 16. Juni 1965. p. 11. Politisches Archiv des Auswärtigen Amts (Bonn): AA I A2. Bd. 1099.

296 Communauté Economique Européenne: Commission: Premier Rapport Général sur l'activité de la Communauté (1[er] janvier 1958 – 17 septembre 1958). Brüssel 17. 9. 1958. §84. pp. 65f. Haenlein: Schreiben betr. Erster Gesamtbericht der Kommission der Europäischen Wirtschaftsgemeinschaft. Adressat: Bundeskanzler. Europäisches Parlament: Ausschuss für Fragen des Binnenmarktes der Gemeinschaft: Mitteilung an die Mitglieder. Luxemburg, 22.9.1958. pp. 20f. Reproduktion. Historisches Archiv der Europäischen Gemeinschaften, Florenz: CM2. 1959. 741. Cass. 99. Fiche 2. Europäische Wirtschaftsgemeinschaft: Generaldirektion für Wettbewerb. Direktion A: Stellungnahme der zweiten Kartellkonferenz der Regierungssachverständigen zur Rechtsnatur der Artikel 85ff des Romvertrages. Brüssel, 19. 1. 1959, Anlage 1. Typoskript. p. 1. Reproduktion. Historisches Archiv der Europäischen Gemeinschaften, Florenz: CEAB 2. 1795/1 – 3. CCE Commission Archives. [Groeben, Hans von der:] Europäische Wirtschaftsgemeinschaft: Kommission: Kartellpolitik. Mitteilung vorgelegt von Hans von der Groeben. Brüssel, 15.2.1960. Typoskript. p. 2, p. 5, p. 19. Reproduktion. Historisches Archiv der Europäischen Gemeinschaften, Florenz: CEAB 2. 1795/1 – 3. CCE Commission Archives.

297 [Groeben, Hans von der:] Europäische Wirtschaftsgemeinschaft: Kommission: Kartellpolitik. Mitteilung vorgelegt von Hans von der Groeben. Brüssel, 15.2.1960. Typoskript. p. 19.

*schaftsgemeinschaft* 1961 fest: »Ein unverfälschter, redlicher Wettbewerb spielt sich nicht automatisch ein. Seine äusseren Voraussetzungen müssen vielmehr häufig durch die erörterten ordnungspolitischen Mittel erst geschaffen und sein Fortbestehen durch verbindliche Regeln gesichert werden. Deshalb haben die erörterten Vertragsbestimmungen und die darauf beruhenden Massnahmen der Kommission der EWG nicht dirigistischen oder planwirtschaftlichen Character, sondern sie sind umgekehrt darauf ausgerichtet, den Wettbewerb als Koordinierungsinstitution der Marktwirtschaft in wachsendem Umfang funktionsfähig zu machen und funktionsfähig zu erhalten. Dieser doppelten Aufgabe dient die gesamte Wettbewerbspolitik der Kommission, und nur zu diesem Zweck werden durch den Vertrag und seine Durchführung die äusseren Bedingungen des Wettbewerbs festgelegt.«[298] Unter Bezugnahme auf die von den Neo- und Ordoliberalen mit Nachdruck hervorgehobene »Interdependenz« aller wirtschaftspolitischen Massnahmen und die von ihnen geforderte Ausrichtung aller Teile der Wirtschaftspolitik auf die Wettbewerbspolitik sprach sich von der Groeben für die Herstellung grösserer Wettbewerbsneutralität auf den Gebieten Steuerrecht, Gesellschaftsrecht und Patentrecht sowie für eine entschlossene Herabsetzung des Aussenzolltarifs aus.[299] Diese ordnungspolitischen Ziele wurden im *Aktionsprogramm der Europäischen Wirtschaftsgemeinschaft für die zweite Stufe der Übergangszeit* (1962) aufgegriffen und in die Forderung gefasst, es sei innerhalb der Gemeinschaft eine grössere Wettbewerbsneutralität des Gesellschaftsrechts, des Steuerrechts und der gewerblichen Schutzrechte herzustellen.[300] Die von der Kommission 1959 ergriffene Initiative für ein europäisches Gemeinschaftspatent und eine Vereinheitlichung des Anmeldeverfahrens wurden wegen Streitigkeiten über Zuständigkeiten nicht zügig behandelt, so dass Erfolge auf diesem Gebiet erst Jahre später (Europäisches Patentübereinkommen von 1973) erzielt werden

298 Groeben, Hans von der: Wettbewerbspolitik in der Europäischen Wirtschaftsgemeinschaft. Sekretariat der Kommission der Europäischen Wirtschaftsgemeinschaft. Juni 1961. p. 12. Vgl. auch: [Deringer, Arved (Berichterstatter):] Europäisches Parlament: Ausschuss für Fragen des Binnenmarktes der Gemeinschaft: Vorentwurf eines Berichtes zu der Konsultation des Europäischen Parlamentes durch den Rat betreffend eine erste Durchführungsverordnung zu den Artikeln 85 und 86 des Vertrages. Januar 1961. Historisches Archiv der Europäischen Gemeinschaften, Florenz: CEAB 02 – 2012/1. CCE Commission Archives.

299 Groeben, Hans von der: Wettbewerbspolitik in der Europäischen Wirtschaftsgemeinschaft. Sekretariat der Kommission der Europäischen Wirtschaftsgemeinschaft. Juni 1961. p. 10, p. 22.

300 Aufzeichnung der Abteilung 2 betr. Aktionsprogramm der Europäischen Wirtschaftsgemeinschaft für die zweite Stufe der Übergangszeit. Bonn, 2.11.1962. Anlage. Typoskript. p. 3. Politisches Archiv des Auswärtigen Amts (Bonn): 2/200. Bd. 665. Europäische Wirtschaftsgemeinschaft: Kommission: Das Problem der Unternehmenskonzentration im Gemeinsamen Markt. Brüssel, 1.12.1965. Typoskript. pp. 6f und Anlagen. Nachlass Walter Hallstein: N 1266/793. Fiche 1 – 2. Bundesarchiv Koblenz.

konnten[301]. Das Europäische Patentamt ist allerdings keine Gemeinschaftsinstitution; Neben den EU-Mitgliedern gehören dem Münchner Patentübereinkommen auch die Schweiz, Monaco und Liechtenstein an. Ein »Gemeinschaftspatent« der EU ist in Vorbereitung. Neben diesem würden auch weiterhin nationale und Europäische Patente bestehen. Aufgrund eines Sachverständigenberichts 1963/ 64 schlug die Kommission die Harmonisierung der Umsatzsteuern vor, die 1967 vom Ministerrat angenommen wurde. Weitere Vorschläge zur Angleichung der Sätze und der Harmonisierung der Verbrauchssteuern konnten damals nicht verwirklicht werden.[302]

### *5.9. Durchsetzung der restriktiven Auffassung des Kartellverbots unter dem Einfluss von der Groebens: Genehmigungsvorbehalt statt Legalausnahme – Schaffung einer gemeinschaftlichen und nicht nur koordinierten Wettbewerbspolitik – Begründung der ersten wirklich supranationalen Politik der EWG*

Die Voraussetzungen zu Ausnahmegenehmigungen für Absprachen wurden im Vertrag geregelt, so dass der Ministerrat am 6.2.1962 die grundlegende Verordnung Nr. 17, die *Erste Durchführungsverordnung* zu den Artikeln 85 und 86 des EWG-Vertrags, erlassen konnte.[303] In der Übergangszeit bis zum Inkrafttreten der Verordnungen und Richtlinien zur Verwirklichung der in den Artikeln 85 und 86 niedergelegten Grundsätze waren die Behörden der Mitgliedstaaten zuständig, im Einklang mit ihren eigenen Rechtsvorschriften und den Bestimmungen der beiden Wettbewerbsartikel des EWGV über die Zulässigkeit von Vereinbarungen, Beschlüssen und aufeinander abgestimmten Verhaltensweisen sowie über die missbräuchliche Ausnutzung einer beherrschenden Stellung auf dem Gemeinsamen Markt zu entscheiden. Die Kommission sollte in der vorgesehenen Übergangszeit von drei Jahren ihrerseits auf die Verwirklichung der in den Artikeln 85 und 86 niedergelegten Grundsätze achten. Die Durchführungsverordnung Nr. 17 legte die Zuständigkeit der Kommission fest, um auf Antrag der beteiligten Unternehmen und Unternehmensvereinigungen festzustellen, ob für sie kein Anlass bestehe, gegen eine Vereinbarung, einen Beschluss oder eine Verhaltensweise aufgrund von Artikel 85 oder 86 des Vertrags einzuschreiten. Vereinbarungen,

301 Europäisches Patentübereinkommen revidiert. [Bericht über die diplomatische Konferenz zur Revision des Europäischen Patentübereinkommens in München]. In: NZZ 30.11.2000. Nr. 280. Vorschlag für ein EU-Gemeinschaftspatent. In: NZZ 1./2.7.2000. Nr. 151.

302 Groeben, Hans von der: Die Rolle der Wettbewerbspolitik für die Entstehung des Gemeinsamen Marktes. [= 40 Jahre Römische Verträge: Der deutsche Beitrag. Dokumentation der Konferenz anlässlich des 90. Geburtstages von Hans von der Groeben]. Hrbek, Rudolf/ Schwarz, Volker (Hgg.). Baden-Baden 1998. p. 172. Neuer Anlauf für besseres EU-Patentsystem. In: NZZ 4.4.2007. Nr. 79.

303 Abl. 1962. Nr. 13. 204. Mestmäcker, Ernst-Joachim: Europäisches Wettbewerbsrecht. München 1974. pp. 2-10.

Beschlüsse und aufeinander abgestimmte Verhaltensweisen, für welche die Beteiligten eine Ausnahmegenehmigung in Anspruch nehmen wollten, waren nun der *Kommission* anzumelden. Damit wurde also eine *gemeinschaftliche* und nicht nur eine koordinierte Wettbewerbspolitik geschaffen und die »erste wirklich supranationale Politik«[304] der EWG begründet. Die Auslegung von Artikel 85 Absatz 3 als Erlaubnisvorbehalt, der die Möglichkeit schafft, einzelne Kartelle oder Gruppen von solchen vom generellen Verbot aller Kartelle durch ausdrückliche Entscheidung auszunehmen, setzte sich unter dem Einfluss von der Groebens in der Kommission gegen eine weniger restriktive Auffassung des Kartellverbots durch, die von einer Legalausnahme ausging, d.h. also Kartelle, welche die in Absatz 3 bestimmten Bedingungen erfüllen, von Anfang an als zulässig betrachtete.[305] Des weiteren wurde die Kommission auch ermächtigt, bei in den Artikeln 15 und 16 der DVO definierten Verstössen Geldbussen oder Zwangsgelder gegen Unternehmen oder Unternehmensvereinigungen festzusetzen.[306] Die Zuständigkeit der Kommission für die Verwirklichung der Wettbewerbsartikel, insbesondere für die Erteilung von Ausnahmegenehmigungen zum Verbot wettbewerbsbehindernder Vereinbarungen oder Beschlüsse, und die Möglichkeit der Kommission, Sanktionen zu erlassen, entsprachen der Position, die das Kartellreferat des Bundeswirtschaftsministeriums bei der Aushandlung der Wettbewerbsartikel des EWG-Vertrags im Herbst 1956 vertreten hatte.[307]

### *5.10. Grenzen einer Anwendung des Wettbewerbsrechts im Sinne der Neoliberalen: konfligierende wirtschaftspolitische Ziele der Kommission, nationale politische Widerstände, mangelnde Erfahrung mit den neu geschaffenen nationalen Wettbewerbsrechten, administrative Überlastung der Kommission und des Europäischen Gerichtshofs*

Die ersten bedeutenden Wettbewerbsrechtsfälle kamen Mitte der 60er Jahre, während der grossen Krise der Europäischen Wirtschaftsgemeinschaft, vor den Europäischen Gerichtshof. Zur gleichen Zeit führte die »Krise des leeren Stuhls« die

304 Cini, Michelle/McGowan, Lee: Competition Policy in the European Union. New York 1998. p. 19.

305 Groeben, Hans von der: Aufbaujahre der Europäischen Gemeinschaft... pp. 293f. [Deringer, Arved (Berichterstatter):] Europäisches Parlament: Ausschuss für Fragen des Binnenmarktes der Gemeinschaft: Vorentwurf eines Berichtes zu der Konsultation des Europäischen Parlamentes durch den Rat betreffend eine erste Durchführungsverordnung zu den Artikeln 85 und 86 des Vertrages. Januar 1961. pp. 37f.

306 Die Artikel 15 (Geldbussen) und 16 (Zwangsgelder) der DVO 17 folgten dem Vorbild des MUV Art. 66

307 Ressortbesprechung im Bundesministerium für Wirtschaft am 2.11.1956 betr. Brüsseler Regierungskonferenz für den Gemeinsamen Markt und Euratom. Vorbereitung der 2. Lesung von Artikelentwürfen über den Gemeinsamen Markt. Bonn, 3.11.1956. Typoskript. pp. 2f. Reproduktion. Politisches Archiv des Auswärtigen Amts: Fiche A9052.

Gemeinschaft an den Rand des Scheiterns, als die französische Delegation über sieben Monate hinweg den Sitzungen des Ministerrates fernblieb und damit jeden Ministerratsbeschluss verhinderte.[308] Der eigentliche Anlass der Krise war der Widerstand de Gaulles gegen die Einführung von Mehrheitsabstimmungen im Ministerrat. Obwohl der Fortbestand der Gemeinschaft und ihre Weiterentwicklung durch diese fundamentale und bisher grösste Krise der EWG gefährdet waren, vermochte der Gerichtshof in dieser Phase den Integrationsprozess mit den ihm eigenen Mitteln aufrechtzuerhalten. Der Gerichtshof begann trotz der Infragestellung des Integrationsprozesses durch Frankreich das Wettbewerbsrecht zu einem zentralen Werkzeug zur Förderung der europäischen Integration zu machen. Einer Umsetzung der Wettbewerbspolitik und einer Anwendung des Wettbewerbsrechts *im Sinne des Neo- bzw. Ordoliberalismus* waren in den 60er Jahren jedoch Grenzen gesetzt, die teils in wirtschaftspolitischen Zielen der Kommission, die der neo- bzw. ordoliberalen Konzeption der Ordnungspolitik zuwiderliefen, teils in nationalen politischen Widerständen lagen. Die Kommission verfolgte neben ihren Bekenntnissen zur neo- bzw. ordoliberalen Ordnungspolitik zugleich das Ziel, wirtschaftspolitisch sicherzustellen, dass europäische Unternehmen, auch kleine und mittlere, vor der internationalen und insbesondere der US-amerikanischen Konkurrenz bestehen könnten. Eine rigorose Durchsetzung des Europäischen Wettbewerbsrechts drohte vor dem Hintergrund der Krise der EWG politischen Widerstand hervorzurufen, zumal in den Aufbaujahren der Gemeinschaft erst wenig Erfahrung mit den neu geschaffenen *nationalen* Wettbewerbsrechten vorhanden war und auf nationaler Ebene mit wenig Verständnis für wettbewerbspolitische Entscheide der Kommission gerechnet werden konnte. In den 60er und 70er Jahren konzentrierte sich die Kommission in erster Linie auf das Verbot *vertikaler* Absprachen, da diese den internationalen Handel am stärksten beeinträchtigten. *Horizontale* Absprachen kleiner und mittlerer Unternehmen verfolgte sie mit Rücksicht auf deren Konkurrenzfähigkeit gegenüber US-amerikanischen Unternehmen mit weniger Nachdruck.[309] Das Verbot des Missbrauchs marktbeherrschender Stellungen wurde im ersten Jahrzehnt der EWG kaum angewandt. Der Artikel 86 blieb weitgehend toter Buchstabe, fehlte doch eine Zusammenschlusskontrolle und gab es keine rechtliche Möglichkeiten, einem Missbrauch marktbeherrschender Stellungen zuvorzukommen. Dem wichtigen Postulat des Neo- und Ordoliberalismus, der Anwendung der Wettbewerbsartikel auf staatliche Beihilfen und öffentliche Monopole, wurde, obwohl im Vertrag (Artikel 90) vorgesehen, nicht Nachdruck verliehen. Die Kommission erkannte zwar die potentielle wettwerbsverfälschende Wirkung durch Staatsinterventionen und hatte 1961 auch ihren Willen betont, den staatlichen und privaten Wettbewerbsverfälschungen nach gleichen Grundsätzen und mit der gleichen Entschlossenheit

308 Loth, Wilfried (Hg.): Crises and Compromises: The European Project 1963-1969. [= Veröffentlichungen der Historiker-Verbindungsgruppe bei der Kommission der Europäischen Gemeinschaften 8]. Baden-Baden – Brüssel 2001.

309 EU-Regeln für horizontale Verträge. Inkraftsetzung per 1. Januar [2001]. In: NZZ 30.11.2000. Nr. 280.

zu wehren.[310] Aus politischen Gründen sah sie aber von der Untersuchung wettbewerbsbeschränkener Massnahmen des Staates ab. In der Phase der Entfaltung des neokorporatistisch-keynesianschen Gesellschaftsmodells, in welcher der Staat seine Macht in wirtschaftlichen und gesellschaftlichen Bereichen mit dem Konsens der nationalen Gemeinschaft ausbaute, waren die Möglichkeiten des *supranationalen* Organs, nationale öffentlich-rechtliche Monopole und nationale staatliche Beihilfen dem Wettbewerbsrecht zu unterstellen, begrenzt. Erst der Wertewandel, der seit den 1980er/ 90er Jahren die Freiheit und die Selbstverantwortung vor die soziale Gerechtigkeit und die Gleichheit stellte, sollte den Weg für die Anwendung des Wettbewerbsrechts auf öffentlich-rechtliche Wettbewerbsbeschränkungen ebnen.

Nachdem die Kommission den Mitgliedstaaten 1973 ihren ersten Vorschlag zu einer Fusionskontrolle unterbreitet hatte, damit jedoch vorerst keinen unmittelbaren Erfolg erzielen konnte, bedeutete die Einführung der Fusionskontrolle (Ratserlass 4064/1989, in Kraft getreten am 21.9.1990) die Erfüllung einer frühen neoliberalen Forderung. Die grössten Fusionen, die sich auf die Union ausdehnen, wurden damit ausschliesslich der Autorität der gemeinschaftlichen Institutionen unterstellt.[311] Mit der Einführung der Fusionskontrolle setzte sich im wesentlichen die deutsche, neoliberal geprägte Vorstellung durch, allein den Schutz des Wettbewerbs als Ziel der Fusionskontrolle zu betrachten. Die Absicht Frankreichs, mit der Fusionskontrolle strukturpolitische Ziele zu verfolgen, d.h. Fusionen grosser Unternehmen zu fördern, unterlag, nachdem zuvor über 15 Jahre hinweg keine Entscheidung in dieser grundsätzlichen ordnungspolitischen Kontroverse möglich gewesen war.[312] Vom 21.9.1990 bis 31.7.1997 untersuchte die Kommission 576 Zusammenschlüsse. Nur 29 Zusammenschlüsse, d.h. 5% dieser Fälle, wurden von der Kommission als mit dem Gemeinsamen Markt unvereinbar beurteilt. 8 Zusammenschlüsse wurden verboten und die restlichen 21 mit Auflagen oder mit der Aufforderung zur Wiederherstellung eines wirksamen Wettbewerbs versehen.[313]

310 Groeben, Hans von der: Wettbewerbspolitik in der Europäischen Wirtschaftsgemeinschaft. Sekretariat der Kommission der Europäischen Wirtschaftsgemeinschaft. Juni 1961. p. 9. Groeben, Hans von der/Mestmäcker, Ernst-Joachim (Hgg.): Ziele und Methoden der europäischen Integration. Bericht über eine Arbeitsgemeinschaft im Zentrum für interdisziplinäre Forschung der Universität Bielefeld. [= Wirtschaftsrecht und Wirtschaftspolitik 31]. Frankfurt a. M. 1972. pp. 52f.

311 Kemp, John: The European Union and competition policy. [= European Economic Integration]. McDonald, Frank/Dearden, Stephen (Hgg.) 3. Auflage. London 1999. pp. 146f.

312 Molsberger, Josef: Schulmeister Europas? Zahlmeister Europas? Deutschlands Einfluss auf die Wirtschaftspolitik der EG. [= Die innere Einheit Deutschlands inmitten der europäischen Einigung. Deutschlands Weg 50 Jahre nach dem Kriege. Ringvorlesung der Juristischen Fakultät der Universität Tübingen 1995]. Heckel, Martin (Hg.). Tübingen 1996. p. 149.

313 Kemp, John: The European Union and competition policy... p. 148. Table 5.1. Number and type of final decisions, European Merger Control, 21 September 1990 to 31 July 1997. Molsberger, Josef: Die europäische Wettbewerbspolitik und die Tendenzen zur privaten Aufteilung der Märkte in der EWG. In: Ordo 26(1975). pp. 166f.

Die administrative Überlastung der Kommission und des Europäischen Gerichtshofs hat eine rigorose Durchsetzung des gemeinschaftlichen Wettbewerbsrechts erschwert.[314] Von den 60er Jahren bis Ende 1999 wurden über 30'000 Vereinbarungen angemeldet, aber nur 9 Verbotsentscheide allein aufgrund einer Anmeldung erlassen. Laut dem *Weissbuch der Europäischen Kommission über die Modernisierung der Vorschriften zur Anwendung der Artikel 81 und 82 EG-Vertrag* (Brüssel 28.4.1999, endgültig Brüssel, 12.5.1999) belief sich der Rückstand der Kommission in der Behandlung angemeldeter Unternehmensvereinbarungen 1999 auf rund 1200 unerledigte Fälle.[315] Die Anzahl angemeldeter Fusionsfälle hat sich 1999 gegenüber 1991 mehr als vervierfacht, von 63 auf 292 Fälle.[316] Die Kommission sucht dem Problem der administrativen Überlastung seit den 90er Jahren mit dem Vorschlag einer Dezentralisierung der Verantwortung für das gemeinschaftliche Wettbewerbsrecht entgegenzutreten und diskutiert für das Kartellverbot den Übergang vom Genehmigungs- und Anmeldesystem zum System der Legalausnahme, das den Unternehmen die Verantwortung überträgt, im Lichte der Rechtsvorschriften und der Rechtsprechung selbst zu prüfen, ob ihre Vereinbarungen mit dem Gemeinschaftsrecht vereinbar sind.[317] Die nationalen Gerichte und Kartellbehörden sollen nach dem Reformvorschlag der Kommission soweit wie möglich einbezogen werden, was zu einer *Teilung* der Kompetenzen zwischen der Kommission und den Mitgliedstaaten, nicht jedoch zu einer Übertragung der Kompetenzen von der supranationalen auf die nationale Ebene führen soll.[318]

Mit der Hinwendung zur neoliberalen Wirtschafts- und Gesellschaftskonzeption[319] auch ausserhalb der Bundesrepublik zeichnete sich in den späteren 80er und frühen 90er Jahren in den nationalen europäischen Wettbewerbsrechtssystemen der Übergang vom Missbrauchs- zum Verbotsprinzip ab.[320] Grundlage dafür war die Einsicht in die Bedeutung des Wettbewerbs in fast allen west- und mitteleuropäischen Staaten. Die Anpassung der nationalen Wettbewerbsgesetze an

314 Wünsche an die EU-Fusionskontrolle. [Bericht über die Brüsseler Fachtagung vom 15.9.2000]. In: NZZ 16./17.9.2000. Nr. 216.

315 Das Weissbuch der Europäischen Kommission über die Modernisierung der Vorschriften zur Anwendung der Artikel 81 und 82 EG-Vertrag. KOM (1999) 101 endg./2, Brüssel, 12.5.1999 ist veröffentlicht unter http://europa.eu.int/comm/dg04/entente/other.htm#dgiv_pdf_wb_modernisation. Hart umstrittene Kartellrechtsreform der EU. Begrüsste Grundsätze – kritisierte konkrete Schritte. In: NZZ 30.1.2000. Nr. 16.

316 Schaub, Alexander: Wandel des Europäischen Wettbewerbsrechts. [= Europäisches Wettbewerbsrecht im Wandel. Schriftenreihe Europäisches Recht, Politik und Wirtschaft 246]. Schwarze, Jürgen (Hg.). Baden-Baden 2001. p. 15. Alexander Schaub war Mitglied der EG-Kommission, Generaldirektor der GD IV in Brüssel.

317 Hart umstrittene Kartellrechtsreform der EU. In: NZZ 30.1.2000. Nr. 16. Vor der Reform des EU-Kartellrechts. In: NZZ 21.9.2000. Nr. 212. Weit reichende Kartellrechtsreform der EU. In: NZZ 28.9.2000. Nr. 226.

318 Schaub, Alexander: Wandel des Europäischen Wettbewerbsrechts... p. 14.

319 Vgl. Wegmann, Milène: Früher Neoliberalismus und europäische Integration... pp. 214-224.

320 Gerber, David J.: Law and Competition in Twentieth Century Europe... p. 402.

das gemeinschaftliche Wettbewerbsrecht, die sich seit den späten 80er Jahren vollzieht, lässt von einer »Konvergenz der nationalen Wettbewerbsrechte« (Gerber) sprechen, die jedoch nur indirekt auf den Druck der EWG und ihrer Institutionen zurückzuführen ist.[321] In Übereinstimmung mit frühen neoliberalen Postulaten wurden auch auf nationaler Ebene Zusammenschlusskontrollen eingeführt und erhielten die mit der Anwendung des Wettbewerbsrechts betrauten Institutionen grössere Unabhängigkeit von Einflüssen aus Politik und Verwaltung.[322] In der (gescheiterten) Verfassung der Europäischen Union war vorgesehen, der hohen Bedeutung des Wettbewerbs für die Integration und »regionale Internationalisierung« der Gemeinschaft Rechnung zu tragen und den »Binnenmarkt mit freiem und unverfälschtem Wettbewerb« in den Zielkatalog der EU aufzunehmen, statt den unverfälschten Wettbewerb wie im EGV Artikel 3 nur unter den »Tätigkeiten der Gemeinschaft« aufzuführen. Diese Aufwertung des Wettbewerbs von einem Mittel für den Binnenmarkt zu einem Ziel der Gemeinschaft ist jedoch in den Verhandlungen zum »EU-Reformvertrag« am Widerstand des französischen Staatspräsidenten Sarkozy gescheitert.[323]

321 Gerber, David J.: Law and Competition in Twentieth Century Europe… p. 401. Mehr Wettbewerb nützt allen. Experten diskutieren Entwicklung eines griffigen Kartellrechts. [Bericht über das Symposium des Kölner Forschungsinstituts für Wirtschaft und Wettbewerb in Innsbruck]. In: NZZ 14.3.2000. Nr. 62.

322 Zur französischen, italienischen und schwedischen Gesetzgebung: Gerber, David J.: Law and Competition in Twentieth Century Europe… pp. 403-413.

323 »Brüssel« bricht eine Lanze für den Wettbewerb. In: NZZ 2.7.2007. Nr. 150. p. 11.

## 6. Zusammenfassung

Das Kartellverbot und die Vorschriften für die Fusionskontrolle im Montanunionsvertrag gingen ursprünglich auf den Entwurf des US-amerikanischen Rechtsberaters der Alliierten Hohen Kommission Bowie zurück, waren jedoch rigider formuliert als die US-amerikanischen Antitrustgesetze. Die Wettbewerbsartikel des Montanunionsvertrags definierten die Bedingungen für Ausnahmegenehmigungen noch enger als der Entwurf zum Deutschen Gesetz gegen Wettbewerbsbeschränkungen und entsprachen in dieser Beziehung der neoliberalen Wettbewerbstheorie mit ihrer Forderung nach einem rigiden Kartellverbot. Da die Kohlenförderung und die Stahlindustrie sich aufgrund der natürlichen Vorkommnisse der Grundstoffe und des hohen Investitionsbedarfs nicht in das Konzept eines Marktes einfügen, der aus einer Vielzahl von möglichst kleinen Anbietern und Nachfragern besteht, war die Anwendung der Wettbewerbsgesetze auf dem europäischen Kohle- und Stahlsektor weitaus weniger rigide als die Anwendung der US-amerikanischen Antitrustgesetze auf dem US-amerikanischen Gesamtmarkt. Entgegen anderslautenden Darstellungen stand die Politik Ludwig Erhards auf dem Kohle- und Stahlsektor nicht im Widerspruch zum Neo- und Ordoliberalismus: Bei unvermeidbaren Monopolen bestand das Ziel der Monopolgesetzgebung nach neoliberaler Vorstellung darin, die Träger wirtschaftlicher Macht zu einem »wettbewerbsanalogen« Verhalten zu veranlassen, d.h. zu einem Verhalten, »als ob vollständige Konkurrenz« bestünde. Die Neoliberalen schlugen unterschiedliche Lösungen des Problems unvermeidbarer Monopole in der Wettbewerbsordnung vor: eine von den wirtschaftlichen Interessenten und vom Wirtschaftsministerium *unabhängige Monopolaufsicht*, *»gebundene Konkurrenz« unter der Aufsicht des Staates* als Sonderregelung für (Teil-)Oligopole oder *Verstaatlichung*.[324] Preisfixierungen sollten, so die übereinstimmende Stellungnahme der Neoliberalen, dem Mechanismus von Angebot und Nachfrage Rechnung tragen. Preisdifferenzierungen (Binnenhandel – Export) wurden als diskriminierend abgelehnt. Aus neoliberaler Sicht durfte das Aufkommen von Substitutionskonkurrenz in keiner Weise durch staatliche Interventionen behindert werden. Dementsprechend förderte die Bundesrepublik im Zeichen der neoliberalen Wirtschaftspolitik Ludwig Erhards das Aufkommen von Substitutionskonkurrenz (Erdöl) durch Liberalisierungsmassnahmen. Obwohl die Hohe Behörde als supranationale Institution nationalen Weisungen nicht unterstellt war, genügte sie nicht der neo- und ordoliberalen Forderung nach einer vollkommen unabhängigen, vom Einfluss politischer Entscheidungsträger und wirtschaftlicher Interessengruppen – seien es Industrieverbände oder Gewerkschaften – freien Monopolaufsichtsbehörde. Für die Beurteilung der Wettbewerbspolitik der Hohen Behörde ist zudem

324 Allais, Maurice: La gestion des houillères nationalisées et la théorie économique. Zuerst 1953... pp. 149-170.

festzustellen, dass die Konzentration und Kartellisierung im Kohle- und Stahlsektor nicht nur ein wirtschaftliches, sondern zugleich auch ein politisches Problem war. Nationale Ängste vor der wirtschaftlichen und politischen Übermacht der Bundesrepublik bzw. Frankreichs, Befürchtungen wegen ungleicher Startchancen für die westdeutsche Kohle- und Stahlindustrie und die Sorge um die Verteilung der Macht in der Gemeinschaft allgemein mussten bei der Anwendung des Kartellverbots und der Fusionskontrolle mitberücksichtigt werden. Mit der Suezkrise verschärfte sich die Kohlenknappheit und begannen die europäischen Regierungen der eigenen, europäischen Kohlenförderung grössere Bedeutung beizumessen als zuvor, da die Zuverlässigkeit der Kohleneinfuhren aus Übersee in Zweifel stand. Das Kartellverbot der Montanunion ist zu keiner Zeit mit der von der US-Regierung und den Neo- und Ordoliberalen geforderten Konsequenz und Rigidität durchgesetzt worden. Das Kartellverbot spielte eine untergeordnete Rolle, und von einer Freisetzung des kompetitiven Potentials an der Ruhr konnte keine Rede sein; Jedoch waren die anderen fünf westeuropäischen Staaten nun in der Lage, über die Hohe Behörde auf die Ruhr Einfluss zu nehmen. Der Kohle- und Stahlmarkt blieb hochkonzentriert und hochkartellisiert.

Ganz im Sinne des neo- und ordoliberalen Interdependenz-Ansatzes war das supranationale Wettbewerbsrecht im Römer Vertragstext darauf angelegt, die durch die Internationalisierung der Wirtschaftsbeziehungen begrenzte einzelstaatliche Wettbewerbspolitik zu ergänzen und die öffentlichen Unternehmen und Staatsmonopole einem wirksamen Wettbewerb auszusetzen. Da die Wettbewerbspolitik als »Achse«[325] (Röpke) der neo- und ordoliberalen Wirtschaftsordnung gilt, drängte die deutsche Delegation bereits in den Verhandlungen zur Errichtung einer Europäischen Politischen Gemeinschaft auf die Festlegung von Wettbewerbsregeln. Die Wettbewerbsartikel des EWG-Vertrags folgen dem Vorbild des Deutschen Gesetzes gegen Wettbewerbsbeschränkungen, das damals unter Beteiligung ordoliberaler Wirtschafts- und Rechtswissenschafter nach US-amerikanischen Vorgaben vorbereitet wurde und das »modernste«, weil strengste nationale Wettbewerbsrecht innerhalb der Europäischen Wirtschaftsgemeinschaft darstellte. Hinsichtlich der Wettbewerbsordnung für den Binnenmarkt näherte sich die europäische Auffassung derjenigen der US-amerikanischen Antitrustgesetze an, da mit der Schaffung der Europäischen Wirtschaftsgemeinschaft das Problem der Monopole, der Marktbeherrschung und der relativen wirtschaftlichen Unternehmensgrösse im wesentlichen dasselbe sein würde wie in den Vereinigten Staaten. Noch während des Krieges war die US-Regierung zu der treibenden Kraft hinter den internationalen Bemühungen um eine Wettbewerbsordnung für den zwischenstaatlichen Handel geworden. Durch den US-amerikanischen Einfluss auf nationaler und internationaler Ebene und durch die theoretischen und praktischen Bemühungen der Ordoliberalen auf dem Gebiet sowohl der nationalen deutschen Gesetzgebung als auch der Wettbewerbsregeln des EWG-Vertrags wurde das Wettbewerbsrecht zu einem gemeinsamen Merkmal der westlichen Welt. Wenn auch die *Umsetzung* der Wettbewerbspolitik durch die Kommission

325 Röpke, Wilhelm: Defekte der Weltwirtschaft II. In: NZZ 28.7.1960. Nr. 2555.

hinter den Ansprüchen der Neo- und Ordoliberalen zurückblieb, entsprach doch die Ausfüllung der Wettbewerbsregeln des EWG-Vertrags durch die Kommission und den Europäischen Gerichtshof *im Allgemeinen* der Sicherung eines unverfälschten Wettbewerbs.

Aus der wissenschaftsgeschichtlichen Aufarbeitung der wettbewerbspolitischen Konzeption des Neo- und Ordoliberalismus seit der Zwischenkriegszeit und der Untersuchung des Europäischen Wettbewerbsrechts mit geschichtswissenschaftlichen Methoden geht schliesslich hervor, dass das Wettbewerbsrecht in Europa das Ergebnis einer eigenen europäischen Leistung war und weder aus den USA importiert noch von der US-amerikanischen Hegemonialmacht auferlegt wurde. Das Wettbewerbsrecht der EWG wie auch die nationalen europäischen Wettbewerbsrechte können weder von ihrer Entstehungsgeschichte her noch inhaltlich[326] als abgeschwächte Formen des US-amerikanischen Antitrustrechts gesehen werden. Die Auseinandersetzung der Neo- und Ordoliberalen aus Deutschland, Österreich, der Schweiz, Frankreich, Italien, Grossbritannien und den USA mit dem US-amerikanischen Antitrustrecht war seit den 20er/ 30er Jahren von einer negativen Beurteilung der Rechts*anwendung* geprägt. Die ordnungspolitische Konzeption der europäischen Neoliberalen war in den späten 20er und frühen 30er Jahren als Antwort auf die spezifisch europäischen Bedingungen, nämlich die Kartellisierungswellen und die zunehmende wirtschaftliche Konzentration (1890-1930) in Deutschland und anderen europäischen Staaten, entstanden. Zunächst unabhängig von den europäischen Neoliberalen hatte der US-amerikanische Neoliberalismus aufgrund eines ähnlichen Wandels der Wirtschaftsstrukturen in den USA der Zwischenkriegszeit auf eine Revision des als ungenügend erachteten Antitrustrechts hingearbeitet. Der unmittelbare Einfluss der US-amerikanischen Hegemonialmacht auf Westeuropa und die wiederholten Initiativen der US-Regierung, in internationalen Institutionen wie der OEEC, dem GATT und der UNO eine internationale Wettbewerbsordnung zu begründen, haben die Entstehung nationaler Wettbewerbsrechte und des gemeinschaftlichen Wettbewerbsrechts in Europa entscheidend begünstigt. In der Folge der verschiedenen Bestrebungen auf internationaler Ebene – auf der Welthandelskonferenz in Havanna, in der OEEC, im Europarat und im Wirtschafts- und Sozialrat der Vereinten Nationen –, zu einer Lösung in der Kartellfrage zu finden, begann ein Paradigmawechsel Platz zu greifen: Die Vorstellung, internationale Kartelle würden das Vertrauen der Staaten untereinander fördern sowie den Weg zu einer europäischen Wirtschaftseinheit ebnen, wich der Einsicht in den friedens- und wohlfahrtsstiftenden Charakter einer Wettbewerbsordnung, welche Kartelle im zwischenstaatlichen Handel innerhalb des zu errichtenden Binnenmarktes überhaupt untersagte.

Der in der zeitgenössischen Publizistik erhobene Vorwurf, die Neoliberalen gingen von einer realitätsfernen Theorie des vollkommenen Wettbewerbs aus und verzichteten auf die Mitgestaltung des Europäischen Wettbewerbsrechts, steht im Widerspruch zu der nachweisbaren und grundlegenden Mitarbeit führender Neo-

326 Gerber, David J.: Law and Competition in Twentieth Century Europe... p. 431.

liberaler an der Ausgestaltung der Wettbewerbsregeln im EWG-Vertrag. Die Festlegung von Wettbewerbs*regeln* und *nicht* nur von *allgemeinen Prinzipien* und die im Vertrag vorgesehene gleichzeitige Ausschaltung von privaten wie öffentlichen Wettbewerbsverfälschungen waren entscheidende ordnungspolitische Weichenstellungen. Das Kartellverbot des EWG-Vertrags entsprach der neo- und ordoliberalen Konzeption, sofern der Genehmigungsvorbehalt in der Praxis möglichst eng ausgelegt würde. Das Verbot des *Missbrauchs* einer marktbeherrschenden Stellung hingegen war das Ergebnis eines politischen Kompromisses, der hinter der Forderung der Neo- und Ordoliberalen zurückblieb, indem das Monopolgesetz der EWG dem *Missbrauchs*prinzip statt dem *Verbots*prinzip folgte. Das erste Kommissionsmitglied, das 1958-1967 für die Generaldirektion Wettbewerb zuständig war, Hans von der Groeben, ab 1962 unterstützt vom Böhm-Schüler Mestmäcker, vertrat in der Kommission die neo- bzw. ordoliberale Konzeption der Wettbewerbsordnung, wenn er sich selbst auch nicht zu den Neoliberalen zählte und sich von deren *Integrations*theorie insgesamt distanzierte. Die von den Neo- und Ordoliberalen mit Nachdruck hervorgehobene »Interdependenz« aller wirtschaftspolitischen Massnahmen und die von ihnen geforderte Ausrichtung aller Teile der Wirtschaftspolitik auf die Wettbewerbspolitik konnten sich nur allmählich in politischen Erfolgen niederschlagen: in der Herabsetzung des Aussentarifs, der Ablösung der Umsatzsteuer durch die Mehrwertsteuer und dem Europäischen Patentübereinkommen. Konkurrierende wirtschaftspolitische Ziele der Kommission, die auf die internationale Konkurrenzfähigkeit kleiner und mittlerer Unternehmen abhoben, und nationale politische Widerstände erschwerten eine rigorose Anwendung des Wettbewerbsrechts, wie die Neoliberalen sie forderten. Verbote horizontaler Absprachen und des Missbrauchs marktbeherrschender Stellungen kamen in den 60er/ 70er Jahren kaum zur Anwendung. Das wichtige neoliberale Postulat, die Wettbewerbsartikel auch auf staatliche Beihilfen und öffentliche Monopole zu beziehen, blieb in der Praxis unerfüllt. Die Gemeinschaft verfügt erst seit dem 16. April 1999 über eine Verfahrensordnung für die Beihilfenkontrolle.[327] Die Rechtsanwendung konzentrierte sich in erster Linie auf das Verbot vertikaler Absprachen. Die Einführung der Fusionskontrolle zum Schutz des Wettbewerbs und nicht zur Erlangung strukturpolitischer Ziele darf als Erfolg jahrzehntelanger Bestrebungen der neoliberalen Wirtschaftswissenschafter, Juristen und Politiker gelten. Die Entwicklung der nationalen europäischen Wettbewerbsgesetzgebungen zum Verbots- statt Missbrauchskonzept seit den 1990er Jahren, die Einführung von Fusionskontrollen und die Bestrebungen auf nationaler Ebene, die Unabhängigkeit der entsprechenden Institutionen von Politik und Verwaltung zu fördern, kommen der bereits seit den 1930er Jahren vertretenen neo- bzw. ordoliberalen Konzeption entgegen. Die Wettbewerbspolitik insgesamt und die Fusionskontrolle im Besonderen darf jedenfalls als ein wegweisender Erfolg der Europäischen Gemeinschaft gelten.

327 Schaub, Alexander: Wandel des Europäischen Wettbewerbsrechts... p. 15.

# Literaturverzeichnis

## *1. Quellen*


Allais, Maurice: La gestion des houillères nationalisées et la théorie économique. Zuerst 1953. Gekürzter Nachdruck in: Allais, Maurice: Cours d'économie générale III. Paris 1959. pp. 149-170.

Amerika und die deutschen Kapitalinteressen im Ausland. In: NZZ 17.11.1944. Nr. 1960.

Die amerikanische Handelspolitik. In: NZZ 13.11.1945. Nr. 1708.

Aufzeichnung der Abteilung 2 betr. Aktionsprogramm der Europäischen Wirtschaftsgemeinschaft für die zweite Stufe der Übergangszeit. Bonn, 2.11.1962. Typoskript. Politisches Archiv des Auswärtigen Amts (Bonn): 2/200. Bd. 665.

Ausblicke in die Friedenswirtschaft. In: NZZ 13.4.1945. Nr. 621.

[Auswärtigen Amt:] Ergebnisprotokoll über die Ressortbesprechung im Auswärtigen Amt am 10. 11.1956 über die Probleme des Gemeinsamen Marktes und Euratom. Typoskript. Reproduktion. Politisches Archiv des Auswärtigen Amts: Fiche A9053.

Auswärtiges Amt: Horizontale wirtschaftliche Integration Europas. Synopse von Äusserungen der Delegationen der Mitgliedstaaten der Montangemeinschaft in der Konmmission für die Europäische Politische Gemeinschaft. Paris, Januar – März 1954. Typoskript. Bundesarchiv Koblenz: B 102/11580. Heft 4.

Die Bedeutung des Kleinhandels in den Vereinigten Staaten. In: NZZ 25.6.1947. Nr. 1235.

Begründung zu dem Entwurf der Bundesregierung für ein Gesetz gegen Wettbewerbsbeschränkungen. In: WuW 2(1952). pp. 460-475.

Berg, Fritz (Präsident des Bundesverbands der Deutschen Industrie): Schreiben an Bundeswirtschaftsminister Erhard. Altena, 6.10.1952. Abgedruckt unter dem Titel: Präsident Berg antwortet Prof. Erhard. Die Auffassung der Industrie zur Kartellfrage. In: WuW 2(1952). pp. 857-869.

Bipartite Control Office. Vereinigtes Sekretariat: Mitteilung der Militärregierung Nr. 1093. Memorandum an den Präsidenten des Wirtschaftsrates, Vorsitzenden des Länderrates betreffend Deutsche Teilnahme an der Entkartellisierung. Frankfurt, 29. März 1949. BICO/ Memo (49)30. Wirtschaftsrat des Vereinigten Wirtschaftsgebietes: Drucksachen 1949. Nr. 1093, ausgegeben am 9. April 1949. Politisches Archiv des Auswärtigen Amtes (Bonn).

Böhm, Franz: Die Aufgaben der freien Marktwirtschaft. [= Schriften der Hochschule für politische Wissenschaften. Heft 14]. München 1951.

Böhm, Franz: Entwurf für ein Gesetz gegen Wettbewerbsbeschränkungen. Im Deutschen Bundestag eingebrachter Antrag der Abgeordneten Böhm, Dresbach, Ruf et al. betr. Entwurf eines Gesetzes gegen Wettbewerbsbeschränkungen. Bundestagsdrucksache 1269 vom 16. März 1955. Abgedruckt unter dem Titel: Wortlaut des Böhm-Entwurfs. In: WuW 5(1955). pp. 319-327.

Böhm, Franz: Gutachten des Wissenschaftlichen Beirats bei der Verwaltung für Wirtschaft. Königstein (Taunus), 24.7.1949. Abgedruckt in Anlage 3 zu: Günther, Eberhard: Entwurf eines deutschen Gesetzes gegen Wettbewerbsbeschränkungen. In: WuW 1(1951). pp. 37-39.

Böhm, Franz: Kartelle und Koalitionsfreiheit. Berlin 1933.

Böhm, Franz: Die Ordnung der Wirtschaft als geschichtliche Aufgabe und rechtsschöpferische Leistung. Stuttgart – Berlin 1937.

Böhm, Franz: Das Problem der privaten Macht. In: Die Justiz 3(1928). pp. 324ff. Nachdruck: Böhm, Franz: Reden und Schriften. [= FS für Franz Böhm zum 65. Geburtstag]. Mestmäcker, Ernst-Joachim (Hg.). Karlsruhe 1960. pp. 25-45.

Böhm, Franz: Das Reichsgericht und die Kartelle. In: Ordo 1(1948). pp. 197-213.

Böhm, Franz: Der vollständige Wettbewerb und die Antimonopolgesetzgebung. (Stellungnahme zum Erhard/Berg-Briefwechsel). Referat vom 1.11.1952 vor dem Freiwirtschaftsbund in Heidelberg. In: WuW 3(1953). pp. 178-192.

Böhm, Franz: Der Wettbewerb als Instrument staatlicher Wirtschaftslenkung. [= Der Wettbewerb als Mittel volkswirtschaftlicher Leistungssteigerung und Leistungsauslese. Schriften der Akademie für Deutsches Recht. Gruppe Wirtschaftswissenschaften. Heft 6]. Schmölders, Günter (Hg.). Berlin 1942. pp. 51-98.

Böhm, Franz: Wettbewerb und Monopolkampf. Berlin 1933.

Böhm, Franz: Zum Erhard-Berg-Briefwechsel. Referat vom 1.11.1952 vor dem Freiwirtschaftsbund in Heidelberg. Abgedruckt unter dem Titel: Der vollständige Wettbewerb und die Antimonopolgesetzgebung. In: WuW 3(1953). pp. 178-192.

Die Botschaft Trumans an den Kongress. Konservative Tendenzen – Vorbote innenpolitischer Schwierigkeiten. In: NZZ 7.1.1947. Nr. 37.

Briefs, Götz: Kartellkritik des Liberalismus. In: Magazin der Wirtschaft 5. Januar 1928. pp. 7-10.

Die britische Monopolkontrolle. In: NZZ 6.4.1948. Nr. 721.

Britische Nachkriegsprobleme. In: NZZ 25.6.1943. Nr. 993.

Brunner, Karl: Englische Stimmen zum Problem der Wirtschaftsordnung. In: NZZ 7.9.1943. Nr. 1392.

Brunner, Karl: Das Problem der Wirtschaftsordnung. In: NZZ 18.8.1943. Nr. 1281.

»Brüssel« bricht eine Lanze für den Wettbewerb. In: NZZ 2.7.2007. Nr. 150. p. 11.

Brüsseler Integrationskonferenz: Aufzeichnung. Sitzungen der Arbeitsgruppe Gemeinsamer Markt 13. – 15. November 1956. Typoskript. gez. von Stempel. Brüssel, 15. November 1956. Politisches Archiv des Auswärtigen Amts (Bonn): 2/200. Bd. 89a. Jahr 1956-57.

Brüsseler Integrationskonferenz: Aufzeichnung. Verhandlungswoche vom 26. – 29.11.[1956]. Gemeinsamer Markt und Delegationsleiter. Bonn, 30.11.1956. Typoskript. Politisches Archiv des Auswärtigen Amts: 2/200. Bd. 89a. 1956/57.

[Bundesaussenminister:] Bericht des Bundesaussenministers zur allgemeinen aussenpolitischen Lage am 6. Juni d.J. vor dem Auswärtigen Ausschuss des Bundestages. Venedig, 31. Mai 1956. Typoskript. gez. Müller-Roschach. Reproduktion. Politisches Archiv des Auswärtigen Amts: Fiche A9037.

Bundesgesetz vom 4. Juli 1951 über die Regelung des Kartellwesens (Kartellgesetz). (Österreich). In: WuW 1(1951). pp. 143-154.

[Bundeskabinett:] Beschluss des Bundeskabinetts vom 9. Mai 1956. Typoskript. Microfiche A9032. Politisches Archiv des Auswärtigen Amts, Bonn.

Bundesminister des Auswärtigen/Bundesminister für Wirtschaft: Bericht über den gegenwärtigen Stand der Beratungen der Brüsseler Vorkonferenz zur Erweiterung der Europäischen Integration. Bonn, 5.11.1955. Typoskript. Bundesarchiv Koblenz: Bundeskanzleramt B 136/1310. Fiche 5.

Bundesministerium für Wirtschaft (I A): Arbeitsunterlage. Bonn, 12.6.1953. Typoskript. Bundesarchiv Koblenz: B 102/11411. Heft 1.

Bundesministerium für Wirtschaft (I A): Bericht über eine Besprechung im Auswärtigen Amt [13.1.1953] über Wirtschaftsverhandlungen zwischen den sechs Montan-Unions-Ländern. Bonn, 15.1.1953. Typoskript. Bundesarchiv Koblenz: B 102/11418. Heft 2.

[Bundesministerium für Wirtschaft:] Ressortbesprechung im Bundesministerium für Wirtschaft am 2.11.1956 betr. Brüsseler Regierungskonferenz für den Gemeinsamen Markt und Euratom. Bonn, 3.11.1956. Typoskript. Reproduktion. Politisches Archiv des Auswärtigen Amts: Fiche A9052.

Bundesrat. Nachrichten des Parlamentsdienstes des Bundesanzeigers. Bericht über die 85. Sitzung vom 23. Mai 1952. In: Bundesanzeiger Nr. 100 vom 27. Mai 1952. pp. 6-7. Bericht über die Rede des Bundeswirtschaftsministers Ludwig Erhard. pp. 6-7.

Bundestags-Beratungen zum Generalvertrag. Bundestagsprotokoll über die 242. Sitzung des Bundestags vom 5. Dezember 1952. Abgedruckt unter dem Titel: Stellungnahmen zum Kartellgesetz und zur Gewerbeordnung in den Bundestags-Beratungen zum Generalvertrag. In: WuW 2(1953). pp. 315-317.

Comité intergouvernemental créé par la Conférence de Messine: Commission du marché commun des investissements et des problèmes sociaux: Document de travail concernant la réglementation de la concurrence dans le marché commun. Brüssel, 14.9.1955. Typoskript. Reproduktion. Historisches Archiv der Europäischen Gemeinschaften, Florenz: CM 3/Nego 37/Cass 2. Fiche 25.

Comité intergouvernemental créé par la Conférence de Messine: Commission du marché commun des investissements et des problèmes sociaux: Document de travail relatif aux facteurs susceptibles d'influencer le jeu de la concurrence. Brüssel, 2.8.1955. Typoskript. Reproduktion. Historisches Archiv der Europäischen Gemeinschaften, Florenz: CM 3/Nego 36/ Cass 2. Fiche 23.

Comité intergouvernemental créé par la Conférence de Messine: Liste des membres [du Comité intergouvernemental créé par la Conférence de Messine]. Brüssel, 18.7.1955. Reproduktion. Historisches Archiv der Europäischen Gemeinschaften, Florenz: CM2. Nego 22. Cass 2. Fiche 8.

Comité intergouvernemental créé par la Conférence de Messine: Mémorandum de la délégation française sur l'établissement d'un marché commun général. Brüssel, 14.10.1955. Typoskript. Reproduktion. Historisches Archiv der Europäischen Gemeinschaften, Florenz: CM 3/Nego 039/Cass. 2/Fiche 30.

Comité intergouvernemental créé par la Conférence de Messine: Projet de Directive n° 1 du Comité Directeur à l'adresse de la Commission du Marché Commun, des investissements et des problèmes sociaux. Typoskript. Brüssel, 20.7.1955. Reproduktion. Historisches Archiv der Europäischen Gemeinschaften, Florenz: CM3. Nego 39. Cass 2. Fiche 23.

Commission constitutionnelle. Assemblée ad hoc. Groupe de travail: Cinquième session. Tableau des positions prises à la conférence de Rome par les six délégations à l'égard des attributions économiques de la Communauté Politique Européenne (22.9. – 9.10.1953). Paris 11.1.1954. Historisches Archiv der Europäischen Gemeinschaften, Florenz: PE 2/35.

Commission constitutionnelle. Assemblée ad hoc. Groupe de travail: Cinquième session. Note sur la deuxième partie (questions économiques) du rapport (en date du 8 mars 1954) de la Commission pour la Communauté politique européenne aux Ministres des Affaires étrangères des six pays de la Communauté européenne du charbon et de l'acier. Typoskript. Strassburg, 10.5.1954. Historisches Archiv der Europäischen Gemeinschaften, Florenz: PE 2/34.

Communauté Economique Européenne: Commission: Premier Rapport Général sur l'activité de la Communauté (1er janvier 1958 – 17 septembre 1958). Brüssel 17. 9. 1958.

Communauté Européenne du Charbon et de l'Acier: Décision N° 7-56 du 15 février 1956. In: Journal Officiel de la Communauté Européenne du Charbon et de l'Acier. Vol. 6. N° 6. 13. Mars 1956. pp. 56-80.

Conférence intergouvernementale pour le marché commun et l'EURATOM. Groupe du marché commun: Projet de procès-verbal des réunions du Groupe tenues à Bruxelles les 3, 4, 5 septembre 1956. Brüssel, 10.9.1956. Typoskript. Reproduktion. Historisches Archiv der Europäischen Gemeinschaften, Florenz: CM 3/Nego 135/Cass. 8/Fiche 23.

Conférence intergouvernementale pour le marché commun et l'EURATOM. Secrétariat: Groupe du marché commun. Projet de rédaction sur les règles de concurrence établi le 20 novembre 1956 par un groupe d'experts compte tenu des échanges de vues intervenus le 19 novembre 1956 en groupe restreint. Brüssel, 20.11.1956. Typoskript. Reproduktion. Historisches Archiv der Europäischen Gemeinschaften, Florenz: CM 3/Nego 236. A8 – A9.

Conférence intergouvernementale pour le marché commun et l'EURATOM. Secrétariat: Tableau synoptique des projets d'articles soumis par les délégations concernant les règles de concurrence applicables aux entreprises. Brüssel, 18.9.1956. Reproduktion. Historisches Archiv der Europäischen Gemeinschaften, Florenz: CM 3/Nego 236/E 13.

Conversations sur le Plan Schuman. Reproduktion Politisches Archiv des Auswärtigen Amts: Sekretariat für Fragen des Schumanplans. Bd. 83. Historisches Archiv der Europäischen Gemeinschaften, Florenz: AA – PA – B15 – Cass 2 – Fiche 13.

Department of State: Foreign Legislation Concerning Monopoly and Cartel Practices. Report of the Department of State to the Subcommittee on Monopoly of the Select Committee on Small Business United States Senate. Washington, July 9, 1952. Subcommittee Print No. 5, gekürzt abgedruckt unter dem Titel: Amerikanisches Aussenministerium zum deutschen Kartell- und Konzernproblem. In: WuW 2(1952). pp. 737-742.

[Deringer, Arved (Berichterstatter):] Europäisches Parlament: Ausschuss für Fragen des Binnenmarktes der Gemeinschaft: Vorentwurf eines Berichtes zu der Konsultation des Europäischen Parlamentes durch den Rat betreffend eine erste Durchführungsverordnung zu den Artikeln 85 und 86 des Vertrages. Januar 1961. Historisches Archiv der Europäischen Gemeinschaften, Florenz: CEAB 02 – 2012/1. CCE Commission Archives.

Deutsche Delegation: Dritter Bericht über die Arbeiten des Wirtschaftsausschusses der Studienkommission für die Schaffung einer Europäischen Politischen Gemeinschaft. Typoskript. Paris, 15.2.1954. Bundesarchiv Koblenz: B 102/11419. Heft 3.

Direction des Affaires Economiques et Financières: Note pour Monsieur Maurice Faure. 3.5.1956. Typoskript. Ministère des Affaires Etrangères. Deposita: Historisches Archiv der Europäischen Gemeinschaften, Florenz: MAEF OW 31.

Die Einstellung der Sozialisten zum Marshall-Plan. In: NZZ 17.1.1948. Nr. 108.

Englische Stimmen zum Problem der Wirtschaftsordnung. In: NZZ 7.9.1943. Nr. 1392.

Eppenberger, Max: Zur Frage des wirtschaftlichen Ordnungsprinzips. In: NZZ 23.7.1945. Nr. 1130.

Erhard, Ludwig: Brief an Konrad Adenauer. Bonn, 11.12.1950. Bundesarchiv Koblenz: Bundeskanzleramt B 136/2474.

Erhard, Ludwig: Brief an Walter Hallstein. Bonn, 9.10.1956. Typoskript. Bundesarchiv Koblenz: Bundeskanzleramt B102/11580. Heft 5.

Erhard, Ludwig: Entwurf eines Gesetzes gegen Wettbewerbsbeschränkungen. 85. Sitzung des Deutschen Bundesrates vom 23. Mai 1952. In: Deutscher Bundesrat. Sitzungsbericht Nr. 85. 85. Sitzung des Deutschen Bundesrates in Bonn am 23. Mai 1952. Ausgegeben in Bonn am 31. Mai 1952. pp. 217-219.

Erhard, Ludwig: Das GATT als Clearing-Haus der Handelspolitik. Rede des Bundeswirtschaftsministers vor der Genfer GATT-Konferenz zur Einleitung der Verhandlungen über die Revision des GATT vom 9. November 1954. In: Bulletin des Presse- und Informationsamtes der Bundesregierung. Bonn 12. November 1954. Nr. 214. pp. 1941-1944.

Erhard, Ludwig: Freiheit und Verantwortung. Ansprache auf dem 9. Bundestag des Evangelischen Arbeitskreises der CDU am 2. Juni 1961 in Hamburg. Abgedruckt in: Erhard, Ludwig: Deutsche Wirtschaftspolitik. Der Weg der Sozialen Marktwirtschaft. Düsseldorf – Wien 1962. pp. 588-595.

Erhard, Ludwig: Gedanken zu dem Problem der Kooperation oder der Integration. Private Studie. März 1955. Typoskript. Nachlass Ludwig Erhard: NE I 4) 53. Ludwig-Erhard-Stiftung, Bonn.

Erhard, Ludwig: Kabinettsvorlage betr. Brüsseler Regierungskonferenz für den Gemeinsamen Markt und Euratom. Bonn, 2.10.1956. Typoskript. Politisches Archiv des Auswärtigen Amts: Fiche A9048.

Erhard, Ludwig: Schreiben an das Auswärtige Amt betr. Verhandlungen über die europäische wirtschaftliche Integration. Bezug: Beschluss der Aussenminister-Konfernz vom 24./26.2.1953. [Bonn], 4.3.1953. Typoskript. Bundesarchiv Koblenz: B 102/11580. Heft 3.

Erhard, Ludwig: Stellungnahme des Bundesministers für Wirtschaft zum Abschluss des Schuman-Planes. Ohne Datum. Gez. Ludwig Erhard. Anlage zu: Erhard, Ludwig: Brief an Konrad Adenauer. Bonn, 11.12.1950. Bundesarchiv Koblenz: Bundeskanzleramt B 136/2474.

[Erhard, Ludwig:] Bundeswirtschaftsminister Ludwig Erhard zur Vorlage des Gesetzes gegen Wettbewerbsbeschränkungen in der 85. Sitzung des Deutschen Bundesrates vom 23. Mai 1952. In: Deutscher Bundesrat. Sitzungsbericht Nr. 85. 85. Sitzung des Deutschen Bundesrates in Bonn am 23. Mai 1952. Ausgegeben in Bonn am 31. Mai 1952. p. 217f.

Erhard, Ludwig: Die Ziele des Gesetzes gegen Wettbebwersbeschränkungen. Rede in der Sitzung des Deutschen Bundestages am 24.3.1955. [= Deutsche Wirtschaftspolitik. Der Weg der Sozialen Marktwirtschaft]. Erhard, Ludwig (Hg.). Düsseldorf – Wien 1962. pp. 267-275.

Erhard, Ludwig/Müller-Armack, Afred : Soziale Marktwirtschaftt. Ordnung der Zukunft. Manifest '72. Frankfurt a. M. – Berlin – Wien 1972

Erklärung von Staatssekretär Cordell Hull zur Wirtschafts- und Aussenwirtschaftspolitik der Vereinigten Staaten vom 22.4.1944: Die internationalen Kartelle nach dem Krieg. In: NZZ 25.4.1944. Nr. 697.

Die Erklärungen Stalins. Lebhafter Widerhall in Grossbritannien. In: NZZ 25.9.1946. Nr. 1712.

Erste Lesung des Kartellgesetzentwurfs im Deutschen Bundestag. 220. Sitzung des Bundestags vom 26. Juni 1952. In: WuW 2(1952). pp. 661-663.

Etzel, als Gastreferent in der Mont Pèlerin Society: Etzel, Franz: The European Coal and Steel Community and Its Economic Problems. Mont Pèlerin Society Records: Box 17. Hoover Institution Archives, Stanford University, CA (USA). Ohne Datum. Gemäss Bericht Carlo Moettelis am 12.9.1953 in Seelisberg.

Eucken, Walter: Die deutsche Währungsreform als internationales Problem. In: NZZ 21.12.1947. Nr. 2575.

Eucken, Walter: Die Grundlagen der Nationalökonomie. Jena 1940.

Eucken, Walter: Die Grundlagen der Nationalökonomie. [Rezension von Euckens Werk, 1941]. In: NZZ 22.2.1942. Nr. 289/301.

Eucken, Walter: Grundsätze der Wirtschaftspolitik. Bern – Tübingen 1952.

Eucken, Walter: Die Politik zur Herstellung der Wettbewerbsordnung. Zuerst 1952. [= Grundtexte zur Sozialen Marktwirtschaft. Zeugnisse aus zweihundert Jahren ordnungspolitischer Diskussion]. Stützel, Wolfgang/Watrin, Christian et al. (Hgg.). Stuttgart – New York 1981. pp. 143-162.

Eucken, Walter: Wettbewerb als Grundprinzip der Wirtschaftsverfassung. [= Der Wettbewerb als Mittel volkswirtschaftlicher Leistungssteigerung und Leistungsauslese. Schriften der Akademie für Deutsches Recht 6]. Schmölders, Günter (Hg.). Berlin 1942. pp. 29-49.

Eucken, Walter: Die Wettbewerbsordnung und ihre Verwirklichung. In: Ordo 2(1949). pp. 1- 99.

Eucken, Walter: Wirtschaftspolitik am toten Punkt I. In: NZZ 20.7.1948. Nr. 1533.

Eucken, Walter: Wirtschaftspolitik am toten Punkt II. In: NZZ 20.7.1948. Nr. 1535.

Eucken, Walter/Böhm, Franz: Die Aufgabe des Jahrbuches. Vorwort zu: Ordo 1(1948). pp. VII-XI.

Eucken, Walter/Comité d'Etudes Economiques: Gutachten. Betr.: Konzernentflechtung und Kartellauflösung. Freiburg i. Br., Ende Januar 1947. 2., revidierte Fassung des Gutachtens von Anfang Januar 1947. Gekürzte Wiedergabe in Anlage 1 zu: Günther, Eberhard: Entwurf eines deutschen Gesetzes gegen Wettbewerbsbeschränkungen. In: WuW 1(1951). pp. 35-36.

EU-Regeln für horizontale Verträge. Inkraftsetzung per 1. Januar [2001]. In: NZZ 30.11.2000. Nr. 280.

Europäische Bilanz des Kollektivismus I. In: NZZ 10.2.1948. Nr. 291.

Europäische Bilanz des Kollektivismus II. In: NZZ 11.2.1948. Nr. 294.

Europäische Gemeinschaft für Kohle und Stahl: 3. Gesamtbericht über die Tätigkeit der Gemeinschaft (12. April 1954 – 10. April 1955). Luxemburg, 10. April 1955.

Europäische Gemeinschaft für Kohle und Stahl: 4. Gesamtbericht über die Tätigkeit der Gemeinschaft (11. April 1955 – 8. April 1956). Brüssel 8.4.1956.

Europäische Gemeinschaft für Kohle und Stahl: 5. Gesamtbericht über die Tätigkeit der Gemeinschaft (9. April 1956 – 13. April 1957). Brüssel 13.4.1957.

Europäische Gemeinschaft für Kohle und Stahl: 6. Gesamtbericht über die Tätigkeit der Gemeinschaft. Bd. 2. Luxemburg, 13. April 1958.

Europäische Gemeinschaft für Kohle und Stahl: 14. Gesamtbericht über die Tätigkeit der Gemeinschaft (1. Februar 1965 – 31. Januar 1966). Luxemburg, März 1966.

Das europäische Selbsthilfeprogramm. Britisch-französische Zusammenarbeit im Geiste Marshalls. Französische Aufforderung an Russland zur Mitarbeit. In: NZZ 16.6.1947. Nr. 1162.

Europäische Wirtschaftsgemeinschaft: Generaldirektion für Wettbewerb. Direktion A: Stellungnahme der zweiten Kartellkonferenz der Regierungssachverständigen zur Rechtsnatur der Artikel 85ff des Romvertrages. Brüssel, 19. 1. 1959, Anlage 1. Typoskript. Reproduktion. Historisches Archiv der Europäischen Gemeinschaften, Florenz: CEAB 2. 1795/1 – 3. CCE Commission Archives.

Europäische Wirtschaftsgemeinschaft – Kommission: Erster Gesamtbericht über die Tätigkeiten der Gemeinschaft vom 1. Januar 1958 bis 17. September 1958. Gekürzt abgedruckt unter dem Titel: Materialien zum EWG-Kartellrecht. In: WuW 9(1959). p. 50-52.

Europäische Wirtschaftsgemeinschaft – Kommission: Das Problem der Unternehmenskonzentration im Gemeinsamen Markt. Brüssel, 1.12.1965. Typoskript. Nachlass Walter Hallstein: N 1266/793. Fiche 1 – 2. Bundesarchiv Koblenz.

Europäisches Patentübereinkommen revidiert. [Bericht über die diplomatische Konferenz zur Revision des Europäischen Patentübereinkommens in München]. In: NZZ 30.11.2000. Nr. 280.

Europarat-Entwurf einer Europäischen Konvention zur Kontrolle internationaler Kartelle. Memorandum on the proposal of the Consultative Assembly for the preparation of a European Convention for the Control of International Cartels. Committee of Ministers, 7th Session, Strassburg, 2. März 1951. In: WuW 2(1952). pp. 296-302.

Fernschreiben (verschlüsselt) ans Auswärtige Amt betr. Brüsseler Integrationskonferenz; Arbeitsgruppe Gemeinsamer Markt. Brüssel, 27.11.1956. Typoskript. Reproduktion. Politisches Archiv des Auswärtigen Amts: Fiche A9054.

Gemeinsamer Markt. Bonn, 18.12.1956. Typoskript. Reproduktion. Politisches Archiv des Auswärtigen Amts: Fiche A9057.

Die Gesellschaftsstruktur der wastdeutschen Montanindustrie. In: Wirtschaftsdienst. April 1958. pp. 214-219.

Gesetz betreffend die Überwachung von Monopolen und Wettbewerbsbeschränkungen vom 31.3.1955 (Dänemark). In: WuW 5(1955). pp. 632-633 und pp. 660-664.

Gesetz gegen Wettbewerbsbeschränkungen vom 27. Juli 1957. In: Bundesgesetzblatt. Teil 1. Ausgegeben zu Bonn am 9. August 1957. Nr. 41. pp. 1081-1103.

Gesetz über vorläufige Massnahmen auf dem Kartellgebiet vom 11.4.1951 (Niederlande). In: WuW 2(1952). pp. 543-544.

Gesetz zum Schutz gegen den Missbrauch wirtschaftlicher Machtstellung vom 27.5.1960 (Belgien), abgedruckt unter dem Titel: Text des belgischen Kartellgesetzes vom 27. Mai 1960. In: WuW 10(1960). pp. 704-714.

Gesetz (Ergänzungsgesetz zu dem vom schwedischen König am 29.6.1946 erlassenen Gesetz zur Überwachung der Wettbewerbsbeschränkung in der Wirtschaft) zur Bekämpfung von gewissen Fällen der Wettbewerbsbeschränkung in der Wirtschaft von 1953. In: WuW 3(1953). pp. 568-571.

Gesetz zur Regelung des wirtschaftlichen Wettbewerbs vom 28.6.1956 (Niederlande). In: WuW 11(1961). pp. 30-38.

Gesetz zur Überwachung der Wettbewerbsbeschränkung in der Wirtschaft vom 29.6.1946 (Schweden). In: WuW 2(1952). pp. 225-227.

Gesetzesentwurf über den wirtschaftlichen Wettbewerb vom Februar 1951 (Niederlande). In: WuW 2(1952). pp. 544-548.

Gesetzgebung, Rechtsprechung und Wirtschaftsordnung. Zu einem Jahrbuch für die Ordnung von Wirtschaft und Gesellschaft. In: NZZ 31.10.1948. Nr. 2281.

Gestrich, Hans: Kredit und Sparen. Jena 1944.

Gibt es in England einen »mittleren Weg«? In: NZZ 3.8.1947 Nr. 1567.

Globke, Hans: Brief an Wilhelm Röpke (Entwurf). Bonn, 10.8.1950. Typoskript. Stempel: »Abgesandt 11. Aug. 1950«. Bundesarchiv Koblenz: B 136/2473.

Graham, Frank D.: Wortbeitrag zur Tagung: Free Enterprise or Competitive Order (1.4.1947) im Rahmen des Mont Pèlerin Society Meeting Seelisberg, 1. – 10. 4. 1947. Gesprächsprotokolle, aufgezeichnet von D. Hahn. Typoskript. Teil 1. p. 15. Teil 2. p. 5. Nachlass Friedrich A. von Hayek: Box 81. Hoover Institution Archives. Stanford University, CA, USA.

[Groeben, Hans von der:] Europäische Wirtschaftsgemeinschaft: Kommission: Kartellpolitik. Mitteilung vorgelegt von Hans von der Groeben. Brüssel, 15.2.1960. Typoskript. Reproduktion. Historisches Archiv der Europäischen Gemeinschaften, Florenz: CEAB 2. 1795/ 1 – 3. CCE Commission Archives.

[Groeben, Hans von der:] Europäische Wirtschaftsgemeinschaft: Kommission: Die Wettbewerbspolitik als Teil der Wirtschaftspolitik im Gemeinsamen Markt. Rede vor dem Europäischen Parlament in Strassburg, 16. Juni 1965. Politisches Archiv des Auswärtigen Amts (Bonn): AA I A2. Bd. 1099.

Groeben, Hans von der: Die Rolle der Wettbewerbspolitik für die Entstehung des Gemeinsamen Marktes. [= 40 Jahre Römische Verträge: Der deutsche Beitrag. Dokumentation der Konferenz anlässlich des 90. Geburtstages von Hans von der Groeben]. Hrbek, Rudolf/Schwarz, Volker (Hgg.). Baden-Baden 1998. pp. 171-173.

Groeben, Hans von der: Wettbewerbspolitik in der Europäischen Wirtschaftsgemeinschaft. Sekretariat der Kommission der Europäischen Wirtschaftsgemeinschaft. Juni 1961. Historisches Archiv der Europäischen Gemeinschaften, Florenz: CEAB 2- N 2013/2.

[Groupe du marché commun:] Procès-verbal des réunions des 27-29 novembre 1956 du groupe du marché commun de la conférence intergouvernementale pour le marché commun. Les règles de concurrence: Normes applicables aux entreprises. Typoskript. p. 1. Reproduktion. Historisches Archiv der Europäischen Gemeinschaften, Florenz: CM 3/Nego 236.

Groupe du marché commun: Sécretariat. Mémento interne. 3. – 4.9.1956. Brüssel, 7.9.1956. Typoskript. Reproduktion. Historisches Archiv der Europäischen Gemeinschaften, Florenz: CM 3/Nego 135/Cass. 8/Fiche 23.

Groupe du marché commun: Sécretariat. Mémento interne. 13, 14 et 15 novembre 1956. Examen en seconde lecture des règles de concurrence. Brüssel, 20.11.1956. Typoskript. Reproduktion.

Grundsätze der CDU/CSU Deutschlands, mitgeteilt vom Generalsekretariat am 2. Januar 1950. [= Deutsche Parteiprogramme. Eine Auswahl vom Vormärz bis zur Gegenwart]. Mommsen, Wilhelm (Hg.). München 1952. pp. 150-156.

Günther, Eberhard: Gesetz gegen Wettbewerbsbeschränkungen. Stand der Verhandlungen mit der Alliierten Hohen Kommission über den deutschen Entwurf. In: WuW 2(1952). pp. 281-282.

Haberler, Gottfried von: Prospérité et Dépression. Etude théorique des cycles économiques. 3. Auflage. Sér. P. SDN. Genf 1943 II A2.

Haenlein: Schreiben betr. Erster Gesamtbericht der Kommission der Europäischen Wirtschaftsgemeinschaft. Adressat: Bundeskanzler. Europäisches Parlament: Ausschuss für Fragen des Binnenmarktes der Gemeinschaft: Mitteilung an die Mitglieder. Luxemburg, 22.9.1958. Reproduktion. Historisches Archiv der Europäischen Gemeinschaften, Florenz: CM2. 1959. 741. Cass. 99. Fiche 2.

Hahn, Albert: Ist Sparen eine Tugend oder ein Laster? In: NZZ 1946. Nr. 1381.

Hahn, Albert: Nationalökonomie der Illusionen. In: NZZ 19./20.9.1947. Nr. 1819/1821/1830.

Hahn, Albert: Voraussetzungen und Folgen der Währungsstabilisierung. In: NZZ 21./22.8.1948. Nr. 1744/1750.

Hahn, Roland: Wilhelm Röpke [= Denker der Freiheit 2.]. Sankt Augustin 1997.

Hart umstrittene Kartellrechtsreform der EU. Begrüsste Grundsätze – kritisierte konkrete Schritte. In: NZZ 30.1.2000. Nr. 16.

Havanna-Charta für eine Internationale Handelsorganisation vom 24. März 1948. Kapitel 5 über »Einschränkende Handelspraktiken«, abgedruckt unter dem Titel: Die Kartellbestimmungen der Havanna-Charta. In: WuW 3(1953). pp. 244-252.

Hayek, Friedrich A. von: The Road to Serfdom. London – Henley 1944. Nachdruck 1976.

Hayek, Friedrich A.: Der Sinn des Wettbewerbs. [= Individualismus und wirtschaftliche Ordnung]. Hayek, Friedrich A. von (Hg.). 2., erweiterte Auflage. Salzburg 1976. pp. 122-140. Zuerst englisch: Chicago 1948.

Hayek, Friedrich A. von – Eucken, Walter: Briefwechsel: Brief Friedrich A. von Hayeks an Walter Eucken, ohne Ort, 19.10.1945. Brief Friedrich A. von Hayeks an Walter Eucken, ohne Ort, 22.11.1945. Brief Walter Euckens an Freidrich A. von Hayek, Freiburg i. Br. 24.1.1946. Brief Euckens an Hayek, Freiburg i. Br. 18.2.1946. Brief Walter Euckens an Friedrich A. von Hayek, Freiburg i. Br. 12.3.1946. Brief Walter Euckens an Friedrich A. von Hayek, Freiburg i. Br. 26.8.1947. Brief Euckens an Hayek, Freiburg i. Br., 5.4.1948. Hayek, Friedrich A. von: Brief an Walter Eucken. Chicago, 8. 3.1950. Nachlass Friedrich A. von Hayek: Box 18. Hoover Institution Archives. Stanford University, CA, USA.

[Hayek, Friedrich A. von:] Professor Hayek über Marktwirtschaft und Wirtschaftspolitik. In: WuW 3(1953). p. 625.

[Hayek, Friedrich A. von:] Vollbeschäftigung. Ein Vortrag von Prof. F. A. Hayek, London. In: NZZ 14.10.1945. Nr. 1543.

Herczec, Karl L.: Die Vereinheitlichung der europäischen Kartellgesetzgebung im Dienste der wirtschaftlichen Integration. [= Wirtschaftsberichte der Creditanstalt-Bankverein]. Wien 1952.

Hunold, Albert: Die »Genossenschaft« – ein wirtschaftliches Ordnungsprinzip? In: NZZ 16.7.1945. Nr. 1096.

Hunold, Albert: Nochmals: Die »Genossenschaft« – ein Ordnungsprinzip der Wirtschaft? Eine Auseinandersetzung mit echten und Pseudo-Genossenschaften. In: NZZ 9.8.1945. Nr. 1211.

Internationale Allianz der Genossenschaften zum Wettbewerbs- und Monopolproblem. Entschliessung des Internationalen Genossenschaftskongresses vom 27. September 1951 in Kopenhagen. In: WuW 1(1951). pp. 106-107.

Internationale Handelskammer: Entschliessung der Internationalen Handelskammer zum Wettbewerbs- und Kartellproblem: In: WuW 2(1952). pp. 930-932.

Die internationalen Kartelle nach dem Krieg. In: NZZ 25.4.1944. Nr. 697.

Isay, Rudolf: Gegenvorschlag zum Regierungsentwurf zum Gesetz gegen Wettbewerbsbeschränkungen. In: WuW 4(1954). pp. 100-117.

Isay, Rudolf: Soziale Marktwirtschaft und Kartellgesetzgebung. In: WuW 4(1954). pp. 557-580.

Isay, Rudolf: Wirtschaftliche und rechtliche Konsequenzen des Böhm-Entwurfs. In: WuW 5(1955). pp. 339-352.

Jungliberale Bewegung der Schweiz: Stellungnahme zur schweizerischen Wirtschaftspolitik. In: NZZ 22.1.1945. Nr. 128.

Die Kampfansage Roosevelts an die deutschen Kartelle. Antworten aus Deutschland. In: NZZ 13.10.1944. Nr. 1744.

Die »Kartelldämmerung« in Deutschland. In: NZZ 4.7.1943. Nr. 1044.

Kommission für die Europäische Politische Gemeinschaft: Arbeitsunterlage. Aufzeichnung über die Wettbewerbsbedingungen auf dem gemeinsamen Markt. Typoskript. Paris, 15.1.1964. Bundesarchiv Koblenz: B 102/11416. Heft 1.

Kommission für die Europäische Politische Gemeinschaft: Arbeitsunterlage. Grundsätze für das freie Spiel des Wettbewerbs. Typoskript. [Ohne Ort], 11.2.1954. Bundesarchiv Koblenz: B 102/11416. Heft 1.

Kommission für die Europäische Politische Gemeinschaft: Wirtschaftsausschuss: Aufzeichnung der deutschen Delegation über die Beseitigung wettbewerbsverfälschender Massnahmen und Praktiken. Typoskript. Paris, 2.3.1954. Reproduktion. Politisches Archiv des Auswärtigen Amts: Abt. 2. Sekretariat für Fragen des Schuman-Plans. Historisches Archiv der Europäischen Gemeinschaften, Florenz: AA – PA – A8923.

Der Kongress der Liberalen Weltunion. Generaldebatte über Wirtschaftsdemokratie. In: NZZ 23.5.1948. Nr. 1090.

Kongress der Liberalen Weltunion in Zürich 21. – 25. Mai 1948. In: NZZ 21.5.1948. Nr. 1073.

Der Kongress der Liberalen Weltunion in Zürich. Die Einigung Europas. In: NZZ 24.5.1948 Nr. 1095.

Länderbericht Finnland. Kartellgesetz vom Reichstag angenommen. In: WuW 7(1957). pp. 168-169.

Laski, Harold J.: Revolutionäre Wandlungen in unserer Zeit. Zürich 1945.

Lavergne, Bernard: Essor et décadence du Capitalisme. Paris 1938. Das Vorwort des Bandes ist auf 20. April 1938 datiert. Nach der Eintragung der Druckerei Dardaillon et Dagniaux (St. Denis) ist das Buch im April 1938 gedruckt worden.

Die Londoner Wirtschaftskonferenz. In: NZZ 28.10.1946. Nr. 1944.

Lublin, Isador: Statement by Isador Lublin, United States Representative in the Economic and Social Council on Restricitive Bisiness Practices. UN-ECOSOC, 13th Session, abgedruckt unter dem Titel: Rede des US-Delegierten auf der 13. UN-ECOSOC-Tagung in Genf. In: WuW 2(1952). pp. 228-233.

Lutz, Friedrich A.: Bemerkungen zum Monopolproblem. In: Ordo 8(1956). pp. 19-43.

Machlup, Fritz: The American Antitrust Laws – Success or Failure? In: Schweizer Zeitschrift für Volkswirtschaft und Statistik. 87(1951). pp. 513-520.

Machlup, Fritz: The Characteristics and Classifications of Oligopoly. In: Kyklos 5(1952). pp. 145-163.

Machlup, Fritz: Characteristics and Types of Price Discrimination. [= Business Concentration and Price Policies]. Stigler, George (Hg.). Princeton 1955. pp. 397-440.

Machlup, Fritz: Competition, Pliopoly and Profit. In: Economica NF 9(1942). Teil 1. pp. 1 – 23. Teil 2. pp. 153-173.

Machlup, Fritz: The Economics of Sellers' Competition. Model Anaysis of Sellers' Conduct. Baltimore 1952.

Machlup, Fritz: Evaluation of the Practical Significance of the Theory of Monopolistic Competition. In: American Economic Review 29(1939). pp. 227-236.

Machlup, Fritz: Monopolistic Wage Determination as a Part of the General Problem of Monopoly. [= Wage Determination and the Economics of Liberalism]. Economic Institute (Hg.). Washington, Chamber of Commerce of the United States 1947. pp. 49-82.

Machlup, Fritz: Monopoly and Competition: A Classification of Market Positions. In: American Economic Review 27(1937). pp. 445-451.

Machlup, Fritz: Monopoly and the Problem of Econmic Stability. [= Monopoly and Competition and their Regulation. International Economic Association]. Chamberlin, Edward H. (Hg.) London 1954. pp. 385-397.

Machlup, Fritz: The Nature of the International Cartel Problem. [= A Cartel Policy for the United Nations]. Edwards, Corwin D. (Hg.). New York 1945. pp. 1-24.

Machlup, Fritz: Oligopolistic Indeterminacy. In: Weltwirtschaftliches Archiv 68(1952). pp. 1-19.

Machlup, Fritz: The Political Economy of Monopoly. Baltimore 1952.

Machlup, Fritz: Volkswirtschaftliche Scheinverluste beim Zustrom neuer Wettbewerber. In: Ordo 5(1952). pp. 115-133.

Machlup, Fritz: What's Best for the Competitive Enterprise System? [= Delivered Pricing and the Future of American Business]. Economic Institute (Hg.). Washington, Chamber of Commerce of the United States 1948. pp. 193-199.

[Machlup, Fritz:] Statement of Fritz Machlup, Professor of Political Economy of the John Hopkins University: Study of Monopoly Power. Hearings before the Subcommittee on Study of Monopoly Power of the Committee on the Judiciary. House of Representatives. 81st Congress. First Session. Serial No. 14. Part 2-A. Washington 1950. pp. 500-522.

Machlup, Fritz – Eucken, Walter: Briefwechsel. Brief Walter Euckens an Fritz Machlup, Freiburg i. Br., 30.4.1947. Brief Machlups an Eucken, ohne Ort, 5.6.1947. Brief Euckens an Machlup, Freiburg i. Br., 11.8.1947. Brief Euckens an Machlup, Freiburg i. Br., 7.10.1947. Brief Euckens an Machlup, Freiburg i. Br., 11.2.1948. Brief Machlups an Eucken, ohne Ort, 30.6.1948. Nachlass Fritz Machlup. Box 36. Hoover Institution Archives. Stanford University, CA, USA.

Macmillan, Harold: The Middle Way. A Study of the Problem of Economic and Social Progress in a Free and Democratic Society. London 1938.

Madariaga, Salvador de: Europa und die liberalen Grundsätze. In: NZZ 23.5.1948. Nr. 1086.

Marchtaler: Aufzeichnung [über sein Treffen mit Tomlinson in der US-Botschaft in Paris vom 13.11.1950]. Paris, 13.11.1950. Reproduktion. Politisches Archiv des Auswärtigen Amts:

Abt. 2. Sekretariat für Fragen des Schuman-Plans. Historisches Archiv der Europäischen Gemeinschaften, Florenz: AA – PA – B15 – Cass 3.

Marchtaler: Tagebuch. Paris, 16.- 20.11.1950. Reproduktion. Politisches Archiv des Auswärtigen Amts: Abt. 2. Sekretariat für Fragen des Schuman-Plans. Bd. 84. Historisches Archiv der Europäischen Gemeinschaften, Florenz: AA – PA – B15 – Cass 2 – Fiche 16.

Mehr Wettbewerb nützt allen. Experten diskutieren Entwicklung eines griffigen Kartellrechts. [Bericht über das Symposium des Kölner Forschungsinstituts für Wirtschaft und Wettbewerb in Innsbruck]. In: NZZ 14.3.2000. Nr. 62.

Memorandum der Bundesregierung über die Fortführung der Integration. Tagung der Aussenminister der Mitgliedstaaten der Montangemeinschaft. Messina, 1. Juni 1955. Typoskript. Reproduktion. Historisches Archiv der Europäischen Gemeinschaften, Florenz: CM3. Nego 006. Cass 1. Fiche 9.

Miksch, Leonhard: Möglichkeiten und Grenzen der gebundenen Konkurrenz. [= Der Wettbewerb als Mittel volkswirtschaftlicher Leistungssteigerung und Leistungsauslese. Schriften der Akademie für Deutsches Recht 6]. Schmölders, Günter (Hg.). Berlin 1942. pp. 99-106.

Miksch, Leonhard: Wettbewerb als Aufgabe. Die Grundsätze einer Wettbewerbsordnung. [= Ordnung der Wirtschaft 4]. Böhm, Franz/Eucken, Walter/Grossmann-Doerth, Hans (Hgg.). Stuttgart – Berlin 1937.

Miksch, Leonhard: Die Wirtschaftspolitik des Als-Ob. In: Zeitschrift für die gesamte Staatswissenschaft 105(1949). pp. 310-338.

Mises, Ludwig von: Liberalismus. Jena 1927.

Mises, Ludwig von: Omnipotent Government. The Rise of the Total State and Total War. New Haven – London 1944. 5., unveränderter Nachdruck 1948.

Mises, Ludwig von: Die Ursachen der Wirtschaftskrise. [= Recht und Staat in Geschichte und Gegenwart 82]. Tübingen 1931.

Moetteli, Carlo: Die schweizerische Wirtschaftspolitik zwischen Krieg und Frieden. Zum Jahrbuch der Neuen Helvetischen Gesellschaft. In: NZZ 30.12.1948. Nr. 2803.

Moetteli, Carlo: Wirtschaftliche Probleme der europäischen Integration. In: NZZ 14.9.1953. FAZ-Archiv 150,041.

Monnet, Jean: Mémoires. Paris 1976.

Das Monopolproblem und Rohstoffwirtschaft. In: NZZ 1.9.1944. Nr. 1479.

Müller-Armack, Alfred: Auf dem Weg nach Europa. Erinnerungen und Ausblicke. Tübingen – Stuttgart 1971.

Müller-Armack, Alfred: Brief an Friedrich A. von Hayek. Münster i. W., 14.12.1948. Nachlass Friedrich A. von Hayek: Box 39. Hoover Institution Archives. Stanford University, CA, USA.

Müller-Armack, Alfred: Erster Bericht über den Stand der Konferenzarbeit auf dem Gebiet der wirtschaftlichen Integration. Typoskript. Rom, 1.10.1953. Bundesarchiv Koblenz: B 102/ 11411. Heft 1.

Müller-Armack, Alfred: Das gesellschaftspolitische Leitbild der Sozialen Marktwirtschaft (1962). [= Wirtschaftsordnung und Wirtschaftspolitik. Beiträge zur Wirtschaftspolitik 4] Müller-Armack, Alfred (Hg.). 2., unveränderte Auflage. Bern – Stuttgart 1976. pp. 293-315.

Müller-Armak, Alfred: Ordnung und Freiheit. Referat erstattet an der Tagung der Evangelischen Akademie am 12.6.1949. Typoskript. Nachlass Alfred Müller-Armack: ACDP I – 236 – 055/ 1. Archiv für Christlich-Demokratische Politik der Konrad-Adenauer-Stiftung, Sankt Augustin (Bonn).

[Müller-Armack, Alfred (et al.):] Ausschuss zur Ausarbeitung von Vorschlägen für das Preisgefüge von Brennstoffen, Energien und Kohlenwertstoffen, unter dem Vorsitz von Alfred

Müller-Armack: Bericht über die Grundsätze der Gestaltung des Kohlenpreisgefüges. Typoskript. Anlage zum Brief Müller-Armacks an Franz Etzel vom 30.7.1952. Nachlass Alfred Müller-Armack: ACDP I – 236 – 038/3. Archiv für Christlich-Demokratische Politik der Konrad-Adenauer-Stiftung, Sankt Augustin (Bonn).

Müller-Armack, [Alfred] – Etzel, [Franz]: Unterredung in Baden-Baden am 26.4.1955. Typoskript. Bundesarchiv Koblenz: B102/11580. Heft 4.

Müller-Armack offiziell mit der Kontrolle der Ruhrkartelle beauftragt. Typoskript. Luxemburg (VWD), 2.10.1963. Nachlass Alfred Müller-Armack: ACDP I – 236 – 038/3. Archiv für Christlich-Demokratische Politik der Konrad-Adenauer-Stiftung, Sankt Augustin (Bonn).

Neoliberalismus und Gemeinsamer Markt – Die Freiburger Schule beraubt sich ihrer Einflussmöglichkeiten. In: Der Volkswirt 11.2.1961. Heft 6. pp. 220-222.

Die neuen Stahlkonzerne an der Ruhr. In: Der Volkswirt 7. Dezember 1957. pp. 2625-2628.

Neuer Anlauf für besseres EU-Patentsystem. In: NZZ 4.4.2007. Nr. 79.

Neues Leben bei den englischen Liberalen. Kühne sozialpolitische Vorschläge am Parteitag in Blackpool. (22.4.1948). In: NZZ 23.4.1948. Nr. 858.

Niederländischer Gesetzesentwurf über den wirtschaftlichen Wettbewerb vom Februar 1951. In: WuW 2(1952). pp. 544-548.

Niederschrift über die Besprechung vom 7. Juli 1955 unter Vorsitz des Vizekanzlers Blücher betr. Weisung an den Deutschen Vertreter bei der Vorbereitung der Brüsseler Vorkonferenz (Integration). Typoskript. Reproduktion. Bundesarchiv Koblenz: Bundeskanzleramt.

OEEC: Europe's Growing Needs of Energy. How Can They be Met? Report prepared by a group of experts [Harold Hartley, Jacques Desrousseaux, Henning Daniel Fransén, Frencesco Giordani, Henri Niesz, Gustaf Adolf Tuyl Schuitemaker, Pierre Uri, Friedrich Wilhelm Ziervogel, Walker (sic!) Cisler]. Paris, Mai 1956.

OEEC: Robinson Report: Towards a New Energy Pattern in Europe. 1960.

Office of the US-High Commissioner for Germany: Report on Germany. Deutschlandbericht des amerikanischen Hohen Kommissars für die Zeit vom 21. September 1949 bis 31. Juli 1952. Gekürzt abgedruckt unter dem Titel: Alliierte Dekartellierungspolitik in Deutschland in den Jahren 1949/52. In: WuW 3(1953). pp. 107-114.

Ophüls, Carl Friedrich: Fernschreiben (verschlüsselt) an das Auswärtige Amt betr. Brüsseler Integrationskonferenz; Arbeitsgruppe Gemeinsamer Markt. Brüssel, 14.11.1956. Reproduktion. Politisches Archiv des Auswärtigen Amts: Fiche A9108.

Ophüls, Carl Friedrich: Fernschreiben ans Auswärtige Amt. Betr. Brüsseler Integrationskonferenz; Arbeitsgruppe »Gemeinsamer Markt«. Sitzung vom 4. September 1956. Brüssel, 5.9.1956. Typoskript. Reproduktion. Politisches Archiv des Auswärtigen Amts, Bonn: Fiche A9044.

Parteitag der Freisinnig-demokratischen Partei der Schweiz in Genf. In: NZZ. 12.4.1943. Nr. 596.

Eine Prinzipienerklärung der englischen Liberalen. In: NZZ 27.3.1947. Nr. 587.

Das Problem der Wirtschaftskontrolle in England. In: NZZ 11.3.1944. Nr. 421.

Produktivitätsausschuss der OEEC zum Wettbewerbs- und Kartellproblem. In: WuW 2(1952). pp. 911f.

Das Programm Präsident Trumans. In: NZZ 8.1.1947. Nr. 39.

Protokoll der Ressortbesprechung betr. Brüsseler Integrationskonferenz/Gemeinsamer Markt vom 8.9.1956. Protokoll ohne Datum. Typoskript. Reproduktion. Politisches Archiv des Auswärtigen Amts, Bonn: Fiche A9046.

Protokoll der Staatssekretärsbesprechung vom 14.4.1956 im Auswärtigen Amt. Betr.: Abschluss der Brüsseler Vorkonferenz für Fortführung und Erweiterung der Europäischen Integration.

Bonn, 14.4.1956. Typoskript. Reproduktion Bundesarchiv Koblenz: Bundeskanzleramt B 136/1312. Fiche 7.

Regierungsausschuss eingesetzt von der Konferenz von Messina: Bericht der Delegationsleiter an die Aussenminister. [= Spaak-Bericht]. Brüssel, 21.4.1956. Historisches Archiv der Europäischen Gemeinschaften, Florenz: MAE 120d/56.

Regierungskonferenz für den Gemeinsamen Markt und EURATOM: Sekretariat. Arbeitsgruppe für den Gemeinsamen Markt. Redaktionsvorschlag der deutschen Delegation betreffend die Wettbewerbsregeln für die Unternehmen. Brüssel, 13.11.1956. Typoskript. Reproduktion. Historisches Archiv der Europäischen Gemeinschaften, Florenz: CM 3/Nego 236/G 1 – G 2.

Restrictive Trade Practices Act vom 2.8.1956. (Grossbritannien). In: WuW 6(1956). pp. 818-836.

Ricard, Pierre: Bericht der europäischen Delegation über »Comparative Policies«, erstattet von Pierre Ricard, Vizepräsident des Conseil National du Patronat Français, auf der Ersten Internationalen Industriellenkonferenz in New York vom 3. bis 5. Dezember 1951, abgedruckt unter dem Titel: Die europäischen Industriellen zum Problem »Wettbewerbspolitik«. In: WuW 2(1952). p. 200-205.

Robbins, Lionel: The Economic Basis of Class Conflict and other Essays in Political Economy. London 1939.

Röpke, Wilhelm: Die Alternative Marktwirtschaft – Planwirtschaft. In: NZZ 11.6.1946. Nr. 1031.

Röpke, Wilhelm: Brief an [Hans] Globke, Vizepräsident des Bundeskanzleramts. Genf, 6.7.1950. Typoskript. Bundesarchiv Koblenz: Bundeskanzleramt B 136/2473.

Röpke, Wilhelm: Briefe 1934 – 1966. Der innere Kompass. Röpke, Eva (Hg.). Erlenbach – Zürich 1976.

Röpke, Wilhelm: Civitas Humana. Grundfragen der Gesellschafts- und Wirtschaftsreform. Erlenbach-Zürich 1944.

Röpke, Wilhelm: Crises and Cycles. London – Edinburg – Glasgow 1936.

Röpke, Wilhelm: Defekte der Weltwirtschaft II. In: NZZ 28.7.1960. Nr. 2555.

Röpke, Wilhelm: The Economic Integration of Europe. In: Measure 1(1950). pp. 386-398.

Röpke, Wilhelm: Einige grundsätzliche Bemerkungen zum Monopolproblem. Referat auf der internationalen Konferenz über das Monopolproblem. Zürich, 3. Juli 1953. Abteilung für Volkswirtschaftliche Studien. Schweizerisches Institut für Auslandforschung. Ms.

Röpke, Wilhelm: Die entscheidenden Probleme des weltwirtschaftlichen Verfalls. Vortrag gehalten am 16. Dezember 1938 vor dem Wirtschaftswissenschaftlichen Verband an der Universität Zürich. In: Zeitschrift für schweizerische Statistik und Volkswirtschaft 74(1938). pp. 493-506.

Röpke, Wilhelm: Europa muss sich entscheiden. In: Wirtschaftsrevue 1965. Nr. 68. pp. 11-14.

Röpke, Wilhelm: Europäische Bilanz des Kollektivismus. In: Schweizer Monatshefte 27 (1947). pp. 345-360.

Röpke, Wilhelm: Das Friedensproblem und die Revision des Liberalismus. In: Die Friedens-Warte 38(1938). pp. 1-8.

Röpke, Wilhelm: Die Funktion des Klein- und Mittelbetriebes in der Volkswirtschaft. [= Handwerk und Kleinhandel in der modernen Volkswirtschaft. Entwicklungsmöglichkeiten und Rechtsgrundlagen. Schriftenreihe des Schweizerischen Instituts für gewerbliche Wirtschaft an der Handels-Hochschule St. Gallen 1]. St. Gallen 1947. pp. 21-40.

Röpke, Wilhelm: German Commercial Policy. [= Publication of the Graduate Institute of International Studies, Geneva, 12] London – New York 1934.

Röpke, Wilhelm: Die Gesellschaft freier Menschen. [Rezension zu Walter Lippmann: An Inquiry into the Principles of the Good Society, 1937]. In: Sonntagsblatt der Basler Nachrichten. 6.10.1946. Nr. 40. pp. 158f.

Röpke, Wilhelm: Gesellschaftskrisis der Gegenwart. Erlenbach – Zürich 1942.

Röpke, Wilhelm: Die Gesellschaftskrisis der Gegenwart. 6. Auflage (folgt der 5. Auflage von 1948). Erlenbach – Zürich 1979.

Röpke, Wilhelm: Grundfragen wirtschaftlicher Neuorientierung. In: NZZ 24.7.1940. Nr. 1060 und NZZ 25.7.1940. Nr. 1064.

Röpke, Wilhelm: Die Grundlagen der Nationalökonomie [Rezension]. In: NZZ 22.2.1942. Nr. 289 und NZZ 24.2.1942. Nr. 301.

Röpke, Wilhelm: Grundlagen und Folgen der »Vollbeschäftigung«. In: NZZ 27.1.1946. Nr. 147.

Röpke, Wilhelm: Grundlagen und Grenzen der Marktwirtschaft. Auszugswiese Wiedergabe (vermutlich von fremder Hand) eines Vortrags vom 7.2.1949 vor der Industrie- und Handelskammer Darmstadt. In: Nachrichten der Industrie- und Handelskammer Darmstadt. Bd. 5. Nr. 1. vom 1. Januar 1950. p. 2-4.

Röpke, Wilhelm: Ist die deutsche Wirtschaftspolitik richtig? Analyse und Kritik. Stuttgart – Köln 1950.

Röpke, Wilhelm: Kapitalismus, Sozialismus und Demokratie. [Rezension zu Schumpeter, Joseph A.: Capitalism, Socialism and Democracy]. In: NZZ 28.4.1946. Nr. 735.

Röpke, Wilhelm: Kartelle – nur auf Rezept. In: FAZ 28.5.1955. Nr. 123. p. 5.

Röpke, Wilhelm: Das Kartellproblem im Detail. In: Die Presse 3.4.1955. Nr. 1959. p. 12.

Röpke, Wilhelm: Die Krise des Kollektivismus. Erlenbach – Zürich 1947.

Röpke, Wilhelm: Der Kult des Kolossalen. In: NZZ 20.7.1941. Nr. 1122 und NZZ 22.7.1941. Nr. 1132 sowie Nr. 1135.

Röpke, Wilhelm: Die Lehre von der Wirtschaft. 1. Auflage Wien 1937.

Röpke, Wilhelm: Die Lehre von der Wirtschaft. 7., veränderte Auflage. Erlenbach – Zürich – Stuttgart 1954.

Röpke, Wilhelm: Die Lehre von der Wirtschaft. 8., veränderte Auflage. Erlenbach – Zürich – Stuttgart 1958.

Röpke, Wilhelm: Die Lehre von der Wirtschaft. 13. Auflage. Stuttgart 1994.

Röpke, Wilhelm: Marktwirtschaft ist nicht genug. [= Hat der Westen eine Idee? Vorträge auf der 7. Tagung der Aktionsgemeinschaft Soziale Marktwirtschaft am 8.5.1957 in Bad Godesberg. Tagungsprotokoll Aktionsgemeinschaft Soziale Marktwirtschaft 7]. Ludwigsburg 1957. pp. 9-20.

Röpke, Wilhelm: Mass und Mitte. Erlenbach – Zürich 1950.

Röpke, Wilhelm: Nationalismus und Kollektivismus I. In: NZZ 23.12.1945. Nr. 1976.

Röpke, Wilhelm: Nationalismus und Kollektivismus II. Ein Nachwort. In: NZZ 11.1.1946. Nr. 56.

Röpke, Wilhelm: Schlusswort zur Vollbeschäftigung. In: NZZ 10.10.1943. Nr. 1578.

Röpke, Wilhelm: Sozialismus in Deutschland? In: NZZ 16.4.1947. Nr. 692.

Röpke, Wilhelm: Staatsinterventionismus. [= Handwörterbuch der Staatswissenschaften. Ergänzungsband zur 4. Auflage]. Elster, Ludwig/Weber, Adolf (Hgg.). Jena 1929. pp. 861-882.

Röpke, Wilhelm: Von alten zu neuen Wirtschaftsformen. Kapitalismus – Kollektivismus – Wirtschaftshumanismus. In: Neue Schweizer Rundschau NF 11(1943). pp. 73-99.

Röpke, Wilhelm: Weltwirtschaft und internationale Geldordnung nach dem Kriege. In: Schweizer Monatshefte 22(1943). pp. 549-560.

Röpke, Wilhelm: Die wirtschaftliche Integration. Übersetzung des Sprachdiensts. Stempel des Sprachdiensts: »Eing[ang]: 6.6.1950. Ausg[ang]: 7.6.1950.« Typoskript. Anlage: Englische Fassung: Röpke, Wilhelm: Economic »Integration« of Europe. Ohne Datum. Reproduktion. Politisches Archiv des Auswärtigen Amts: Abt. 2. Sekretariat für Fragen des Schuman-

Plans. Bd. 333. Historisches Archiv der Europäischen Gemeinschaften, Florenz: AA – PA – B15 – Cass 9 – Fiche 10.

Röpke, Wilhelm: Die Wirtschaftsideen Walter [sic!] Rathenaus. In: Der Herold der demokratischen Jugend Deutschlands. Jg. 3. Nr. 30. September 1922. pp. 3-5.

Röpke, Wilhelm: Wirtschaftsoligarchie. In: NZZ 27.5.1945. Nr. 840.

Röpke, Wilhelm: Das Ziel: Ordnung in Freiheit. Die Neuorientierung der Wirtschaftspolitik. In: Die Presse. 25.12.1948. Nr. 52. p. 1.

Röpke, Wilhelm – Eucken, Walter: Briefwechsel Mai 1940 – Januar 1943 und Juni 1946 – März 1948. In: Ordo 12(1960/1961). pp. 4-9.

Roth, Johannes: Jungliberale Bewegung der Schweiz. Kongress in Luzern. In: NZZ 8.6.1948. Nr. 1219.

Rougier, Louis: Avant-propos. [= Compte-rendu des séances du Colloque Walter Lippmann. Travaux du Centre International d'études pour la rénovation du libéralisme 1]. Paris 1939. pp. 7-8.

Rüstow, Alexander: Diskussionsbeitrag. Verhandlungen des Vereins für Socialpolitik, Dresden, 28.-29.9.1932. In: Schriften des Vereins für Socialpolitik 187(1932). p. 69.

Rüstow, Alexander (anonym erschienen): Monopolkontrolle oder Monopolverhütung? In: Magazin der Wirtschaft 4(1928). pp. 913-915.

Rüstow, Alexander: Das Versagen des Wirtschaftsliberalismus als religionsgeschichtliches Problem. Istanbul 1945.

Schaffner, Hans: Von der Kriegs- zur Friedenswirtschaft. In: NZZ 9.12.1945. Nr. 1870.

[Schuman, Robert:] Erklärung vom 9. Mai 1950. Typoskript. Französische Fassung. Reproduktion. Politisches Archiv des Auswärtigen Amts: Abt. 2. Sekretariat für Fragen des Schuman-Plans. Historisches Archiv der Europäischen Gemeinschaften, Florenz: AA – PA – B53 – Cass 1.

Schumpeter, Joseph Alois: Capitalism, Socialism, and Democracy. London 1944. Unveränderter Nachdruck der Erstauflage New York 1942.

Sebes, Albert R.: »Und unser Weg?«. Zürich 1943. Rezension. In: NZZ 12.10.1943 Nr. 1593.

Smith, Adam: Der Wohlstand der Nationen. Eine Untersuchung seiner Natur und seiner Ursachen. Aus dem Englischen (5. Auflage und letzter Hand 1789) übertragen und mit einer Würdigung versehen von Recktenwald, Horst Claus. München 1974.

Sozialismus als »dritter Weg«? In: NZZ 28.4.1947. Nr. 817.

Die Sozialisten müssen wählen. In: NZZ 27.1.1947. Nr. 170.

Starkenborgh Stachouwer, Tjarda von: Erklärung. Konferenz für die Europäische Politische Gemeinschaft. Rom, 3.10.1953. Typoskript. Bundesarchiv Koblenz: B 102/11411. Heft 1.

Stellungnahme zum »vorläufigen Entwurf von Thesen zu den Brüsseler Integrationsverhandlungen« des Bundeswirtschaftsministeriums. gez. Hartlieb. Bonn, 6.9.1956. Typoskript. Politisches Archiv des Auswärtigen Amts: Fiche A9044.

Strukturwandlungen in der amerikanischen Industrie. In: NZZ 11.9.1945. Nr. 1372.

Tendenzen der Nachkriegswirtschaft. In: NZZ 30.9.1945. Nr. 1468.

Tinbergen, J.: Vérification statistique des théories des cycles économiques. SDN Bd. 1. Genf 1938. Bd. 2. Genf 1939.

UN-Kartellkommission: Erläuterungen zum Konventionsentwurf der UN-Kartellkommission. März 1953. In: WuW 3(1953). pp. 479-493.

UN-Kartellkommission: Vorschlag der UN-Kartellkommission für ein internationales Abkommen über einschränkende Geschäftspraktiken (Konventionsentwurf). März 1953. In: WuW 3(1953). pp. 494-508.

[UN-Wirtschafts- und Sozialrat:] Document E/2030, June 22, 1951/UN-ECOSOC of the US-Government on Restricitve Business. Abgedruckt unter dem Titel: Dokumente des UN-Wirtschafts- und Sozialrates zum Wettbewerbs- und Kartellproblem. In: WuW 1(1951). pp. 75-77.

US-Antitrustgesetzgebung in französischer Sicht. Eindrücke einer in die USA entsandten Studienkommission französischer Experten. In: WuW 2(1952). pp. 406-411.

Verordnung Nr. 53-704 vom 9.8.1953 (Frankreich). In: WuW 3(1953). pp. 643-645.

[Völkerbund] Société des Nations: Le passage de l'économie de guerre à l'économie de paix. Rapport de la Délégation chargée de l'étude des dépressions économiques. Première partie. Genf 1943.

[Völkerbund] Société des Nations: La stabilité économique dans le monde d'après guerre. Les conditions de la prospérité après le passage de la guerre à la paix. Rapport de la Délégation chargée de l'étude des dépressions économiques. Deuxième partie. Genf 1945.

Vor der Reform des EU-Kartellrechts. In: NZZ 21.9.2000. Nr. 212.

Vorschlag für ein EU-Gemeinschaftspatent. In: NZZ 1./2.7.2000. Nr. 151

Wagenführ: Kurzprotokoll. Gespräch mit Herrn Uri am 19.1.1951 im Planungsamt. [Paris], 19.1.1951. Reproduktion. Politisches Archiv des Auswärtigen Amts: Abt. 2. Sekretariat für Fragen des Schuman-Plans. Historisches Archiv der Europäischen Gemeinschaften, Florenz: AA – PA – B15 – Cass 3 – Fiche 27.

Wallace, Henry A.: Die Politik der Vereinigten Staaten. Eine Rede des amerikanischen Vizepräsidenten. In: NZZ 14.9.1943. Nr. 1427.

Das Weissbuch der Europäischen Kommission über die Modernisierung der Vorschriften zur Anwendung der Artikel 81 und 82 EG-Vertrag. KOM (1999) 101 endg./2, Brüssel, 12.5.1999. http://europa.eu.int/comm/dg04/entente/other.htm#dgiv_pdf_wb_ modernisation.

Weit reichende Kartellrechtsreform der EU. In: NZZ 28.9.2000. Nr. 226.

Der Wiederaufbau Frankreichs. In: NZZ 28.9.1944. Nr. 1637.

Das Wirtschafts- und Sozialprogramm der französischen Widerstandsbewegung. In: NZZ 10.9.1944. Nr. 1529.

Die Wirtschaftsprogramme der italienischen Parteien. In: NZZ 17.6.1946. Nr. 1072.

Wissenschaftlicher Beirat beim Bundesministerium für Wirtschaft: Gutachten vom 24.7.1949 [Königstein]. Thema: Grundsatzfragen der Monopolgesetzgebung. [= Der Wissenschaftliche Beirat beim Bundesministerium für Wirtschaft. Sammelband der Gutachten von 1948 bis 1972]. Herausgegeben vom Bundesministerium für Wirtschaft . Göttingen 1973. pp. 41-45.

Wissenschaftlicher Beirat beim Bundeswirtschaftsministerium: Gutachten zur »Wirtschaftlichen Integration Europas« (24.4. – 1.5.1953). Gez. Erwin von Beckerath. Typoskript. Bonn, 10.6.1953. Bundesarchiv Koblenz: B 102/11580. Heft 3.

Wolff, Salomon: Tendenzen der Nachkriegswirtschaft. In: NZZ 30.9.1945. Nr. 1468.

Wünsche an die EU-Fusionskontrolle. [Bericht über die Brüsseler Fachtagung vom 15.9.2000]. In: NZZ 16./17.9.2000. Nr. 216

Zur Problematik der europäischen Integration (Brüsseler Regierungskonferenz) nach der Aussenminister-Konferenz vom 20./21.10.1956. Abteilung IA1. Typoskript. Bundesarchiv Koblenz: Bundeskanzleramt B102/11580. Heft 5.

## 2. *Darstellungen*


Abelshauser, Werner: Der Ruhrkohlenbergbau seit 1945. Wiederaufbau, Krise, Anpassung. München 1984.

Andreae, Wilhelm: Wettbewerb und Wirtschaftsordnung. In: WuW 3(1953). pp. 396-416.

Barry, Norman P.: Political and Economic Thought of German Neo-Liberals. [= German Neo-Liberals and the Social Market Economy]. Peacock, Alan/Willgerodt, Hans (Hgg.). London 1989. pp. 105-124.

Baums, Theodor: Das Kartellverbot in der Europäischen Gemeinschaft für Kohle und Stahl und in der Europäischen Wirtschaftsgemeinschaft und seine Anwendung. [= Kartelle und Kartellgesetzgebung in Praxis und Rechtsprechung vom 19. Jahrhundert bis zur Gegenwart. Nassauer Gespräche der Freiherr-vom-Stein-Gesellschaft 1]. Pohl, Hans (Hg.). Stuttgart 1985. pp. 303-317.

Becker, Helmut Paul: Die soziale Frage im Neoliberalimus. Analyse und Kritik. [= Sammlung Politeia 20]. Heidelberg – Löwen 1965.

Berghahn, Volker R.: Montanunion und Wettbewerb. [= Wirtschaftliche und politische Integration in Europa im 19. und 20. Jahrhundert. Geschichte und Gesellschaft. Sonderheft 10]. Berding, Helmut (Hg.). Göttingen 1984. pp. 247-270.

Berghahn, Volker: Unternehmer und Politik in der Bundesrepublik. [= es 1265 NF 265]. Frankfurt a. M. 1985.

Blumenberg-Lampe, Christine: Franz Böhm. [= Die Gründung der Union. Traditionen, Entstehung und Repräsentanten. Geschichte und Staat 254/255]. Buchstab, Günter/Gotto, Klaus (Hgg.). München – Wien 1981. pp. 234- 247.

Bührer, Werner: Der BDI und die Aussenpolitik der Bundesrepublik in den fünfziger Jahren. In: VfZG 40(1992). pp. 241-261.

Cini, Michelle/McGowan, Lee: Competition Policy in the European Union. New York 1998.

Diebold, William jr.: The Schuman Plan. A Study in Economic Cooperation, 1950 – 1959. New York 1959.

Eisermann, Gottfried: Alexander Rüstow. Persönlichkeit und Werk. [= Wirtschaftsordnung und Menschenbild. Geburtstagsgabe für Alexander Rüstow. Schriftenreihe Aktionsgemeinschaft Soziale Marktwirtschaft 4]. Köln 1960. pp. 147-152.

Ferber, Gustav: Länderbericht Frankreich. Zur wettbewerbs- und kartellpolitischen Lage. In: WuW 6(1956). pp. 302-303.

Fischer, Curt Eduard: Die Auseinandersetzungen um das Preisbildungssystem in der Wirtschaft Westdeutschlands. Ein Beitrag zum Kartellgesetz-Problem. In: Jahrbücher für Nationalökonomie und Statistik. 166(1954). pp. 206-240.

Fischer, Peter: Die Bundesrepublik und das Projekt einer Europäischen Politischen Gemeinschaft. [= Vom Marshallplan zur EWG. Die Eingliederung der Bundesrepublik Deutschland in die westliche Welt. Quellen und Darstellungen zur Zeitgeschichte 30]. Herbst, Ludolf/ Bührer, Werner et al. (Hgg.). München 1990. pp. 279-299.

[Fischer, Wolfram:] Der Staat in der Wirtschaft I. In: Wochenbericht der Bank Julius Bär Nr. 13. 29. März 2001. pp. 2-8.

Freitag, Gudrun: Konzentationspolitik in Frankreich. [= Schriften zur Konzentrationsforschung 5]. Tübingen 1972.

Gerber, David J.: Law and Competition in Twentieth Century Europe: Protecting Prometheus. Oxford 1998.

Gerbet, Pierre: Les origines du Plan Schuman: Le choix de la méthode communautaire par le gouvernement français. [= Histoire des débuts de la construction européenne, mars 1948 – mai

1950. Actes du Colloque de Strasbourg 28 – 30 novembre 1984. Groupe de liaison des historiens auprès des Communatés]. Poidevin, Raymond (Hg.). Brüssel – Mailand – Paris 1986. pp. 199-222.

Gillingham, John: Coal, Steel, and the Rebirth of Europe, 1945 – 1955. The Germans and French from Ruhr conflict to economic community. Cambridge – New York 1991.

Gleiss, Alfred: Kartelle und Monopole. England als Beispiel. Heidelberg 1952.

Goschler, Constantin/Buchheim, Christoph/Bührer, Werner: Der Schumanplan als Instrument französischer Stahlpolitik. Zur historischen Wirkung eines falschen Kalküls. In: Vierteljahrshefte für Zeitgeschichte 37(1989). pp. 171-206.

Griffiths, Richard T.: The Schuman Plan Negotiations: The Economic Clauses. [= Die Anfänge des Schuman-Plans 1950/51. Beiträge des Kolloquiums in Aachen, 28. – 30. Mai 1986. Veröffentlichungen der Historiker-Verbindungsgruppe bei der Kommission der Europäischen Gemeinschaften 2]. Schwabe, Klaus (Hg.). Baden-Baden – Brüssel 1988. pp. 35-71

Groeben, Hans von der: Aufbaujahre der Europäischen Gemeinschaft. Das Ringen um den Gemeinsamen Markt und die Politische Union (1958-1966). Baden-Baden 1982.

Groeben, Hans von der/Mestmäcker, Ernst-Joachim (Hgg.): Ziele und Methoden der europäischen Integration. Bericht über eine Arbeitsgemeinschaft im Zentrum für interdisziplinäre Forschung der Universität Bielefeld. [= Wirtschaftsrecht und Wirtschaftspolitik 31]. Frankfurt a. M. 1972.

Gröner, Helmut/Knorr, Andreas: Soziale Marktwirtschaft zwischen wettbewerbspolitischem Imperativ und interventionistischer Pragmatik. [= Fünfzig Jahre Soziale Marktwirtschaft. Schriften zu Ordnungsfragen der Wirtschaft 57]. Cassel, Dieter (Hg.). Stuttgart 1998. pp. 203-221.

Grossekettler, Heinz: Der Beitrag der Freiburger Schule zur Theorie der Gestaltung von Wirtschaftssystemen. [= Westfälische Wilhelms-Universität Münster. Volkswirtschaftliche Diskussionsbeiträge 90]. Erweitertes deutsches Manuskript eines Vortrags, der am 20.6.1987 auf der HES-Tagung an der Harvard Business School gehalten wurde. Typoskript. Münster 1987.

Günther, Eberhard: Entwurf eines deutschen Gesetzes gegen Wettbewerbsbeschränkungen. In: WuW 1(1951). pp. 17-40.

Günther, Eberhard: Europäische Konvention zur Kontrolle internationaler Kartelle. In: WuW 1/2(1952). pp. 243-251.

Günther, Eberhard: Gesetz gegen Wettbewerbsbeschränkungen. Entstehung und Auswirkungen. [= Ludwig Erhard. Beiträge zu seiner politischen Biographie. FS zum 75. Geburtstag]. Schröder, Gerhard/Müller-Armack, Alfred/Hohmann, Karl et al. (Hgg.). Frankfurt a. M. – Berlin 1972. pp. 111-120.

Günther, Eberhard: Das Gesetz gegen Wettbewerbsbeschränkungen im Rahmen der deutschen Wirtschaftspolitik. In: WuW 10(1960). pp. 747-754.

Günther, Eberhard: Vereinheitlichung der Wettbewerbsbedingungen im europäischen Raum. In: WuW 11(1961). pp. 755-763.

Haering, Henry G. C.: Einschränkende Geschäftspraktiken und Monopole in Grossbritannien. Ein Bericht über die Entwicklungen im Jahre 1951. In: WuW 2(1952). pp. 191-199.

Hentschel, Volker: Deutschland und die Gründung der Europäischen Gemeinschaft für Kohle und Stahl. Ein chronologischer Bericht: Mai 1950 bis April 1951. In: Scripta Mercaturae 22(1988). pp. 77-118.

Hug, Walther: Die amerikanische Antitrustpolitik. Referat in der Gesellschaft Schweizerfreunde der U.S.A., Zürich, gerafft wiedergegeben: Die amerikanische Antitrustpolitik. In: NZZ 2.3.1944. Nr. 362.

Hüttenberger, Peter: Wirtschaftsordnung und Interessenpolitik in der Kartellgesetzgebung der Bundesrepublik 1949-1957. In: Vierteljahrshefte für Zeitgeschichte 24(1976). pp. 287-307.

Jaeger, Hans: Geschichte der Wirtschaftsordnung in Deutschland. [= Neue Historische Bibliothek es 1529 NF Bd. 529]. Frankfurt a. M. 1988.

Kamberg, Hans W.: Probleme internationaler Kartellkontrolle. In: WuW 6(1956). pp. 530-541.

Kemp, John: The European Union and competition policy. [= European Economic Integration]. McDonald, Frank/Dearden, Stephen (Hgg.) 3. Auflage. London 1999. pp. 128-155.

Kilger, Wolfgang: Industrie und Konzentration. [= Die Konzentration in der Wirtschaft 1. Schriften des Vereins für Socialpolitik NF 20/I] Arndt, Helmut (Hg.). Berlin 1960. pp. 277-301.

Kipping, Matthias: Zwischen Kartellen und Konkurrenz. Der Schuman-Plan und die Ursprünge der europäischen Einigung 1944-1952. [= Schriften zur Wirtschafts- und Sozialgeschichte 46]. Berlin 1996.

Kloten, Norbert: Role of the Public Sector in the Social Market Economy. [= German Neo-Liberals and the Social Market Economy]. Peacock, Alan/Willgerodt, Hans (Hgg.). London 1989. pp. 69-104.

Kloten, Norbert: »Was zu bedenken ist« – Bemerkungen zum Referat von Rainer Klump. [Studien zur Entwicklung der ökonomischen Theorie 16. Die Umsetzung wirtschaftspolitischer Grundkonzeptionen in die kontinenataleuropäische Praxis des 19. und 20. Jahrhunderts. Teil 1. Schriften des Vereins für Socialpolitik NF 115/16]. Berlin 1997. pp. 161-170.

Kronstein, Heinrich: Die Politik des Wettbewerbs in den Vereinigten Staaten von Amerika. In: Ordo 3(1950). pp. 75-104.

Küsters, Hanns Jürgen: Die Gründung der Europäischen Wirtschaftsgemeinschaft. Baden-Baden 1982.

Landes, David S.: Der entfesselte Prometheus. Technologischer Wandel und industrielle Entwicklung in Westeuropa von 1750 bis zur Gegenwart. (Zuerst englisch 1969). Köln 1973.

Langewiesche, Dieter: Liberalismus in Deutschland. [= Neue Historische Bibliothek. es 1286. NF 286]. Frankfurt a. M. 1988.

Lappenküpper, Ulrich: Der Schuman-Plan. Mühsamer Durchbruch zur deutsch-französischen Verständigung. In: Vierteljahrshefte für Zeitgeschichte 42(1994). pp. 403-445.

Lenel, Hans Otto: Evolution of the Social Market Economy. [= German Neo-Liberals and the Social Market Economy]. Peacock, Alan/Willgerodt, Hans (Hgg.). London 1989. pp. 16-39.

Lenel, Hans Otto: Walter Euckens ordnungspolitische Konzeption, die wirtschaftspolitische Lehre in der Bundesrepublik und die Wettbewerbstheorie von heute. In: Ordo 26(1975). pp. 22-76.

Loth, Wilfried (Hg.): Crises and Compromises: The European Project 1963-1969. [= Veröffentlichungen der Historiker-Verbindungsgruppe bei der Kommission der Europäischen Gemeinschaften 8]. Baden-Baden – Brüssel 2001.

Lynch, Frances: The Role of Jean Monnet in Setting Up the European Coal and Steel Community. [= Die Anfänge des Schuman-Plans 1950/51. Beiträge des Kolloquiums in Aachen, 28. – 30. Mai 1986. Veröffentlichungen der Historiker-Verbindungsgruppe bei der Kommission der Europäischen Gemeinschaften 2]. Schwabe, Klaus (Hg.). Baden-Baden – Brüssel 1988. pp. 117-129.

McLachlan, D. L./Swann, D.: Competition Policy in the European Community. The Rules in Theory and Practice. London – New York 1967.

Mestmäcker, Ernst-Joachim: Auf dem Wege zu einer Ordnungspolitik für Europa. [= Eine Ordnungspolitik für Europa. FS für Hans von der Groeben zum 80. Geburtstag]. Mestmäcker, Ernst-Joachim/Möller, Hans/Schwarz, Hans-Peter (Hgg.). Baden-Baden 1987. pp. 9-49.

Mestmäcker, Ernst-Joachim: Der Böhm-Entwurf eines Gesetzes gegen Wettbewerbsbeschränkungen. In: WuW 5(1955). pp. 285-295.

Mestmäcker, Ernst-Joachim: Europäische Kartellpolitik auf dem Stahlmarkt. Zum Rechtsschutz stahlverbrauchender Unternehmen in der Montanunion. [= Wirtschaftsrecht und Wirtschaftspolitik 72]. Baden-Baden 1983.

Mestmäcker, Ernst-Joachim: Europäisches Wettbewerbsrecht. München 1974.

Mestmäcker, Ernst-Joachim: Über die Rolle des Rechts in spontanen Ordnungen. Typoskript. Paper für das Special European Meeting der Mont Pèlerin Society im April 1977 in Amsterdam. Nachlass Friedrich A. von Hayek Box 87. Hoover Institution Archives, Stanford University, CA (USA).

Mestmäcker, Ernst-Joachim: Der verwaltete Wettbewerb. Eine vergleichende Untersuchung über den Schutz von Freiheit und Lauterkeit im Wettbewerbsrecht. [= Wirtschaftswissenschaftliche und wirtschaftsrechtliche Untersuchungen 19]. Tübingen 1984.

Milward, Alan S.: The Reconstruction of Western Europe 1945-51. Cambridge 1992. Nachdruck der Erstausgabe von 1984.

Molsberger, Josef: Die europäische Wettbewerbspolitik und die Tendenzen zur privaten Aufteilung der Märkte in der EWG. In: Ordo 26(1975). pp. 142-170

Molsberger, Josef: Schulmeister Europas? Zahlmeister Europas? Deutschlands Einfluss auf die Wirtschaftspolitik der EG. [= Die innere Einheit Deutschlands inmitten der europäischen Einigung. Deutschlands Weg 50 Jahre nach dem Kriege. Ringvorlesung der Juristischen Fakultät der Universität Tübingen 1995]. Heckel, Martin (Hg.). Tübingen 1996. pp. 141-157.

Molsberger, Josef/Dujim, Bernhard: Deutsche Wirtschaftsordnung und internationales Handelssystem. In: Ordo 48(1997). pp. 549-572.

Möschel, Wernhard: Competition Policy from an Ordo Point of View. [= German Neo-Liberals and the Social Market Economy]. Peacock, Alan/Willgerodt, Hans (Hgg.). London 1989. pp. 142-159.

Müllensiefen, Heinz: Internationale Handelskammer erörtert Wettbewerbs- und Monopolproblem. Bericht über den 13. IHK-Kongress in Lissabon (10. – 16. Juni 1951). In: WuW 1(1951). pp. 41-46.

Neumeyer, Fredrik: Neuere Kartellpolitik in Skandinavien (Schweden, Dänemark, Norwegen und Finnland). In: WuW 5(1955). pp. 464-470.

Peacock, Alan/Willgerodt, Hans (Hgg.): German Neo-Liberals and the Social Market Economy. London 1989.

Pinder, John: Positive Integration and Negative Integration. Some Problems of Economic Union in the EEC. In: World Today 24(1968). pp. 88-110.

Poidevin, Raymond: Die europapolitischen Initiativen Frankreichs des Jahres 1950 – aus einer Zwangslage geboren? [= Vom Marshallplan zur EWG. Die Eingliederung der Bundesrepublik Deutschland in die westliche Welt. Quellen und Darstellungen zur Zeitgeschichte 30]. Herbst, Ludolf/Bührer, Werner et al. (Hgg.). München 1990. pp. 257-262.

Poidevin, Raymond: Robert Schuman – homme d'Etat, 1886 – 1963. Paris 1986.

Pribram, Karl: Geschichte des ökonomischen Denkens. Bd. 1. Frankfurt a. M. 1991. Englisch 1983.

Pütz, Theodor: Wettbewerbsverhältnisse und Kartellgesetzgebung in Österreich. In: WuW 2(1952). pp. 594-604.

Riedel, Manfred: Gesellschaft, Gemeinschaft. [= Geschichtliche Grundbegriffe 2]. Stuttgart 1975. pp. 801-862.

Röndigs, Uwe: Globalisierung und europäische Integration. Der Strukturwandel des Energiesektors und die Politik der Montanunion, 1952-1962. [= Nomos Universitätsschriften Geschichte 11]. Baden-Baden 2000.

Rüdiger, Robert: Konzentrationspolitik in der Bundesrepublik – Das Beispiel der Entstehung des Gesetzes gegen Wettbewerbsbeschränkungen. [= Volkswirtschaftliche Schriften 250]. Berlin 1976. pp. 244-343.

Schaub, Alexander: Wandel des Europäischen Wettbewerbsrechts. [= Europäisches Wettbewerbsrecht im Wandel. Schriftenreihe Europäisches Recht, Politik und Wirtschaft 246]. Schwarze, Jürgen (Hg.). Baden-Baden 2001. pp. 13-25.

Schinzinger, Francesca: Die wirtschaftlichen Rahmenbedingungen des Schuman-Planes. [= Die Anfänge des Schuman-Plans 1950/51. Beiträge des Kolloquiums in Aachen, 28. – 30. Mai 1986. Veröffentlichungen der Historiker-Verbindungsgruppe bei der Kommission der Europäischen Gemeinschaften 2]. Schwabe, Klaus (Hg.). Baden-Baden – Brüssel 1988. pp. 143-159.

Schneider, Heinrich: Erfahrung und Theorie: Hans von der Groebens Beitrag zur Integrationslehre. In: Integration 10(1987). pp. 175-186.

Schüller, Alfred: ORDO-Liberalismus – eine Synthese. [= Grundbegriffe zur Ordnungstheorie und Politischen Ökonomik]. Schüller, Alfred/Krüsselberg, Hans-Günter (Hgg.). 5. Auflage. Marburg 2002. pp. 50-55.

Schulz, Wilfried: Adolf Lampe und seine Bedeutung für die »Freiburger Kreise« im Widerstand gegen den Nationalsozialismus. [= Wirtschaftsordnung und Wirtschaftspolitik in Deutschland 1933-1993. Beiträge zur Wirtschafts- und Sozialgeschichte 63]. Schneider, Jürgen/ Harbrecht, Wolfgang (Hgg.). Stuttgart 1996. pp. 237-276.

Schwartz, Thomas Alan: America's Germany. Cambridge (Mass.) – London 1991.

Silberschmidt, Max: »Staat und Wirtschaft in den Vereinigten Staaten«, Referat in der Zürcher Volkswirtschaftlichen Gesellschaft, gekürzte Wiedergabe: Staat und Wirtschaft in den Vereinigten Staaten. In: NZZ 28.2.1944. Nr. 346.

Thuy, Peter: 50 Jahre Soziale Marktwirtschaft: Anspruch und Wirklichkeit einer ordnungspolitischen Konzeption. In: Ordo 49(1998). pp. 281-312.

Tumlir, Jan: Franz Böhm and the Development of Economic-constitutional Analysis. [= German Neo-Liberals and the Social Market Economy]. Peacock, Alan/Willgerodt, Hans (Hgg.). London 1989. pp. 125-141.

Vito, Francesco: Wettbewerb, Monopole und ihre Regulierung unter besonderer Berücksichtigung der Wirtschaftsstruktur Italiens. In: WuW 2(1952). pp. 307-320.

Wegmann, Milène: Früher Neoliberalismus und europäische Integration. Interdependenz der nationalen, supranationalen und internationalen Ordnung von Wirtschaft und Gesellschaft (1932-1965). Baden-Baden 2002.

Wehler, Hans-Ulrich: Deutsche Gesellschaftsgeschichte. Bd. 3. Von der »Deutschen Doppelrevolution« bis zum Beginn des Ersten Weltkrieges 1849-1914. München 1995.

Willgerodt, Hans: Alfred Müller-Armack – der Schöpfer des Begriffs »Soziale Marktwirtschaft«. In: Zeitschrift für Wirtschaftspolitik 50(2001). pp. 253-277.

Willgerodt, Hans: Die Liberalen und ihr Staat – Gesellschaftspolitik zwischen Laissez-faire und Diktatur. In: Ordo 49(1998). pp. 43-78.

Willgerodt, Hans: Der Neoliberalismus – Entstehung, Kampfbegriff und Meinungsstreit. In: Ordo 57(2006). pp. 47-89.

Willgerodt, Hans: Wirtschaftspolitische Grundbedingungen der Europäischen Gemeinschaft. Sonderdruck. Bitburger Gespräche Jahrbuch 1991/1. pp. 49-65.

Willgerodt, Hans/Peacock, Alan: German Liberalism and Economic Revival. [= German Neo-Liberals and the Social Market Economy]. Peacock, Alan/Willgerodt, Hans (Hgg.). London 1989. pp. 1-14.

Zeitfracht Medien GmbH
Ferdinand-Jühlke-Straße 7
99095 Erfurt, Deutschland
produktsicherheit@kolibri360.de